国家社会科学基金项目成果（09CSH020）
湖南师范大学政治学省级重点学科资助成果
中国统一战线理论研究会党外代表人士统战工作理论湖南研究基地成果
本书获湖南师范大学博士出版基金资助

私营企业主的权益谋求

——基于制度、网络和市场的比较分析

罗忠勇 著

汕頭大學出版社

图书在版编目（CIP）数据

私营企业主的权益谋求：基于制度、网络和市场的比较分析 / 罗忠勇著 . -- 汕头：汕头大学出版社，2019.3

ISBN 978-7-5658-3889-7

Ⅰ . ①私… Ⅱ . ①罗… Ⅲ . ①私营企业－企业法－研究－中国 Ⅳ . ① D922.291.914

中国版本图书馆 CIP 数据核字（2019）第 054701 号

私营企业主的权益谋求：基于制度、网络和市场的比较分析
SIYING QIYEZHU DE QUANYI MOUQIU: JIYU ZHIDU、WANGLUO HE SHICHANG DE BIJIAO FENXI

著　　者：罗忠勇
责任编辑：宋倩倩
责任技编：黄东生
封面设计：汤　丽
出版发行：汕头大学出版社
广东省汕头市大学路 243 号汕头大学校园内　邮政编码：515063
电　　话：0754-82904613
印　　刷：北京虎彩文化传播有限公司
开　　本：787mm × 1092mm　1/16
印　　张：21.5
字　　数：307 千字
版　　次：2019 年 3 月第 1 版
印　　次：2019 年 9 月第 1 次印刷
定　　价：98.00 元
ISBN 978-7-5658-3889-7

前　言

私营企业主是在由市场化改革引发的中国社会结构变迁中诞生的新社会群体。自诞生开始，私营企业主就因雄厚的经济实力和非凡的政治影响力而备受社会各界的关注和青睐，而今更是成为令人瞩目的耀眼明星。然而，私营企业主光鲜的外表仍难以掩盖其合法权益屡遭侵害的事实和难以回避的被侵权的潜在风险。基于7省/市近1000名私营企业主的问卷调查，本研究采用制度、网络和市场三种理论视角比较分析了私营企业主遭受侵权后的维权方式选择及其逻辑。结果表明，地方政府及其代理人、地方黑恶势力、新闻媒体、企业同行、客户和员工是私营企业主遭遇的6种较为重要的侵权来源，但这些侵权来源的结构不是固化的。在合法权益遭受侵害之后，私营企业主依具体的侵权情境及其关系结构做出了相应的维权行为选择。不管侵害来自哪一方，作为庇护式或合作式或非制度化维权方式的"私下协商"都是私营企业主最主要的维权方式，而"法律诉讼"之类的激烈式对抗性维权方式则往往是其无奈之下的最后选择。私营企业主具体选择合作性维权方式还是对抗性维权方式，或是选择制度化维权方式还是非制度化维权方式，因侵权方与私营企业主之间的关系差异而存在微妙的不同，且随时间或制度环境的变化而变化。简言之，私营企业主是在既有的制度和关系结构中，动用其关系资源，并遵循效用最大化原则选择维权方式的。

私营企业主既有的维权方式选择易使其陷入与地方政府和/或地方黑

恶势力构建的庇护关系中，或陷入与企业同行和/或客户的“讨价还价”中，由此大大增加了企业经营和维权的交易成本，抑制了企业创新的动力和再投资的机会。显然，这种结果既不利于私营企业自身的进一步发展，也极不利于国家经济的再度振兴与繁荣，同时也将限制政府和社会治理模式的创新。通过削减政府行政权力、明确政府权力边界和规范政府权力行使等方式，改革政府的权力垄断结构，将“全能型政府”转变成“有限”而“有效”的政府，是维护私营企业主合法权益、激发企业发展活力的根本；健全规制性的、仲裁性的和执行性的市场规则是维护私营企业主合法权益的微观基础；改革现有的工商联和私企协会，建立真正意义上的民间商会，是维护私营企业主合法权益的关键。在私营企业主的权益维护中，政府权力结构的转变是根本中的根本，市场规则的建立与完善、原有工商联和私企协会的改革及独立的民间商会的建立，都有赖于政府权力结构的根本性变革。

目　录

第一章　导　论

一、问题的提出

非国有经济的迅速发展，特别是作为其人格化载体的私营企业主群体的迅速崛起，是中国市场化改革以来社会结构最重大的变化之一（李路路，1995）。中国的首批私营企业是20世纪70年代末在农村地区恢复的那些小规模的个人企业和家族企业，即个体户（张厚义，1999）。20世纪80年代初，城市里的个体私营经济也开始发展[①]，对商业和服务业中的国有企业进行了有力的补充（Gold，1990；Young，1989）。1988年，通过的《中华人民共和国宪法修正案》（以下简称《宪法》修正案）正式规定，“允许私营经济在法律规定的范围内存在和发展”，“私营经济是社会主义公有制经济的补充”，“国家保护私营经济的合法权利和利益，对私营经济实行引导、监督和管理”，为国内私营经济的崛起奠定了法律基础。自邓小平1992年南巡讲话之后，中国私营经济加快了发展速度。1997年召开的中共“十五大”更进一步解除了对私营经济的限制（Lau，1998）。2001年，自中国共产党执政以来，私营企业主首次被允许加入中国共产党。这是一

① 第一批私营企业主，如广东的养鱼大户陈志雄和芜湖的傻子瓜子年广久等，诞生于1981年（陆学艺，2003）。

个意义重大的讯号，私营经济及作为其人格化载体的私营企业主在社会、政治和法律上得到了正式承认。

与上述私营经济制度缓慢变化相伴随的，是私营经济的快速扩张和私营企业主群体的迅猛壮大。据国家工商行政管理总局的统计，从1988年开始登记注册，到1991年底，全国登记的私营企业为10.8万户，1995年达65.5万户，2001年达202.85万户，2005年达471.9万户，2010年达845.5万户。2015年全国私营企业为1908.2万户，私营企业投资者人数为3560.59万人，雇工人数达到1.28亿人，注册资本总额达到90.55万亿元，占全国实有企业注册资本的53.8%（王钦敏，2017：175）。2015年，中国民营企业出口1.03万亿元，占出口总额的45.2%（王钦敏，2017：183）。在民营经济较发达的省份，例如浙江省，2015年民营经济实现增加值27868亿元，占全省GDP的65%；民营企业实现出口2022.5亿美元，占全省出口总值的73.2%；民营经济上缴税金5628.6亿元，占全省各类所有制经济税收的63.3%（王钦敏，2017：296–298）。截止2016年底，国有和集体单位之外的就业占全部城镇就业的62.97%（国家统计局，2017）。可见，私营经济在中国国民经济的发展中扮演了极为重要的角色，已成为中国经济发展的最大动力，私营企业已成为吸纳中国社会就业人员的重要主体，私营企业主群体在数量上已成为一支不容忽视的重要力量。

私营企业主群体不仅在成员数量上可观，在经济、政治和社会诸领域都已具有举足轻重的作用。在经济领域，私营企业主群体无疑是一颗耀眼的明星，已展现出强劲的实力。2015年全国新登记私营企业421.17万户，新增私营企业注册资本（金）合计22.75万亿元；截至2015年底，全国私营企业户均资本高达474.55万元（王钦敏，2017：5）。2016年全国私营企业主抽样调查显示，私营企业主从企业所获年薪中位数为12万元；企业资产规模越大，企业主的年薪也越高：在1亿元以上的企业的企业主年薪中位数达40万元，而100万元以下小企业的企业主年薪中位数仅8万元（王钦敏，2017：15）。在政治领域，私营企业主远已摆脱早期受歧视的“政治侏儒”形象，表现出非凡的参政能力和影响力。据第八次全国私营企业主抽样调查（2007 年）显示，私营企业主担任各级人大代表和政协委员的比例高达 51.1%；在中共党员私营企业主中，担任各级党代表的达到 28.3%，其中，省级党代表和全国党代表分别有 15 人和 7 人，占党员企业主总数的 0.016%；进入地方各级党委领导机构的中共党员私营企业主的比例为 14.9%，其中担任省级党委委员的有 4 人，担任县乡两级政府副职领导的有 61 人；担任人大主任、副主任和常委的分别有 9、7、162 人，担任人大主任和副主任的全部集中在县乡两级，担任人大常委的不但在县乡两级有，而且地级和省级分别有 34 人和 10 人（中国私营经济研究会，2009）。2016 年全国私营企业主调查显示，私营企业主加入共产党组织的比例为 27%，曾经或现在担任过人大代表或政协委员的比例为 23.9%，较往年调查有所下降，这是被调查的小微型企业占比较之前有明显增加所造成的（王钦敏，2017：15–17）。在社会领域，私营企业主主要是通过积极参与社会公益事业来赢得社会的尊重。据 2005 年第六次全国私营企业主抽样调查数据显示，有过捐赠行为的私营企业主占被调查私营企业主总数的 81.4%，捐赠额相差很大，最低的为 100 元，最高的达 8000 万元；参与过“光彩事业”[①] 的私营企业主的比例有 65.3%（中华全国工商业联合会，2007：248–249）；另据全国工商联对上报的 8000 多家会员企业的不完全统计，截至 2008 年 6 月 5 日，在四川汶川地震发生后的 20 多天，他们向地震灾区捐赠的现金就多达 51.5 亿元，捐赠的物资价值超过 10.9 亿元（张厚义，2008）。2016 年调查显示，私营企业 2015 年户均慈善和社会捐赠金额为 14.58 万元，其中 1 亿元以上资产规模的企业的捐赠均值高达 63.44 万元（王钦敏，2017：48）。

尽管国家宪法、其他诸多法律和政策已明确赋予私营企业及私营企业主合法的地位和权利，但私营企业主日渐光鲜耀眼的强势形象仍然无法绕开其权益屡遭侵害的劫数。私营企业主首先要应付的是来自地方政府部门

---

① 光彩事业是由非公有制经济人士和民营企业发起并作为参与主体，旨在与“老、少、边、穷”地区和中西部共求发展、共谋利益、共创利润、共享文明安乐，以自觉自愿、量力而行、互惠互利、义利兼顾为原则的一项开发式扶贫事业。

的不一定合法合理的各种交费、摊派和公关/招待费。2005年全国私营企业主抽样调查显示，为各种交费、摊派、公关/招待发生了支出的企业分别是88.6%、56.1%和85.3%；被调查企业在交费、摊派和公关/招待等方面的平均支出分别为48万元、5.3万元和10.8万元（中华全国工商业联合会，2007：230–231）。近年来，私营企业遭受的上述不合理负担已有较大幅度的下降，但依然存在。2016年调查显示，2015年私营企业的摊派和公关费之和的中位数为3.8万元。另外，私营企业主因政府违约、干预刁难而造成权益受损的案例也偶见报端。1994年，广东省鹤山市政府为建形象工程之路，用“以地换路”的承诺吸引民营资本参与，但工程竣工之后，上亿元工程款无人支付，致使相关私营企业沦入绝境（靳伟华，2004）。1996年，福建某私营企业在政府的鼓励下，愿意投资修建一座大桥。之前双方约定，若干年内不批准在旁边修建新桥，并承诺桥建好后可以收回成本。但桥建好之后，有关政府部门发现效果不错，又批准另一家企业在旁边修建了一座桥，而且条件更优惠、路也更方便，结果使第一家修桥企业损失惨重（傅桦，2002）。2004年4月5日的《新京报》报道：1998年，湖南农民郭三勇等人响应县政府招标，投资湖南省道1842线桂阳段的建设，前提是自建民营收费站，以25年的车辆通行费确保收回投资。湖南省政府同意了这一合理要求。但3年后，3位投资人的桂路公司被郴州市纪委以国有资产流失的名义解散，收费站也被接管，所投资资金化为泡影。更有甚者，3人先是被市纪委“双规”，罚缴“违纪款”，后又成为司法机关立案追捕的对象，惶惶流亡至今（赵世勇，2007）。另据2011年10月24日的《经济参考报》报道：李福金1984年8月在其父亲承包的一片土地上投资创办了新乡市郊西电工厂，并自任厂长。为享受优惠政策及便于采购原料和销售产品，李福金1985年12月将民营的郊西电工厂挂靠到新乡市牧野区民政局名下，更名为“新乡市福利电工厂”，并向工商管理机关申请登记为“集体经济”。更名后的电工厂登记注册的26万元资金全部由原电工厂的财产转化而来，负责人仍是李福金。1992年5月，新乡市福利电工厂又更名为“新乡市电工厂”，负责人仍是李福金。至1996年底，该厂的注册资金已增至935万元，净资产总额已达1471万元。就在此时，新乡市牧野区民政局连续下发三个文件免除了李福金的厂长职务，取消了其法人代表的资格。自此，李福金开始了长达14年的法律维权之路，最后在2011年6月11日获得胜诉（闻有成，2011）。私营企业主被地方黑恶势力敲诈勒索、恶意干扰的现象也不鲜见。有几家海外媒体（《纽约时报》2012年8月29日，《华尔街日报》2012年10月6日）报道的私营企业主携资外逃现象（Frangos et al.，2012）也从另一侧面表明，私营企业主在国内遭遇的政治经济环境不是很令人满意。

私营企业及作为其人格化载体的私营企业主生存于既有的政治、社会和市场环境之中，必然与相关政府部门及作为其代理人的政策执行者、社会组织和其他市场主体进行长期互动。即使是在制度健全的市场社会，私营企业主也可能因制度本身无法避免的模糊性和制度执行者所掌控的自由裁量权而在与地方政府、社会组织和其他市场主体等利益相关者的长期互动中遭受权益侵害。在转型期的中国社会，高度集中的政府权力、不断变化的国家政策、模糊不清的法律标准、地方政府及其代理人的经济利益诉求（Wank，1999）更是给私营企业主带来了诸多的不确定性（Guthrie，1997），使其合法权益面临被侵害的风险。在集权而不确定的政治环境中，有着自身经济利益的地方政府及其代理人在与私营企业主的互动中有较大的自由裁量权，经常使私营企业主处于被侵权的弱势地位；法律制度的不健全及政府代理人在制度执行上的可选择性也常常使私营企业主的权益受到地方黑恶势力和其他利益相关者的不法侵害。由此可见，不管是从逻辑规则层面还是从经验观察层面看，在中国的转型经济中，私营企业主的合法权益遭受不法侵害既是必然的，也是现实的。

在中国既有的政治经济环境中，遭遇权益侵害的私营企业主通常是以什么样的方式来维护和谋求自己的合法权益的呢？他们维护和谋求权益的行为方式选择背后的逻辑和机制又是什么？这既是一个还有待进一步深入分析和演绎的理论问题，更是一个需要用较大规模的调查数据加以具体描述和检验的经验问题。首先，私营企业主的合法权益曾经遭受过侵害或正在遭受侵害，这已不同程度地为社会公众所了解。然而，私营企业主到底遭受过哪些方面的侵害？其侵害来源之间的关系又是怎样的？针对不同类型的侵害，他们分别采取了什么样的方式来维护自己的合法权益？各种权益维护与谋求策略的分布又是如何？其背后的深层逻辑又是什么？这些问题不是几个个案能回答的，单纯的理论分析最多也只是在观察和逻辑的基础上提出一些仍有待用实证资料来检验的命题和假设。迄今为止，笔者经检索和梳理该领域以往相关研究文献发现，该方面建立在系统调查和深入分析基础上的研究成果还很少，远未得到应有的足够重视。因此，探讨私营企业主与各利益相关者之间的权益关系具有一定的开拓性价值。本研究拟首先尝试在制度、网络和市场三种理论视角的比较分析框架下推演出多组有关私营企业主遭受权益侵害之后选择权益维护与谋求方式的研究假设，然后基于调查数据较细致地描述和分析私营企业主权益被侵害及其应对的现状，并据此检验先前提出的研究假设。

二、文献综述

权益谋求涉及两种情形：一是行动者为了维护既有的权益免遭潜在的侵害，或为了寻求既有权益的合法化，或为了争取更多的权益，主动拓展和争取权益的过程。这种权益谋求可称之为主动性权益谋求。二是行动者既有的合法权益已经遭到侵害，其为了争回原有的权益，或（并）避免既有的权益遭到进一步侵害，而反应性地采取某种（些）方式维护权益的过程。这种权益谋求可称之为反应性权益维护，即通常意义上的“维权”。私营企业主是在20世纪80年代开始的中国急剧社会结构变迁中新生的社会群体，其经历了一个从无到有、从被歧视打击到受人尊敬的曲折过程，有关私营企业主权益谋求的研究理应考虑私营企业主“被赋权”这一过程。因此，本研究从被赋权、主动性权益谋求和反应性权益维护三个维度来梳理有关私营企业主权益谋求的研究文献。

（一）被赋权：私营企业主的诞生和发展

马克思和恩格斯（1972：252）在研究欧洲社会结构变迁时指出，作为西方现代社会阶级结构重要组成部分的“现代资产阶级是一个长期发展过程的产物，是生产方式和交换方式的一系列变革的产物”。白吉尔（1994）在研究中国资产阶级的诞生和成长时指出，中国的开放、政府干预极度弱化导致的经济自由和殖民管制的放松等因素共同促成中国资产阶级的诞生和发展黄金时代的到来。例如，她指出，“中国的开放为新兴的精英分子提供了大量发财致富的机会，施展各种才能的场所以及多种不同的职业”（白吉尔，1994：39–40）；中国资产阶级“黄金时代到来之时，正是国家政权衰微之日，国家对经济领域的干预荡然无存，由此证明当时经济活动享有的自治使之不受政治体制的影响。黄金时代在世界性复苏危机中的持续，表明它面对殖民统治机制，仍享有一定的自治，仍可根据本国的资源和客观条件获得继续的发展”（白吉尔，1994：78）。

资产阶级作为一个阶级已在中国大陆 20 世纪 50 年代中期的社会主义改造、特别是“文革”期间的极力打压下基本消失殆尽，但私有产权关系却在与集体化农业并存的农村私有家庭经济中稀疏地留存下来了（Whyte、Parish，1984；张厚义，2002）。那么，新生的私营企业主是如何再生和发展起来的呢？解释私营企业主再生及其机制的观点可归纳为四种：市场转型解释、政治经济学解释、社会文化解释和制度推动解释。

1. 市场转型解释

市场转型论是由倪志伟（Nee，1989，1991，1992，1996；Nee、Cao，1999，2002；Nee、Mattews，1996）提出和大力倡导的。继泽林尼（Szelenyi，1978）之后，倪志伟将国家再分配和市场经济看作两个完全不同的社会经济体系。再分配经济通过集中化决策汇集和分配物资（Polanyi，1957），市场经济则通过法律上对等的买方和卖方在双方同意的价格基础上的横向联系实现资源的配置。国家社会主义改革是一种由市场机制取代再分配机制的转型。在这场转型中，市场越来越多地创造权力、动力和机遇，并且由此决定了新兴社会经济秩序的特征。在这个社会经济秩序中，国家官员让位于企业家和专业人士，因为后者拥有能够在市场上交换的人力资本和经营能力。

市场转型论的核心观点是，国家社会主义由再分配向市场的转型导致了新的以市场为中心的收益和利润机会的扩展。随着市场取代和扩展国家所控制的机会结构，机会具备了更为广泛的基础并变得更为多样化。市场经济越发展，再分配经济边界之外发展起来的机会越广泛、越多样。以往在国家社会主义官僚体制和经济中被限制无法发展的群体和个人得到了通过形成中的劳动力市场和私营企业经营来进行社会流动的机会（Nee，1996）。也就是说，市场的生长扩展了在再分配经济边界之外的机遇的范围，改变了机遇与刺激的结构，并且激励了企业家地位与经济运行的形成（Nee，1991）。或如科尔奈（1992）所言，“许多人愿意从事基于私有产权的经济活动，这不需要任何建设性的支持，而仅仅意味着官僚障碍的废除……人们自发地进入私营部门，各种形式的私营企业如雨后春笋般涌现”。亦即，当党政体制放松对经济和社会的控制后，私营企业便“自发”地产生了。与之相反，当地方政府利用通常在毛泽东时代运用的动员方法干预甚至去支持市场取向的增长时，其导致的不确定性限制了私营企业主的成长（Nee、Young，1991）。随着新的机会基础的扩展，资源变得更加根植于新的网络和制度中，对已形成的精英的依赖减弱，而且与原有的精英们相比较而言，以往被排斥的群体权力增加，干部向企业主的转变加速了国家社会主义再分配权力的衰弱（Nee，1996）。私营企业主既是市场增长背后的主要催化剂，也是市场深化的主要受益者。他们利用了源于改革措施的制度变迁（例如，新政策和法律）所启动的获得利润和收益的机会。干部企业家在企业家人数中只占很小的比例，随着企业家人数的增加，这个比例在减少。也就是说，随着市场转型的推进，拥有干部地位在投身企业家工作上的优势减少了，因为更为深化的市场降低了对产品和服务流通进行再分配控制的战略价值。随着市场的深化，当私营企业的数量足以促成与公有制企业直接竞争的迅猛发展时，再分配精英对企业家的市场活动进行约束的能力减弱了。由于非正式私有化和联营企业促成了转型经济中私营企业的合法化，私有财产形式的竞争性优势得以增大（Nee、Matthews，1996）。

市场转型给每一位具有进取心、积极活跃的私营企业家或准私营企业家提供了希望，他们愿意成为这场转变的主体。新兴社会经济秩序将基本沿着所有西方发达社会走过的路走下去。文化遗产并不被认为对中国的改革具有影响（Nee、Cao，2002）。历史和地方因素可能会影响这个转变过程，并使之变得更加复杂，但其影响是随机的、暂时的（Nee、Cao，1999）。

国内也有不少学者（李路路，1995，1996，1997；李培林，1992；孙立平，1994，2004；戴建中，2001；张厚义，1994，2002）探讨了私营企业主的生成机制问题，基本上都认为私营企业主是市场化改革和社会转型的产物。

2. 政治经济学解释

政治经济学解释，与预言政治权力贬值的市场转型论（Nee，1989）不同，将权力视为正在出现的市场经济的一个制度因素，强调政府尤其是地方政府及政治权力在将其所控制的稀缺资源和市场价值转化为私人利益（Glinksi，1992；Nee，1992；Rona-tas，1994；Staniszkis，1991），以及在推动地方企业的发展中扮演的重要角色（Oi，1992，1995，1999；Walder，1995a，1995b；Lin，1995；Liu，1992）。再分配者（干部）并没有在市场转型中逐渐淡出，而是利用手中的权力地位和关系资源极力摄取私人利益：或者亲自直接或间接经营私营企业，或者在推动地方私营经济的发展中获利。政治经济学解释实质上是对市场转型论的批判性延伸，具体涉及精英维续论、地方政府法团主义及其他观点。

有关精英维续的观点有三种：第一种被称之为技术官僚维续论。这种观点认为，社会主义制度滋养出一类技术专制官僚，能够借助习得专长维持其地位（Szalai，1990），也更能凭其较高的受教育程度在新兴的市场部门拥有一个优越的位置。第二种是权力转换论。持这种观点的人认为，在社会主义社会期间积聚的权力可转换成市场经济中的丰富资产。（1991）

一途径。然而，这不是说政府所有是最好的或唯一的企业产权形式。中国持续的成功也归功于这样的事实：随着发展的向前推进，地方官员为私营企业提供了日渐增多的支持。到20世纪80年代晚期，牢固的公－私合作得到发展，导致了一些学者所说的私营企业与地方官员之间的共生关系（Oi，1995）。20世纪90年代，地方政府法团主义有了进一步演变，一是通过有选择性的私有化加强集体经济，二是把扶持的对象和范围扩展，延伸到私营企业，地方官员与一些重要的私营企业之间形成了共生关系（Oi，1998）。尔后，地方政府运用对合同及资源的控制以及政府与私营企业之间形成的共生关系，把私营企业整合进了法团主义的框架之内（Oi，1999）。

Walder（1995b）沿着Kornai（1980，1990，1992）的软预算约束理论的分析逻辑考察了中国不同层级的政府在经济发展中所扮演的角色，并据此提出了“政府即厂商”的理论观点。沃尔德指出，科尔奈的软预算约束理论假定不同层级的政府具有固定的、无差异的组织特征，而事实上，不同层级政府的组织特征存在广泛的差异。工业基础越小的地方政府越有明晰的财政刺激和约束，对企业的非财政目标也越少，而监控它们的能力则越强（Walder，1995b）。也就是说，不同层级的政府在预算约束、对企业的非财政目标、监控能力三个方面存在很大的差异。具体来说，政府的层级越高，（本级政府与更高层级政府及辖区企业与本级政府间的）讨价还价和软预算约束现象越普遍；而政府的层级越低，软预算约束和讨价还价问题急剧减少。政府对企业的非财政目标是政府解救亏损企业的目标。在维持就业和福利方面，村、镇政府面临的政治约束要小得多。地方政府公司的大小和规模，影响其监管所属企业的能力及平调资金、解救亏损企业的能力。镇公司和村公司的规模通常较小，所以村镇干部可以更直接地监督企业的运营，并由此减少经理滥权，降低代理成本。市政府一般都有大量企业在其管辖权限之下，分散其监督每个企业的动机和能力。因此，基层政府正是通过对企业进行直接而密切的监督，改善了企业经营效率（Walder，1995b）。沃尔德更明确地指出，在中国的许多公有部门中，产出和生产力最迅速的增长发生在政府所有权最清晰并且最容易实施的地方，在那里，地方官员可以将公有企业当作一个经营多样化的市场取向的公司来管理。地方官员成了市场取向的行动者（Walder，1995b）。

尽管沃尔德和戴慕珍都是在地方政府法团主义的视角下考察政府在地方经济发展中的作用，但他们的研究切入点显然是不一样的。戴慕珍关注的是，“财政包干”“分灶吃饭”的财政改革给地方政府发展乡镇企业（包括私营企业）以巨大的刺激和动力，使地方政府将其辖区的工业企业视为一个经营多样化的公司，而自己则扮演公司董事会的董事长的角色，从而促进了地方企业经济的发展。沃尔德则沿循了科尔奈软预算约束理论的分析逻辑，但又在科尔奈和戴慕珍研究的基础上推进了一步，他注意到了不同层级的政府所受预算约束的软硬差异及其对辖区内工业企业的监控差异。他认为，正是县、乡、村等层级的基层政府比更高层级的政府所受的预算约束更硬，其对辖区企业的监控能力更强，才使得乡镇工业得以迅速发展。

彭玉生（2001）则基于苏南江阴的实证调查数据的分析，对Walder（1995）的观点提出了两点修正。其一，乡镇企业的代理问题小，不是由于官僚的直接监督更有效，而是由于市场的间接监督更有效。当所有权与控制权相分离的时候，信息不对称使得直接的监督失效或者代价高昂。但是市场监督对国企来说不起作用，因为国企没有被置于一个公平的竞争环境中，而肩负了各种政策负担。其二，市政府能从国有银行挖钱，这是国企预算约束软化的根本原因。而地方政府的内部平调补贴可能是有限和有节制的。

有学者指出，戴慕珍和沃尔德所探讨的乡镇企业在产权上其实是私有的、半私有的或非正式私有的（Nee，1992；Peng，1992；Li，1996）；作为一种过渡现象，它是介于国有和私有之间的混合组织形式（Nee，1992）；它以公有制的外表遮掩其非正式的或潜藏的私有化（Liu，1992；Nee、Su，1996）。另有学者（Sachs、Woo，1997；Woo，1999）更直接地指出，许多所谓的集体所有的乡镇企业实际上是私有企业带上了“红帽子”。

这种非正式私有产权是从两项重要的制度变迁演变而来：一是利润留成限制地方政府对企业利润的剩余索取权；二是企业承包赋予乡镇企业经理高度经营自主权以及对留利的较大控制使用权（Nee、Su，1996）。倪志伟（1992）认为，非正式私有产权代表了一种混合组织形态，在局部改革过程中最有效率。由于政治歧视和市场不完善，纯粹的私有制企业面临高昂的交易成本和政府的掠夺行为（例如，乱收费、乱摊派、乱罚款及索贿等）。李稻葵（1996）也强调，模糊产权是对付高交易成本和高不确定性环境的一种次优方案。倪志伟（1992）预言，随着市场化改革的深化及市场交易成本的下降，混合形态和非正式私有产权的成本会超过收益，从而以更明晰的私有产权的形式出现。

刘亚林（1992）在研究温州私营经济的基础上指出，私营经济的产生和发展得益于地方政府的保护。在温州，私有化和市场化成为可能，是因为市政府对某些偏离现存国家政策的半合法或不合法的经济行为采取了一种默许的态度，这对私营经济的顺利运作必不可少。有理由假定，如果地方官员没有采取大胆的行动来保护那些偏离国家政策的经济实践，私营部门要在温州经济中居于统治地位是非常困难的。另有研究者（Unger、Chan，1999；Parris，1993）也强调了地方政府对私营经济发展的保护作用。例如，昂格尔和陈（1999）基于广东西桥镇的案例研究指出，村、镇两级行政机构在私营经济发展中扮演了“发展的角色”（developmental role），积极寻求和扩展地方生产发展的基础，而不是消极地玩忽职守或贪婪地敲诈地方经济。

3. 社会文化解释

社会文化解释认为，私营企业及私营企业主的经济行为内嵌于共享规范、亲族网络、社会关系之中，并受到这些文化制度的制约和型构。韦特兹曼和许成钢（1994）强调了传统价值和共享规范在调节私营经济中有关对剩余收入的要求方面所发挥的作用。倪志伟（1998）指出，基于人际关系的网络有助于根据非正式规范组织市场取向的经济行为，这些非正式规范是企业家和政治家私人期望的反映。

高棣民（1990）认为，在市场化改革前，中国家庭的私有性生产功能是受到禁止和谴责的，但当国家再次允许个体经济在小商品市场运作，家庭立刻恢复了这种生产功能，甚至成为私有经济的主要形式。林南（Lin，1995）在考察工业化的天津大邱庄的生产体系后提出了“地方市场社会主义”（Local Market Socialism）的分析范式，试图用它来把握过去政治意识形态的经验、经济体制不断变化的性质和地方性的社会文化根基之间的互动关系。他强调了地方网络尤其是地方性的亲族关系网络在增加地方权威结构的“稳定性和持续性”及促进地方企业经济的发展中的重要作用。怀特（1995，1996）对家庭企业为什么成为中国私有经济的主要形式提供了自己的解释。他认为，对办企业来说，中国家庭是一种正面因素和负面因素的混合体，何种因素占主导则取决于外部条件。过去，尤其是在毛泽东时代，中国家庭的变革有两个重要特点，即长辈力量的削弱和家庭完整与忠诚的延续。这种家庭结构为动员家庭力量提供了动力和资源，并且产生了富有创造力和生产力的结果。另外，全球经济近年来向小企业倾斜的变化，也增强了中国家庭的经济潜力（边燕杰、张展新，2008）。黄绍伦（1985，1988，1995）也指出，新兴私有经济是一种以家庭为基础的资本主义经济形式，它与中国的“家庭主义”文化息息相关。他在一项移民香港的上海工业家的研究中指出，中国企业家“对自治和所有权的强烈追求导致了普遍的经济重复，我称之为‘企业家的家庭主义’。这样的重复使得家庭成为经济竞争的基本单位。‘家’提供了革新的动力和对冒险的支持。……企业家的家庭主义产生了一种特殊的经济组织模式，具有几个明显特征：经济等级结构趋向变动；由于雇员普遍渴望创办自己的工厂而导致离心力的存在；工厂内的决策高度集中在非常有限的权威代表手中。这种企业家的家庭主义……提高了香港工业的灵活性和对国际市场波动的应变能力”（黄绍伦，2003：154-155）。彭玉生（2004）探讨了中国农业化背景下的宗族网络所带来的经济回报，并认为在市场改革的早期阶段，产权没有得到国家正式制度的有效保护，市场制度不健全，宗族凝聚力和宗族信

正式确立了个体经济的合法地位。1983 年中共中央在关于《当前农村经济政策的若干问题》中又指出，“农村个体工商户和种养业的能手，请帮工、带学徒，可以参照《国务院关于城镇非农业个体经济若干政策性规定》执行。对超过上述规定雇请较多帮工的，不应提倡，不要公开宣传，也不要急于取缔，而应因势利导，使之向不同形式的合作经济发展”。这种对私营经济的“看一看”的默许态度客观上促进了私营经济的发展（张军等，2006：396–398；罗党论，2010：27–28）。

在“鼓励”阶段，1987 年中共中央《关于把农村改革引向深入的决定》指出，对私营企业“应当采取允许存在、加强管理、兴利除弊、逐步引导的方针”。这是中共自 1956 年社会主义改造完成后第一次以正式文件的形式提出允许私营企业存在。同年，党的十三大报告对私营经济的发展做出了进一步肯定，“社会主义初级阶段，尤其要在以公有制为主体的前提下发展多种经济成分”，“私营经济是存在雇佣劳动关系的经济成分，但在社会主义条件下，它必然同占优势的公有制经济相联系，并受公有制经济的巨大影响”，而且“实践证明，私营经济一定程度的发展，有利于促进生产，活跃市场，扩大就业，更好地满足人民多方面的生活需求，是公有制经济必要的和有益的补充”，“目前全民所有制以外的其他经济成分，不是发展得太多了，而是很不够。对于城乡合作经济、个体经济和私营经济，都要继续鼓励它们发展”，因此“必须尽快制定有关私营经济的政策和法律，保护它们的合法利益，加强对它们的引导、监督和管理”。十三大报告表明党和政府对私营经济的态度已从默许转变为明确的鼓励和引导。1988 年 4 月通过的《宪法修正案》规定，“国家允许私营经济在法律规定的范围内存在和发展，私营经济是社会主义的补充。国家保护私营经济的合法权利和利益，对私营经济实行引导、监督和管理”。这是新中国成立以来，国家第一次从宪法的高度对私营经济予以规定和承认，从而解决了私营经济在当代中国的法律地位问题（张军等，2006：398–399；罗党论，2010：29）。私营经济尽管已经在中国取得了合法地位，并受到党和政府的鼓励，但仍然还没获得与公有制经济完全平等的地位，只是“补充”地位。

在“制度建设”阶段，1992 年邓小平的南巡讲话解决了长期困扰中国市场经济发展的意识形态问题。同年召开的中共十四大进一步明确指出，“中国经济体制改革的目的是建立社会主义市场经济体制”，“在所有制结构上，以公有制（包括全面所有制和集体所有制）经济为主体，个体经济、私营经济、外资经济为补充，多种经济成分长期共同发展，不同经济成分还可以自愿实行多种形式的联合经营。国有企业、集体企业和其他企业都进入市场，通过平等竞争发挥国有企业的主导作用”。1997 年的中共十五大报告强调，“非公有制经济是中国社会主义市场经济的重要组成部分”。1999 年通过的《宪法修正案》又从宪法高度确认了私营经济的市场经济地位，“在法律规定范围内的个体经济、私营经济等非公有制经济，是社会主义市场经济的重要部分。国家保护个体经济、私营经济的合法权利和利益”。这表明，私营经济开始获得了与公有制经济平等的地位，其长期以来受歧视的处境将开始改变。2001 年 7 月 1 日，江泽民在《庆祝中国共产党成立八十周年大会上的讲话》中指出，私营企业主是有中国特色社会主义的建设者，他们“通过诚实劳动和工作，通过合法经营，为发展社会主义的生产力和其他事业做出了贡献。他们与工人、农民、知识分子、干部和解放军指战员，团结在一起”，“经过长期考验、符合党员条件吸收到党内来”。这意味着，个体户和私营企业主可以入党（张军等，2006：400–401），从而解决了私营企业主的政治地位问题。2004 年《宪法》修正案规定，“公民的合法私有财产不受侵犯”，“国家依照法律规定保护公民的私有财产权和继承权”。2007 年《物权法》的颁布，意味着私营企业主的私有财产与国家、集体的公共财产的法律地位平等。这表明，私营经济、私营企业主的经济地位、法律地位获得了更明确的制度认可。

二是将党和政府有关私营经济和私营企业主的政策演变与私营企业主数量的增加结合在一块进行描述，试图呈现和理清两者之间的关系（Young，1989；Sabin，1994；陆学艺，2003；张厚义，2009，2002，2004）。可将上述两方面的研究综合为表 1–1。

表 1-1　制度变迁与私营企业主的生成与发展

政策变迁	年份	私营企业户数（万户）	私营企业主人数（万人）	注册资金总额（亿元）	年户增长率（%）	时期户年均增长率（%）
个体经济合法地位得到确认	1981	1（户）				
私营经济合法地位得到确认；1989 年对私营经济的整顿	1988	22.5				–2.6
	1989	9.1	21.0	84.5	–59.6	
	1990	9.8	22.4	95.2	7.7	
	1991	10.8	24.1	123.2	10.2	
	1992	13.9	30.3	221.2	28.7	
邓小平南巡讲话；“十五大”报告；江泽民讲话，允许私营企业主入党	1993	23.8	51.4	681.0	71.2	36.6（如果从 1992 年算起，那这十年的年均增长率为 35.8%）
	1994	43.2	88.9	1447.8	81.5	
	1995	65.5	134.0	2622.0	51.6	
	1996	81.9	170.5	3752.4	25.0	
	1997	96.1	204.2	5140.0	17.3	
	1998	120.1	263.8	7198.1	24.9	
	1999	150.9	322.4	10287.3	25.6	
	2000	176.2	395.4	13307.7	16.8	
	2001	202.86	460.84	18212.2	15.1	
“十六大”报告；2004 年《宪法》修正案，“公民的合法的私有财产不受侵犯”	2002	243.53	622.82	24756.2	20.0	18.0
	2003	300.6	772.8	35304.9	23.4	
	2004	365.1	948.6	47936.0	21.5	
	2005	430.1	1109.9	61331.1	17.8	
	2006	498.1	1271.7	76028.5	15.8	
	2007	551.3	1396.5	93873.1	10.7	
	2008	657.4	1507.4	117400.0	19.2	
	2010	845.5	1794.0	192000.0	14.3	
	2012	1085.7	2200.1	311000.0	14.2	
	2013	1253.9	2485.7	393100.0	15.5	
	2015	1908.2	3560.6	905500.0	26.1	

资料来源：根据张厚义（2002，2004，2005，2009，2010，2012）、陆学艺（2003）和王钦敏（2013，2015，2017）有关私营企业主阶层的分析报告和论文整理而成。

表 1-1 非常清楚地显示了制度变迁与私营企业主生成和发展之间的关系。党和政府的政策变化根本性地决定了私营企业主的产生和发展。数据显示，1988 年《宪法》修正案赋予了私营经济合法地位，使私营企业几乎从无到有，一年内就注册了 22.5 万户；但起因于 1989 年对私营经济的清理整顿，私营企业一年内减少了 59.6%，一直到 1992 年前都是呈缓慢增长状态；1992 年邓小平的南巡讲话使之后两年的年增长率都在 70% 以上，

甚至达到 81.5%；1995 年后的 6 年增长速度又开始放慢，但在 1998 年和 1999 年有所反弹，这是因为 1997 年的中共十五大报告赋予了私营企业与公有制企业平等的市场地位；此后两年增长速度又开始放慢，但在 2002 年和 2003 年由于江泽民的讲话（即“私营企业主可以入党”）而又有所反弹；此后私营企业的增长速度开始趋于平缓，这在很大程度上与党和政府近年来有关私营经济的政策比较稳定有关。数据还显示，从 1992—2001 年之间的 10 年是中国私营企业发展的黄金时期，年均增长率为 36.6%。

（二）主动性权益谋求：私营企业主正式的与非正式的政治参与

私营企业主的政治参与是以法律允许或不允许的方式参与公共政策的制定及其执行。实质上，它就是私营企业主与政府或官员建立关系的策略性行为，是私营企业主的一种政治战略，也是私营企业主维护既（应）有权益并（或）谋求更多权益的策略性手段（Chen、Touve，2009；Li et al.，2006；Hong，2004；Su、He，2010；Liu，1992；海贝勒，2003；张建君、张志学，2005；陈光金，2004；敖带芽，2004；董明，1999）。在转型经济中，私营企业主与政府或官员建立关系，可以减少来自地方政府方面的权利侵害，如减少地方政府的乱收费、摊派行为；在缺乏有效产权保护的环境下，私营企业主可以借助政府力量来防范其他非政府行为的侵害，如防止其他企业的假冒产品等（胡旭阳，2006）。私营企业主是否积极与政府建立关系很大程度上取决于其所处的制度环境，信用市场越落后、政府管制越多、法律外税收负担越重、法律制度越不健全的地方，私营企业主越可能参与政治，以便与官方建立关系（Bartels、Brady，2003；Chen et al.，2005；Li et al.，2006；罗党论等，2009）。私营企业主的政治参与是一种具有一定世界性的现象，例如，美国、巴基斯坦、印度尼西亚、马来西亚、巴西等国的企业都存在一定的政治关系（Roberts，1990；Fisman，2001；Klwajia、Mian，2005；Faccio，2006；Derashid、Zhang，2006；Claessens et al.，2000），同时也有其历史性。

国外经济史学家已对晚清时期的私营企业（主）与政府的关系进行过

公民责无旁贷的职责，也不是首先为了争取政治权利而参与，真正的目的主要在于获取和维护自身的利益，尤其是经济利益，即更多是自我保护的反应。但不可否认，私营企业主政治参与的动机层次已得到较大提高，逐渐实现着由功利性向公益性政治参与的转变（董明，2005）。

2. 政治参与的渠道：正式的与非正式的

关于私营企业主政治参与的渠道，国内学界有几种不同的表述。例如，正式参与与非正式参与（Chen、Touve，2009；王晓燕，2006）、安排性参与与非安排性参与（张厚义，2011；姜南扬，2005；敖带芽、梅伟霞，2004）、制度性参与与非制度性参与（万闻华，2007；黄波，2010）、直接参与与非直接参与（敖带芽、梅伟霞，2004）以及合法参与与非合法参与（敖带芽、梅伟霞，2004）。这些表述各有其侧重点，但也存在一致和相互交叉之处。本书用正式参与与非正式参与来区分私营企业主的政治参与渠道。

（1）私营企业主的正式政治参与

正式政治参与是指私营企业主按照正式的程序或制度规定的方式参加政治或社会组织及其开展的活动。

①加入中国共产党

私营企业主能否加入中国共产党自新中国成立以来有过长期的争论，即使是江泽民 2001 年 7 月 1 日讲话和中共十六大明确允许私营企业主中的优秀分子可以入党以后，这种争论也仍未完全结束（刘强，2009）。但一个明显的事实是，私营企业主党员比例已远远超过全国人口不到 6% 的党员比例，且这种比例在逐年增加。例如，私营企业主党员比例，1993 年为 13.3%，1997 年为 18.1%，2000 年为 19.9%，2002 年为 30.2%（陈光金，2004），2004 年为 33.9%（中华全国工商业联合会，2007：204），2008 年为 33.5%（张厚义，2011）。在私营企业主中，中共党员的高度集中表明，政治与经济精英越来越合二为一。中共党员私营企业主数量的增加可部分归因于前国有企业的私有化。当这些国有企业被改制为私营企业时，它们从前的管理人员（其中大多数是中共党员）现在成为了私营企业主，这立即增加了中共党员私营企业主的数量（Dickson，2007）。Dickson（2007）进一步分析后发现，地区经济发展水平越高，那里的私营企业主加入共产党的概率越低；经济增长速度越快和私营部门所占比例越大的地区，那里的私营企业主入党的概率越高；企业销售收入越大的私营企业主入党的概率也越大；年轻的、受教育水平高的男性私营企业主入党的概率更大；企业注册时间越长、在某地区发展的时间越长的企业主，入党的概率也越大。中国共产党允许或招募私营企业主入党的目的有两个：一是与促进经济发展的群体建立合作关系，提高共产党统治的合法性；二是防止私营企业主形成或加入反共产党的组织。简言之，财富与权力在中国的结合，目的即在于维持现存的权威主义的政治体系（Dickson，2007）。然而，私营企业主政治整合的成功不是党和政府单方努力所决定的，也受到国家与社会关系的特殊地方模式的调节（Alpermann，2006）。

② 担任人大代表或政协委员

由统战部门和工商联组织推荐，经过选举、协商，私营企业主担任人大代表和政协委员是一种典型的安排性政治参与方式。据有关资料分析，1993 年 3 月，第八届全国政协委员中有 23 位私营企业主代表人士，第九届全国政协委员中有 48 位，第十届有 65 位，第十一届超过 100 位；在全国人大代表中，第九届有 48 位是私营企业主，第十届有 200 多位，第十一届有 300 多位。据全国工商联的不完全统计，仅在各级工商联的私营企业主中，担任各级人大代表和政协委员的就有 7 万多名（张厚义，2011）。李宏斌等（2006）基于对 2002 年全国私营企业抽样调查所收集数据的分析发现，私营企业主政治参与（以是否担任人大代表或政协委员来测量）的可能性能被市场尤其是信贷市场的低度发展和支持市场的制度的不完善所解释。不完善的市场制度包括过度的政府干预、非正式的税收负担和不健全的法律系统。也就是说，制度环境形塑了私营企业主的政治参与行为。另外，他们也发现，私营企业主政治参与的可能性受到其人力资本（包括年龄、受教育程度和经验）和政治资本（包括中共党员和前公有企业管理者身份）的影响。陈英和图雷（2009）采用资源依赖理论和制度理论的分析框架考察了私营企业主的政治参与（用是否担任人大代表来测量）。他们基于对2004年全国3012户私营企业抽样调查数据的分析表明，政治遵从（用中共党员身份测量）、经济遵从（用纳税数量测量）和社会遵从（用慈善捐赠数量测量）等因素（变量）对私营企业主的政治参与有显著性影响。也就是说，跟非中共党员私营企业主相比，中共党员私营企业主更可能担任人大代表，纳税越多的私营企业主有更多的机会担任人大代表，慈善捐赠越多的私营企业主也有更多的机会担任人大代表。而且，政治遵从在社会遵从与私营企业主的政治参与之间起着否定性的调节作用。也就是说，跟非中共党员相比，中共党员私营企业主的慈善捐赠越少与越高的政治地位相联系（Chen、Touve，2009）。吕鹏（2013）则进一步指出，不管是在较高层级还是较低层级的人大和政协中，经济财富只是门槛，党员身份也不是当选的保证；而像具有社会责任感的“士绅”那样行事，则扮演着重要的角色。另有研究者（Li、Liang，2015）发现，私营企业主的经济成功与获得政治安排之间的关系受寻求政治关系的自利动机和亲社会动机的调节。有研究者将私营企业主借人大和政协与政府构建的制度性关系称之为组织性庇护主义（Sun et al.，2014）。

加入工商联和私企协会　工商联是一个隶属于中共统战部的半官方组织，主要吸纳自愿参加的大企业家，经费来源部分是由国家预算资助，部分从成员会费中支出（海贝勒，2003：171）。其主要功能在于促进私营企业的发展，为国家管理私营企业提供支持措施，以及在共产党和私营企业家群体之间发挥桥梁作用（海贝勒，2003：172）。私营企业协会始建于1993年，是隶属于工商行政管理局的半官方机构。工商联和私企协会都是，一方面应该代表党和国家的利益，另一方面又代表企业家的利益。但两者的利益范围很少一致，从而导致了两者之间持久的利益冲突。尽管这两个组织都不是独立的利益组织，只作为或几乎只作为行政机构的附属物而存在，因而也难以被私营企业主视为维护自己利益的组织机构，但加入工商联和私企协会是私营企业主谋求与国家行政机关进行合作与发展关系的有效途径（海贝勒，2003：175、177、178、180）。Nevitt（1996）基于天津的个案调查，进一步区分了工商联和个体劳动者协会在维护私营企业主权益中所扮演的角色，并考察了其制度根源。他研究发现，大多区级个协干部对满足其成员的需要没有特殊的兴趣，而对工商行政管理局则有着稳定的制度忠诚。但市级个协对维护私企权益则显得相对更积极，例如，协调有关减少税收、信贷自由化和放松对小私营企业限制的新的市政行动纲领的形成，为成员提供法律服务，但他们行动取向似乎与其成员的直接利益关联不大。与之相反，工商联则为其成员做了大量的工作。例如，协助单个企业解决问题，帮助成员获得贷款，帮助私营企业主发展关系并代表他们动用自己的关系，保护私企免受各种管制性掠夺等。尽管个协和工商联都不仅承担控制私营企业主的功能，也担负着支持其发展的功能，但两者在行动上的区别也是非常明显的。这两个组织在维护私营企业主权益上的行动区别是，制度改革导致的不同层次的政府官员追求不同职业生涯路径和分属工商联与个协的私营企业主各有不同的特点这两个因素共同作用的结果。地区层次的政府官员遵循的是成为“小池塘中的大鱼”（big fish in a small pond）的职业生涯路径，而不是如更高层次的政府官员那样遵循传统的“晋升阶梯”（ladder of advancement）向上攀升的职业路径，这使得其将注意力和精力主要放到如何促进能给地方带来大量财政收入的大私营企业的发展上，从而使得与之相联系的工商联在维护私营企业（主）的利益上扮演了更加主动积极的角色。Unger（1996）也具体考察了个体劳动者协会、私营企业协会和工商联在维护私营企业主权益方面的作用后指出，个体劳动者协会和私营企业协会都受控于工商局，没有在它们所分管的成员与政府之间真正地扮演好中间人的角色，实际上成为了没多大作用的装饰（Emperor's Clothes）。工商联尽管受到中共统战部的严密监控，但仍在积极地代表和维护作为其成员的大私营企业主的利益。私营企业（主）团体在利益取向上的行动差异是由中央政府政策、监控组织的风格、团体分支机构地理的和行政管辖的范围、地方官员的利益、自愿的与强制性的成

2005）。1989 年，中国社会科学院经济研究所对江苏、浙江、广东等省市的调查发现，调查户中 1/3 以上的企业是挂靠乡镇企业牌子的私营企业；1993 年，中国社会科学院民营经济研究中心与零点市场调查与分析公司及全国工商联信息中心联合调查表明，被调查私营企业主认为“红帽子”企业占集体企业的比例为 50% ～ 80%；1994 年国家工商局抽样调查发现，83% 的乡镇企业实际上是私营企业（戴园晨，2005）；这个比例在沿海一些私营经济发达的地区更是高达 95% 以上（罗党论，2010：35）。“红帽子”现象是由给“帽”和戴“帽”者的利益结合而组成的。“红帽子”被形象地称为政治上的“安全帽”、经济上的“优惠卡”、额外负担的“避风港”、地方政府回避搞“资本主义”的“大帽子”（戴园晨，2005）。也就是说，戴“红帽子”可以让私营企业主避免政治风险，更好地获得信贷、资源和税收优惠（Parris，1993），也是私营企业主和公有制企业之间的一种互惠互利的财政安排（Sabin，1994）。曹正汉（2006）考察了温州私营企业戴“红帽子”现象的演变过程。他认为，私营企业主在不同时期戴不同的“红帽子”是他们应对其所面对的制度环境和技术环境的产物。

戴园晨（2005）指出，“红帽子”对私营企业是利弊兼存的双刃剑。私营企业虽然可借它减轻所有制歧视的压力，获得公有企业的同等待遇，而又兼有私营企业的内部机制，有利于适应市场竞争，但“红帽子”模糊了企业产权，使企业创办人在企业发展到一定规模后心里很不踏实。1997 年以来，“红帽子”企业的固有隐患日渐显露，引发了众多产权纠纷。

⑤ 参与社会公益事业

参与公益捐赠和光彩事业是私营企业主回报社会的重要方式（中华全国工商业联合会，2007：248–249），也是其提高社会声望，获得经济政治地位的有效手段（Hong，2004；李河新，2010；朱光磊、杨立武，2004）。2006 年中国第七次私营企业抽样调查显示，84.1% 的私营企业（主）有过捐赠行为，比上次调查提高了 32 个百分点。进一步分析发现，资产规模越大，捐赠人数比例越高，捐赠金额也越大；民主党派企业主参与捐赠比例最高，高达 96.3%，然后依次是中共党员、普通群众和共青团员；

30 岁以下的企业主捐赠积极性最低，只有 56.2%，其他各年龄段的企业主捐赠积极性都比较高，捐赠比例几乎都在 80% 以上（中华全国工商业联合会，2007：248）。Ma、Parish（2006）基于 1995 年全国 2870 位私营企业主的调查数据考察了私营企业主的慈善捐款与当选人大代表和地位认同之间的关系。他们发现，慈善捐赠有助于私营企业主获得当选人大代表的机会和提高自身的地位认同；企业主的捐赠行为受到其年龄、企业收入、企业规模、企业销售额、企业年龄和企业所在地区的影响。结果表明，30 岁以上的私营企业主捐款数额更多；企业收入越多、雇员越多、销售额越大，私营主捐款数额也越多；企业年龄在 5 年以上的企业主捐款数额更多；跟城市企业主相比，农村企业主捐款数额也更多。他们认为，私营企业主的慈善捐赠是为了换取政府的社会认同和政治准入。

（2）私营企业主的非正式政治参与

非正式政治参与指的是私营企业主以私人的或非制度性的方式与政府或官员建立联系，借此获得政治上的保护和经济利益的拓展。私营企业主非正式政治参与是转型期的混合体制（Nee，1991；李路路，1995）、中国政治中的“文件政治”特征（吴国光，2003；徐露辉、陈国权，2006）、次级社会团体的缺位（徐露辉、陈国权，2006；周师，2007）、制度性政治参与的不足（万闻华，2007）等因素导致的结果。

私营企业主政治参与的非正式途径多种多样。张建君和张志学（2005）基于在温州和苏南的实地调查，将私营企业主政治参与的非正式策略归纳为四种：一是合作。具体做法包括企业主给官员股份但并不要求他们有实质投入（“干股”），官员以微不足道的投入得到企业股份（“搭股”），企业主与官员合伙办企业，家庭成员之间进行分工（一些人在政府工作，一些人办企业）。二是缓冲，即企业主通过雇用现任或退休的政府官员、或者聘请现任政府负责人作为企业顾问，以减少外部环境的不确定性。三是通过各种途径同官员熟识。例如，赞助官员参观旅游，尤其是到海外旅游，经常拜访官员并上门同他们聊天，邀请官员参加企业的活动，更经常的是与官员们一起娱乐。四是经常性地送礼。王晓燕（2006）实地研究发现，私营企业主政治参与的非正式途径主要有，吸纳政府官员加盟私营企业，例如，聘请政府官员当顾问；努力培育与政府上层的关系；与国家高级领导人政治接触，例如，受到国家领导人的接见；通过与海外公司的经济合作，影响政府的决策；努力建立与政府官员之间的“共生关系”，通过反复博弈维持合作关系；运用关系规避政府制定的法规。徐露辉、陈国权（2006）指出，利用私人网络寻求纵向的权力庇护已成为私营企业主维护和实现利益的有效途径。私营企业主运用织造的人脉关系网络，争取实现经济资本与权力资本在非制度环境内的转换，这种转换主要通过两种方式完成：一是私营企业主与官员建立利益共同体，例如，官员或其亲属兼任企业领导、顾问或持有企业股份。二是私营企业主与政府官员建立友情关系。亲戚、朋友、同学、同乡、同事等关系是形成友情关系网络的重要资源。私营企业主往往巧妙地运用这些资源，通过个别接触等非组织方式与政府官员建立私人性关系。

Bruun（1993，1995）也发现了私营企业主与官员联系的多种形式：私营企业主与国有企业管理者建立关系，以便得到经营机会；私营企业主将配偶一方注册为企业所有者，而另一方依然在地方政府机关工作；私营企业主为地方政府机构承担短期工作任务，以便获得利益；更常见的是，地方官员实际上是私营企业主的生意伙伴，他们协助签下商业合同，据此从私营企业主那里以回扣的形式获得收益。总之，一方面，私营企业主力争与地方官员和国企管理者建立联系，以获得有价值的商业信息、投资机会、政治安全、社会地位和认同；另一方面，地方官员从这种私营企业主－官员的联系中获得税收和收费等收益，用于地方社区发展。Solinger（1992）描述了经营大规模企业的私营企业主与低层政府官员之间的“共生关系”：私营企业主通过贿赂和其他报酬的方式为基层政府官员提供收入，而官员则在政府结构中为私营企业主提供获得资金的机会。这样，私营企业在地方层次为企业主和官员创造了新的利益，即有助于双方以偏离中央政府意图的方式进行合作。

Brunn 和 Solinger 都发现和强调了私营企业主和政府官员之间的利益交换关系，但 Wank（1995，1996，2001）则强调了，在中国市场经济中，私营企业主与政府官员之间正在出现的结盟关系的特殊基础（Wank，1995：155）。Wank 将其在改革时期的厦门的田野研究发现的这种结盟关系称之为“共生庇护主义”（symbiotic clientelism）。“在中国新兴的市场经济中，共产党传统与新兴市场活动的结合下产生了一种特殊的国家权力结构，这种权力结构限制了商业贸易联系的建立。（Wank，2001：33）”尽管国家对重要资源的垄断控制正在减弱，但由市场经济中新的管制和行政控制的日渐增加而形成的对资源分配的新的垄断正在出现。私营企业主通过贿赂（现金酬偿和礼物）、雇佣（聘请官员充当顾问）和合作（给予官员“权力股”）等方式从政府官员那里获得保护和企业所需要的各种稀缺资源（Wank，1995：166–171），而地方政府则能在中央政府支持日益减少的条件下获得收入，并巩固甚至扩大其在辖区的权力。这种地方政府与企业之间的合作能刺激地方经济的发展，这也是中央政府利益之所在（Wank，2001：228）。互利互惠的交易促成了这两个群体之间的庇护关系。这种庇护关系反映的不只是交易双方利润最大化的利益，还是存在于私人化庇护关系中的制度化的责任和认同。这种庇护关系反映的不只是效用最大化的利益计算，还是社会信任的合理性（Wank，2001：31）。Wank 勾画的“共生庇护主义”因为私营企业主与政府官员之间互惠互利的相互依赖（私营企业主拥有官员所依赖的资源，从而大大减少了对官员的依赖）而不同于中国改革前在城市工厂（Walder，1986）和农村（Oi，1985）所形成的单向庇护关系，还因为存在于私人化庇护关系中的责任与认同，而不同于 Bruun（1995）和 Solinger（1992）所描画的私营企业主与政府官员之间基于简单交换关系而形成的单向依赖关系或“共生关系”。这种包含有责任、认同与社会信任的“共生庇护主义”被认为有利于促进新兴市场经济下的经济效率、合约实施和竞争（Wank，2001：36–37）。Wank 在后来的研究中发现，20 世纪 80 年代末存在于私营企业主与政府官员之间的“共生庇护主义”到 20 世纪 90 年代中后期依然存在，不过是以地方主义网络

et al.，2003），法律体系不完善，不足以保护企业的产权，难以有效执行合同（Frye、Zhuravskaia，2000；McMillan、Woodruff，2002，1999）。私营企业所面临的这些障碍在中国显得更为突出。苏军和何家（2010）基于2006年全国私营企业抽样调查数据的分析发现，私营企业主通过积极的慈善捐款行为可以有效保护其企业的产权。他们还指出，中国的市场制度还远未完善，这种状况还可能继续存在一段较长的时间，慈善捐赠行为作为保护产权的非正式的替代形式对私营企业来说仍然是很重要的。杨其静（2010：221）也指出，在产权缺乏正式的法律保护的情况下，企业与政府的关系可作为一种替代机制，而在某种程度上保护企业产权免受政府侵害。

二是增加企业价值。费思曼（2001）基于印度尼西亚的资料发现，与政府的联系可以显著增加公司的价值。他也指出，这种政治联系在世界上许多最大的、最重要的经济中也可能扮演着一种重要的角色。Faccio（2006）基于跨国数据的分析发现，企业主与政治家的关系不同，其产生的价值也不一样；当企业主进入政治领域时，其企业股价也显著增长；当企业当选为部长而不是议员时，其企业价值也有较大的增长。罗党论和黄琼宇（2008）以2002—2005年期间在沪深证券交易所上市的私营企业为研究样本，发现私营企业与政府的关系对企业价值有显著的正向影响。但吴文峰等（2008）基于1999—2004年沪深两市1046个A股私营上市公司数据的分析发现，私企高管的政治背景整体上没有影响企业价值。但区分不同政治背景后，私企高管的地方政府背景对企业价值的正面影响显著大于中央政府背景的影响。而考虑不同地区的政府干预程度后，私企高管的地方任职背景在政府干预比较厉害的地区更能增加企业价值。

三是影响企业绩效。李宏斌等（2007）利用2002年全国私营企业抽样调查数据的分析发现，私营企业主的中共党员身份对其企业的经营绩效有显著的正向影响，这种影响在市场制度和法律保护越不完善的地区显得更为明显。王海真等（2009）基于100户私营企业调查样本的分析发现，企业高管的政府工作平均年数和有政府工作经历的高管的数量与私营企业的政治网络呈正相关，其反过来有助于提高企业的经营绩效。卫武（2006）基于企业政治策略的实证研究指出，企业为了营造有利于外部环境的目标，获得政治竞争优势，可能会积极建立自己的政治资源，制定和实施合适的政治策略，获得各种政治和经济利益，从而提高企业绩效水平；企业政治资源可分为有形资源、无形资源、组织资源和关系资源；企业政治策略包括政治经营、直接参与、政府关联、财务刺激、代言人、制度创新、信息咨询和调动社会力量八个层面的策略；企业获得的政治绩效可分为政府资源、企业政治竞争优势与能力及市场绩效与财务绩效三个方面；中国企业拥有的政治资源、实施的政治策略和获得的政治绩效之间存在显著的正相关关系。贺远琼等（2008）考察了企业高管的社会资本与企业绩效之间的关系。他们发现，企业高管的社会资本分为市场社会资本和非市场社会资本，这两种社会资本都显著影响企业绩效；外部环境的复杂程度越高，企业高管非市场社会资本对企业绩效的正向影响越显著；而外部环境动荡程度越高，高管市场社会资本对企业绩效的正向影响越显著。陈任如和赖煜（2010）以 2003—2007 年在沪深交易所上市的私营企业为样本考察了企业政治关系与盈利能力的关系。他们发现，企业高管的政治背景对企业盈利能力有显著的正面影响，而高管的地方政治背景对企业盈利能力的正面影响要比中央政治背景的影响显著，董事长的政治背景对企业盈利能力的正面影响要比总经理的政治背景的影响显著。然而，邓建平和曾勇（2009）基于 2002—2006 年上市私营企业数据的分析发现，在控制了政治关系与企业经营绩效存在的内生性关系后，企业的政治关联程度越高，其经营效率越差；政府干预程度的减弱和法律保护程度的提高，企业的政治关联程度对经营绩效的负面影响也在减轻。另有研究者（Chen et al., 2004）也发现，政治关联不能提高企业的经营绩效，而是有助于达成政治家的政治目标。

四是缓解金融压抑。余明桂和潘红波（2008）基于 1993—2005 年在沪深交易所上市的私营企业数据的分析发现，跟没有政治关系的企业相比，有政治关系的企业能获得更多的银行贷款和更长的贷款期限，在金融发展越落后、法治水平越低及政府侵权越严重的地区，政治关系的这种贷款效应越显著。他们指出，在我国金融发展较落后，法治水平较低和产权保护不强的制度条件下，政治关系可以作为一种替代性的非正式机制，缓解制度不完善对私营企业发展的阻碍作用。胡旭阳（2006）通过分析浙江省2004年民营百强企业数据发现，私营企业主的政治身份通过传递私营企业质量信号降低了私营企业进入金融业的壁垒，提高了私营企业的资本获得能力，促进了私营企业的发展。罗党论等（2008）基于2002—2005年民营上市企业经验数据的分析也发现，政治关系可以缓解私营企业的融资约束，且在金融发展水平越低的地区，这种效应越明显。李宏斌等（2007）基于2002年全国私营企业抽样调查数据的分析发现，中共党员身份有助于私营企业主从银行和其他政府机构获得贷款。Touve（2009）通过分析2004年全国私营企业抽样调查数据发现，政治参与（例如，担任人大代表）有助于私营企业主从国有银行而不是从股份制银行和地下银行获得大量贷款。另有学者（Khwaja、Mian，2005）对巴基斯坦的研究也证实了政治关系对私营企业获取贷款的正面影响。

五是税收优惠。Adhikari等（2006）对1990—1999年马来西亚科伦坡上市公司数据的分析发现，有政治关联的企业的实际税率明显低于其他企业。吴文峰等（2009）以1999—2004年在沪深交易所上市的私营企业为样本考察了私营企业高管的政治背景与企业享受税收优惠之间的关系。他们发现，在企业税外负担较重的省市，高管具有政府背景的企业在所得税适用税率和实际所得税率上都要显著低于高管没有政府背景的企业；而且，企业所在省市的企业税外负担越重，高管具有政府背景获取的税收优惠也越多。Faccio（2005）也发现，政治关系有助于企业获得政策性支持或税收优惠。

近年来，有研究者发现，私营企业主政治参与也产生了一些负面效应。例如，不利于银行信贷资金的有效配置（何镜清等，2013）、抑制私营企业的研发投资倾向和强度（陈爽英等，2010）、扭曲了市场机制（于天远等，2012）等。另有研究者指出，随着中国市场化水平的提高，政治参与对私营企业主的直接效应将下降（Nee、Opper，2010，2012；Yang，2006）。

（三）反应性权益维护：私营企业主及其他

1. 私营企业主的反应性权益维护研究

自个体私营经济产生以来，私营企业主就因制度的或意识形态的偏见和歧视而受到来自各方面的干扰和侵害。目前国内外学术界关注的多是地方政府对私营企业主的侵害，并且有关这一问题的较为系统规范的研究还相当少。现有关于私营企业主权益被侵害和谋求权益维护的研究主要涉及如下方面：

（1）政府性质、社会转型与私营企业权益被侵害

Andrei、Shleifei、Vishny（1998）等人将政府看作是“掠夺之手”，认为政治家的目标并非追求社会福利最大化，而有着自己的私人目标。这样，他们就有动力将掌握的资源为自己谋利，甚至不惜牺牲社会公共利益。权力寻租既可能在制度不完善的社会，如印尼、印度等欠发达国家蔓延，也可能在那些拥有大量财富且经济增长缓慢的国家，如美国、阿根廷等国家繁荣起来，并对这些国家的经济增长产生影响。但权力寻租在转型经济中显得更为突出，因为转型经济中的政府由于很多时候要作为对市场制度不完善的一种补充而必须对经济生活进行干预（张军等，2006：423–425）。在转型期的中国社会，由于命令经济的传统和市场制度的缓慢发展，私营企业主在企业经营中面临许多障碍，例如，遭遇繁重的政府管制或法律外税费（Li et al.，2007；Johnson et al.，2000；McMillan、Woodruff，2002；Guriev，2004）。此外，法律体系不完善，不足以保护企业产权，也难以有效执行合同（Hay、Shleifer，1998；McMillan、Woodruff，1999；Frye、Zhuravskaya，2000）。中国的社会转型是在一个缺乏有效的法治来限制政府侵害私营企业的环境中进行的（Che、Qian，1998），私营企业（主）经常受到政府官员的随意侵害，例如，政府或其官员对私营企业进行“乱收费”“乱摊派”，或向私营企业索取贿赂等（Pearson，1997；Cull、Xu，2005）。Sabin（1994）也指出，私营企业（主）常常成为腐败或“左”倾

业主现实的维权行动选择。

2004 年中国第六次私营企业抽样调查对私营企业主的维权方式进行了实证的考察。调查显示，在遭遇一般经济纠纷时，私营企业主首选的解决方式是私下协商，占 48.9%；其次是诉诸仲裁或向法院起诉，占 30.3%；再次是求助于当地政府或上级主管部门，占 14.6%；尔后依次是求助工商联或私企协会（11.5%）、沉默忍受（8.4%）、向媒体反映（2.8%）、自发联合起来（2.4%）和其他方式（0.3%）。在与管理部门发生纠纷时，私营企业主首选的解决方式是求助于当地政府或上级主管部门，占 20.8%；其次是沉默忍受，占 9.9%；再次是找工商联或私企协会，占 9.2%；而后依次是私下协商（5.9%）、诉诸仲裁或向法院起诉（3.9%）、向媒体反映（2.3%）、自发联合起来（2.2%）和其他方式（0.1%）。简言之，面对其他市场主体的侵权，私营企业主最倾向于私下协商的方式解决；而面对政府的侵权，私营企业主多倾向于请求上级政府的行政介入和工商联或私企协会的协调来加以解决。不管是在何种情境下，法律诉讼和集体维权都不是私营企业主理性选择的方式。私营企业主的纠纷解决方式不存在显著的地区差异，这是依法解决纠纷所需要的法律制度环境、社会环境和文化环境都未真正形成的产物（中华全国工商业联合会，2007：177–178）。

尽管工商联或私企协会还远未成为私营企业主借以维权的首选方式，但相关研究表明，这些组织在私营经济比较发达的地区，已经成了私营企业主的一种新兴的利益表达机制（陈剩勇、魏仲庆，2003；浙江省政府办公厅、省政府研究室调研组，2002），在私营企业主的维权动员中扮演了关键性的角色（黄少卿、余晖，2006）。

2. 其他相关群体的反应性权益维护研究

以往国内外有关权益被侵害与维护的研究多关注底层群体的维权行动，有关中产阶级的维权只是近年来才逐渐进入学术界的研究视野。这些研究主要涉及如下两个方面：一是维权的心理－行动逻辑，即由不公平感引发维权行动（亚当斯，1965；赫希曼，2001；Rusbult et al.， 1982；

Sheppard et al.， 1992：75、77–80、80–89；Robinson、Bennet， 1997）。二是在集体行动的框架下考察维权的逻辑与机制。国外学者多用相对剥夺理论（特纳，2001：163；裴宜理，2006；Curr，1970； Davies，1971）、资源动员理论（Tilly，1978，1986）和政治过程理论（Skocpol，2007；McAdam、Tarrow、Tilly，2001； Tarrow，1994； 梯利，2006）来解释集体维权行动的逻辑。国内学者对处于底层的农民（李连江、欧博文，1997；于建嵘，2003，2004，2007；应星；2007）和工人（Lee，1999；Chen，2003； 游正林，2006；佟新，2006；吴清军，2008；刘爱玉，2003，2005；蔡禾等，2009；李静君，2006/1999），以及被称之为城市中产阶级的小区业主（张磊，2005；孟伟；2005；陈映芳；2006；徐琴；2007；邹树彬；2005；Tomba， 2005）的集体维权机制进行了多角度、多层面的经验研究。

（四）简要评价

通过梳理以往有关私营企业主权益谋求的研究文献，我们发现该领域的研究有如下方面的特点或不足：

1. 重主动性权益谋求研究，轻反应性权益维护研究

20 世纪 80 年代初至 90 年代末，有关私营企业主的研究大多是围绕“制度变革与私营企业主的生成”这一问题而展开的，即这一时期的研究关注的是“被赋权”。20 世纪 90 年代末至 21 世纪初，私营企业主的主动性权益谋求得到了学界的广泛研究。这可能缘于这样一个事实：私营经济在这一时期得到了迅速发展，私营企业主为了寻求政治的或社会的合法性，为了维护既有的权益或争取更大的利益，极力通过各种正式的和非正式的、直接的和间接的、合法的和非法的方式与政府及其官员建立联系，编织稳定的政治关系网络。最近几年，私营企业主的反应性权益维护已开始进入学界的研究视野。然而，在该研究方向上还少见有专门的、系统的研究成果。虽然全国工商联的调查已涉及私营企业主的“纠纷解决方式”，但严格来说，

"纠纷解决方式"并不完全等于"反应性权益维护方式"，而且其将纠纷关系仅分为"一般经济纠纷"和"与管理部门的纠纷"，也有过于简化之嫌。更为遗憾的是，全国工商联的这一调查结果似乎没有被进一步分析和研究。

2. 集体式反应性权益维护研究成为该领域研究的思维定式

以往有关反应性权益维护的专门研究大多是在集体维权的框架下进行的，这容易给人们造成一种错觉：以为集体式反应性权益维护是行动者维权的普遍性方式，也给后来者设定了一种研究定式：以为集体式反应性权益维护研究是维权研究的主流。然而，集体式反应性权益维护远非是行动者最常见的、普遍性的维权方式，不管是处于社会上层的私营企业主还是处于社会底层的农民和工人均不例外。以集体行动的方式维护和谋求权益，的确为探讨反应性权益维护行动背后的动员机制提供了极好的场景和案例，也似乎更具社会性、更值得关注和研究（游正林，2005），但既然是研究反应性权益维护，那就很有必要细致、全面地考察特定群体的反应性权益维护的各种方式及其关系，并在此基础上进一步探究该群体"为什么是采取这种反应性权益维护方式而不是其他反应性权益维护方式"。这种研究反应性权益维护的转换，一是可以更真实、更全面地呈现反应性权益维护的真实图景；二是具有不一定逊色于集体式反应性权益维护研究的学术价值和现实意义。

3. 个案研究是反应性权益维护研究的主导性研究方法

在反应性权益维护研究中，包括有关私营企业主的被侵权－维权研究和工人、农民及作为中产阶级的业主的集体维权研究，绝大部分研究选择了个案研究作为其研究方式。在私营企业主的反应性权益维护研究中，除了有关政治参与效果的研究中有相当一部分属于实证研究以外，其余的研究也基本上用的是定性研究方法，尤其是有很大一部分研究只是简单的逻辑推演和理论分析的结果。定性研究，尤其是个案研究，的确有利于详尽细致地描述某个案维权事件的动态过程，将微观层次、个体行动与宏观层次、大规模的社会结构与过程相结合（Vaughan，1992），并有“可能产生出最好的理论”（Walton，1992：129），但其“要概括出一般性原则则较为困难”（Stoeker，1993），尤其不利于从大范围较精确地描述私营企业主维权行为的多样性及其内部关系，其研究结论还只是有待于用大规模样本资料来检验的假设。

以往有关私营企业主权益谋求研究的上述特点及不足为该领域的进一步研究留下了广阔的空间。本研究拟考察私营企业主权益谋求中尚未得到足够关注的反应性权益维护，即私营企业主遭受权益侵害之后的维权行动。具体来说是，首先基于跨省问卷调查数据较详细地描述和分析私营企业主与各利益相关者之间的权益关系——被侵权－维权关系，然后采用制度、网络和市场三种理论视角比较分析私营企业主被侵权和维权行为方式选择背后的逻辑，最后基于实证研究发现提出一些有一定针对性的对策建议。

三、研究思路

政府、社会与市场构成了私营企业得以运作的三种环境，也是其不能回避的三种力量。从逻辑上说，这三种力量在与私营企业及作为其人格化载体的私营企业主互动的过程中，既可能给私营企业（主）提供赖以生存的资源，也可能侵害其合法的权益。

（一）政府与私营企业主

政府为私营企业提供制度、资源和政治合法性，也会因作为其代理人的政府官员选择性地执行制度和供给资源而侵害私营企业（主）的合法权益。私营企业（主）则一方面为政府提供税收和政绩；另一方面，在权益未遭受现实的直接侵害时，他们往往会通过各种正式的或非正式的方式与政府及其官员建立关系，而一旦合法权益遭受侵害时，他们又会根据其内嵌于其中的制度环境和自身拥有的资源和条件做出相应的反应，以尽可能维护自己的权益。在政府与企业主的权益关系中，需要在经验层面考察的是，政府及其代理人是如何侵害私营企业主的合法权益的？或者说，政府及其代理人侵权的表现形式有哪些？私营企业主又是通过哪些方式来为维护其合法权益的？其维权行为选择的机制是什么？

（二）社会与私营企业主

地方黑恶势力和新闻媒体是私营企业（主）遭遇的主要社会力量。地方黑恶势力是一种非法组织，或是披着合法外衣的非法组织，与私营企业主之间也可能既存在利益交换关系，也存在侵权－维权关系。地方黑恶势力是如何或通过哪些方式侵害私营企业主的合法权益的？私营企业主又是如何应对地方黑恶势力的侵权的？其维权行为选择的机制是什么？

新闻媒体一方面可以为私营企业主提供正面的宣传，以强化其正面形象，扩大其社会影响，另一方面也可能利用其信息提供的优势及由此造就的权力而侵害私营企业主的合法权益。作为交换，私营企业主也一方面可为新闻媒体提供经费赞助，另一方面是在媒体侵权事实发生时，采取合适的方式去应对？新闻媒体侵权的方式有哪些？私营企业主又采取了哪些方式进行维权？

（三）市场与私营企业主

私营企业本身即是市场的一部分。与特定企业相关的其他市场主体主要有企业同行、客户和企业员工。企业同行之间既可能相互提供资源和照应，也可能出于竞争和妒忌而相互侵害。企业同行的侵害有哪些？企业同行之间又如何应对相互的侵权？面对企业同行的侵权，私营企业主维权行为选择的逻辑是什么？

客户既可以是企业组织，也可以是个体消费者。客户与私营企业主之间关系是基于销售－购买行为而产生的合同关系。客户可以为私营企业主提供产品或服务，或购买私营企业主的产品或服务，但也可能因毁约而侵害对方的合法权益；私营企业主也相应地为客户提供产品或服务，或购买其产品或服务，并在遭受客户侵权时采取一定的手段或方式进行维权。

客户的侵权方式有哪些？私营企业主通常又是采取何种方式应对客户的侵权？其维权行为选择的逻辑是什么？

在企业员工与私营企业主的互动关系中，企业员工通常被视为弱者，但“弱者”在特定的劳动力市场中也有其致命的“武器”，并有可能被利用来侵害私营企业主的合法权益。

私营企业（主）与政府、社会和市场之间的关系，可用框架图表示如下（见图 1–1）：

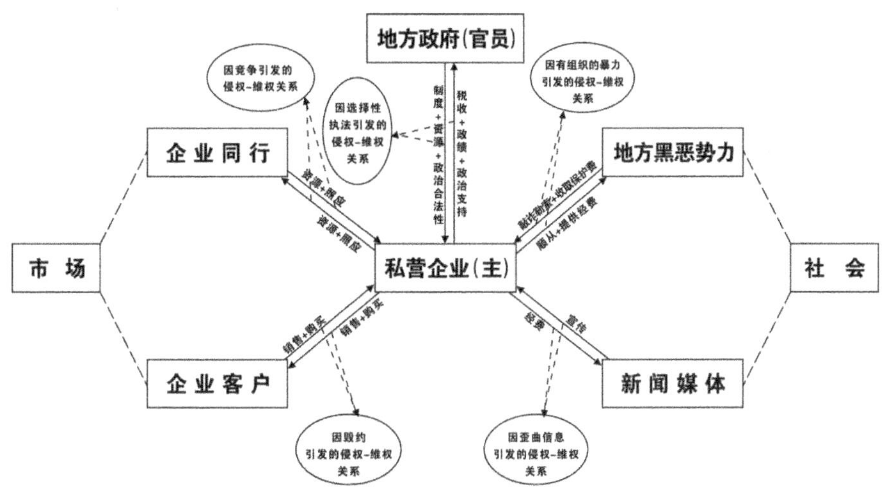

图 1–1 私营企业主与政府、社会和市场之间的关系

私营企业主既处在一定的制度环境中，又内嵌于特定的关系网络中，同时也是理性的行动者，其行为必然受制于制度环境、关系网络和理性选择。因此，本书试图采用制度、市场和网络三种理论视角来比较分析私营企业主维权行为选择的逻辑与机制。

四、研究内容

根据研究思路，本研究的主要内容可做如下安排：

第一部分即导论部分。在该部分提出本研究要研究的主要问题，梳理相关研究文献，并做简要评价，以此明晰本研究的问题与以往相关研究之间的关系。此外，阐明研究的思路，呈现该项研究的整体轮廓。

第二部分是理论分析与提出假设。在该部分，首先分析本研究要用到的制度、市场和网络三种理论视角，搭起一个比较分析的理论框架；然后，遵循三种理论的逻辑，分析私营企业主与政府、私营企业主与地方黑恶势力、私营企业主与新闻媒体、私营企业主与企业同行、私营企业主与客户、私营企业主与员工之间的被侵权－维权关系，并在此基础上推演出本研究的研究假设。

第三部分是研究设计。该部分将介绍本研究使用资料的来源、相关变量的设定与测量、模型设定等。

第四部分是结果分析。在该部分，首先对私营企业主遭遇侵权的情况及其在不同侵权情境下所选择的维权方式进行描述，然后分析私营企业主遭受不同侵害背后的机制，最后分析并检验私营企业主在不同侵权情境下的维权行为选择机制。

第五部分是私营企业主被侵权和维权行为的新近变化。我们在第一次调查的基础上，时隔5年后又对私营企业主被侵权和维权行为做了一次追踪问卷调查，并基于两次调查数据探寻和分析了其被侵权和维权行为的新近变化。

第六部分是结论与讨论。在该部分，首先是对本研究的结果进行总结，然后是对私营企业主和其他社会群体的维权方式进行比较和分析，最后简要分析私营企业主的维权行为选择对未来经济发展和政治关系可能造成的影响。

五、研究意义

本研究采用制度、网络和市场三种理论视角比较分析私营企业主的被侵权和维权行为选择问题，具有重要的学术理论意义和实际应用价值。

（一）理论意义

本研究拟采用制度、网络和市场三种理论视角比较分析私营企业主的维权行为选择问题，可以突破国内学术界以往研究视野较为单一、局部的局限，建构起对于私营企业主的维权行为选择问题的较全面的、多角度的，而又较为统一的认知，提出有关私营企业主维权行为选择问题的得到实证支持的理论体系；同时可以检视新制度主义理论、社会网络理论和理性选择理论在解释私营企业主的维权行为选择方面的有效性，从而丰富和发展已有的相关理论。

（二）应用价值

本研究拟通过较大规模的问卷调查，摸清私营企业主的被侵权－维权情况，初步建立有关私营企业主被侵权－维权的专题数据库，从而可以弥补现有私营企业主数据库的不足。本研究通过描述私营企业主的维权行为选择的现状，分析其影响，进一步探讨制度、网络和市场制约与影响私营企业主的维权行为选择的逻辑和机制，可以为党和政府科学地制定有关私营企业主维权的政策方案、完善促进私营经济稳定健康发展的政策法规提供学理依据，并最终有利于和谐社会的建构。

第二章　理论视角与研究假设

一、理论视角

任何组织都处于一定的制度环境与技术环境之中，而转型期中国私营企业所面对的上述环境尤显异常复杂和不确定。因而，置身于其中的私营企业主的维权行为选择也很难完全由某单一的理论视角所能解释。本研究尝试同时采用制度、网络和市场三种理论视角来分析私营企业主的维权行为选择，以便能对其做出较合理的解释。下面首先分析三种理论视角及其作用机制。

（一）制度与合法性机制

不同学科对制度都有自己的理解，并形成了独具特色的制度研究流派和传统，其中，经济学、政治学和社会学对制度的探寻尤为引人注目。

1. 经济学视野中的制度

凡勃伦认为，个人的很多行为受习惯与惯例的支配。“个人的行为不仅只有紧紧依靠和沿着他与其群体中的伙伴之间存在的习惯性关系才能进行并受着这种关系的指引，而且这种关系还体现了某种制度的特征，并随着制度场景的变化而变化（Veblen，1909：245）。”制度则是“对于所有人而言普遍和稳定的思维习惯”（Veblen，1919：239）。康芒斯（1924：7）指出，“交易”是经济分析的基本单位，是“给予、接受、劝说、强迫、欺骗、命令、遵从、竞争或支配与否的两种或多种意向，是稀缺世界的行为机制和规则”。他在这里提及的“行为机制和规则”就是制度。康芒斯认为，在某一特定时间内，既存的制度只不过是体现了以往为协调冲突而出现的不完善的但实际而有效的解决办法；而这些解决办法涉及一系列的权利和义务，一个实施这些权利和义务的权威机构，以及在某种程度上坚持“审慎理性行为”的集体规范（Van de Ven，1993：142；斯科特，2010：8）。他还指出，制度是“集体行动控制个体行动”；“集体行动的种类和范围甚广，从无组织的习俗到那许多有组织的所谓‘运行中的机构’，例如家庭、公司、控股公司、同业协会、工会、联邦准备银行、‘联合事业的集团’以及国家”（康芒斯，1997：87）。在康芒斯看来，交易及其协调规则、习俗、组织都属于制度。可以看到，凡勃伦和康芒斯等老制度经济学家有一个共同点，即将制度看作是一种影响经济行为的外生变量。

新制度经济学家则更注重制度是如何产生、维持和变迁的。他们主张，个人基于稳定和一贯的偏好排序，尝试使自己的行为最大化，但是他们在追求利益最大化时却面对认知限制、不完全信息以及监督和实施契约的困难。当制度给予的收益大于创造和维持制度所引起的交易成本（谈判、执行和实施成本）时，制度就会出现并持续下去（鲍威尔、迪马吉奥，2008：4）。经济学新制度主义的开创者科斯在《企业的性质》（1937）这篇非常著名的论文中讨论了这样一个问题：为什么有些经济交易不直接通过市场机制来进行，而要在由规则与等级制构成的治理结构即公司中来进行？科斯认为，这一定是因为使用市场机制存在成本，即“为了市场中的每次交易而进行谈判并缔结单独合约的成本”，正是这些交易成本的存在使得作为制度的组织得以产生和存在（科斯，2009）。威廉姆森则进一步分析和拓展了科斯的思想，对“一般的替代治理形式——市场、混合形式、等级制——在减少交易成本方面的功能”进行了比较分析（Williamson，1991：

269）。科斯和威廉姆森关于制度的解释具有明显的功能主义色彩，即根据其后果来解释人们为什么选择某种给定的治理结构（Knudsen，1993）。

作为经济史家的诺斯更关注的是文化、政治与法律框架的起源，以及其对各种经济结构与过程的影响。在经济分析中，他也如科斯和威廉姆森那样关注交易成本，但其关注的是更为广泛的制度框架对交易成本的影响。诺斯指出，制度是一个社会的博弈规则，或者更规范地说，它们是一些人为设计的、形塑人们互动关系的约束。从而，制度构造了人们在政治、社会或经济领域里交换的激励（诺斯，2008：3），通过为经济交易提供可靠而有效的框架，降低了不确定性（诺斯，1989）。作为制度的约束分为正式约束和非正式约束。正式约束包括政治（和司法）规则、经济规则和契约（诺斯，2008：65），非正式约束包括行事规则、行为规范和惯例（诺斯，2008：50），观念和有组织的意识形态也可看作是非正式约束的一部分（诺斯，2008：61）。正式约束多为人为设计的产物，能补充和强化非正式约束的有效性，能降低信息、监督以及实施的成本，并因而使非正式约束成为解决复杂交换问题的可能方式，也可能修改、修正或替代非正式约束（诺斯，2008：64-65）；非正式约束来自社会传递的信息，并且是文化传承的一部分，也是长期社会变迁的连续性的重要来源（诺斯，2008：51-52），它的出现是为了协调重复进行的人类互动，是正式制度的延伸、阐释和修正（诺斯，2008：56）。与威廉姆斯和科斯将组织作为制度的一种形式不同，诺斯将制度和组织做了严格的区分。组织是在既有约束条件所决定的机会集合下有目的创立的，也是促成制度变迁的主角（诺斯，2008：6）。换句话说，制度是社会的"博弈规则"，组织则是试图设计策略以赢得博弈目的的"博弈者"（斯科特，2010：36）。

从博弈论视角看，制度是博弈的参与人、博弈规则和博弈过程中参与人的均衡策略。尼尔森（1994：57）将制度明确等同于博弈的特定参与人，例如"行业协会、技术协会、大学、法庭、政府机构、司法等"。将博弈参与人或组织视为制度，使得尼尔森与康芒斯、科斯和威廉姆森连接在一起，尽管他们的理论视角及具体的表达不同。如前所述，诺斯（2008：3）

将制度看作是博弈规则。赫尔维茨（1996）则更侧重博弈规则的实施问题，他认为，博弈规则是博弈参与人能够选择的行为以及参与人决策的每个行为组合所对应的物质结果。青木昌彦所持的博弈均衡制度观认为，制度是关于博弈重复进行的主要方式的共有信息的自我维持系统。“博弈重复进行的方式”即博弈规则，但与诺斯等博弈规则论者关于规则是外生给定的，或者由政治、文化和元博弈决定的观点不同，它是由参与人的策略互动内生的，存在于参与人的意识中，并且是可自我实施的。制度作为共有信念的自我维持系统，其实质是对博弈均衡的概要表征，它作为许多可能的表征形式之一起着协调参与人信念的作用。青木昌彦具体地描述了博弈均衡的形成及制度的产生过程。他指出，只要博弈是重复进行的，便会由此演化出一个稳定结果：每个参与人基于个人经验对博弈进行的方式形成了大致的认识。参与人依靠这些浓缩信息得出自己在域的各状况下的行动准则——策略。所有的参与人根据他们对别人行动规则的主观认知（信念）形成自己的行动决策准则。唯有在对关于他人行动规则的浓缩认知稳定下来并不断再生的时候，他们自己的行动规则才能趋于稳定，成为参与博弈的有用指南，反之亦然。当参与人的信念与其行动规则形成一致时，即达致纳什均衡，作为一种均衡现象的制度，对应着几乎所有参与人共享的那部分均衡信念，其中信念是关于博弈将实际进行的方式的预期。参与人基于共有信念而做出的策略决策决定了均衡的再生，均衡的再生反过来又强化了关于它的概要表征。这样，制度成为自我维系的，浓缩于其中的信念也被参与人视为当然。通过这种方式，制度虽然是内生的，但同时又客观化了（青木昌彦，2001：11-13）。简言之，制度是博弈参与人相互博弈的结果，又跟随博弈而演变。

2. 政治学视野中的制度

政治学中早期的制度研究“把政府组织和外显的制度作为研究重点，几乎仅仅关注宪法、内阁、国会、法院和行政科层制度等”（Bill、Hardgrave，1981：3），强调对具体政治系统进行详细的解释和说明。从

20世纪20年代开始至20世纪60年代，政治学中的这种制度研究取向开始为行为主义所取代。政治学行为主义试图切断政治学与道德哲学之间的联系，把政治学重新确立为一种理论导向的经验科学，其注意力从制度结构转向政治行为（斯科特，2010：12）。在反对政治学行为主义革命过度扩张的过程中，政治学的“新制度主义”在20世纪70年代开始出现，试图重新强调规范框架与规则系统对于社会与政治行为具有重要的导向、制约、使能作用（斯科特，2010：13）。政治学的新制度主义内部又有不同的流派，下面简单提及理性选择的新制度主义和历史的新制度主义中的几种制度观。

在理性选择的制度主义看来，制度是治理或规则系统，是有意识地建构的大厦，这些大厦是由寻求增进或保护其利益的个体所确立的（斯科特，2010: 39）；在这里，制度也是对个人的一套积极的（诱导性的）或消极的（规制性的）激励，利益最大化为个人提供了动力（Peters，1999: 45）。莫伊（1990: 217-218）也指出，经济组织与制度结构可以用同样的方式来解释：它们之所以出现其所呈现的特定形式，是因为它们可以解释集体行动问题，并因此促进交易的收益。塞尼德（1991）认为，制度的产生源于一个或数个个体将自己的意愿强加于他人的愿望。而且，这些人还必须有能力利用和操纵政治结构，以创造出某种制度，并且会预期，他们在这些制度之下的境况会变得比没有制度的时候好（Peters，1999）。谢普斯勒（1986：74）更直接地指出，政治制度是“关于一种合作结构的事先协议”，其可以“节约交易成本、减少行动者的机会主义行为和其他各种形式的‘偷懒’行为，并因此通过合作而增加预期收益”，政治制度也因此创造了政治生活的稳定性。这种取向的制度观将制度的形成看作是一种发起者的理性行为过程。其显然是经济学新制度主义被运用于政治系统研究的产物。奥斯特罗姆也被看作是理性选择的制度主义的代表人物，但她关于制度的理解较少有经济学新制度主义的痕迹，而更具社会学的味道。例如，她指出，制度是一种规则组合，它被人们用来决定谁有资格进入某一决策领域，决定信息如何提供，决定在什么情况下应该采取什么行动，决定个体行动如何被聚合为集体决策……所有的制度都存在于由个体组成而共享某种语言的的共同体中，而不是一个作为某种外在环境的物质场所（Kiser、Ostrom，1982；Peters，1999）。

制度变迁的动力也来自行动者的理性计算。谢普斯勒（1988，2007）指出，改变制度意味着将这类交易成本强加给了参与者；改变制度的交易成本为制度提供了一种缓冲的余地，赋予制度某种程度上的稳定性，而这种稳定性在一个交易成本为零的世界里是不可能的。因此，即使一套制度安排并不是最适合于一种情境，这种制度也可能是持久的，因为改变已有制度的成本可能超过了预期的收益。

在历史的制度主义看来，制度包括“正式结构、非正式规则，以及这种结构所传导的程序（Thelen、Steinmo，1992：2）。霍尔（Perer Hall）认为，制度就是在各种政治经济单元中构造着人际关系的正式规则、遵从的程序和标准的操作规程（Thelen、Steinmo，1992）。政治制度并非完全根源于其他社会结构（如阶级结构），但对这些社会现象有自己独立的影响（Evans、Rueschemeyer、Skopol，1985）。社会安排不仅仅是甚至主要不是个人选择和行动的聚合性结果；很多结构与结果都不是有计划和有意识的产物，而是意外的后果和有限选择的结果；历史常常不是“高效的”过程，即迅速走向一种“唯一最优解决方案”的过程，而是一种相对不确定的和背景－依赖性的过程（斯科特，2010：38）。在该理论取向的研究者看来，制度并不是行动者理性设计的结果。

在制度与行动者的关系上，历史的制度主义认为，制度建构行动者，并界定行动者可能的行动模式；制度制约行为，同时对行为具有能使作用（斯科特，2010：39）。制度不但塑造了行动者的策略和目标，而且还通过调节他们之间的合作与冲突关系而型构政治形势，从而将制度印章深深地盖在政治产出上（Thelen、Steinmo，1992）。行动者当前的选择和机会受其过去选择的制约，并要以过去的选择为前提（Ertman，1997；Karl，1997）。制度一旦确立，就会“对随后的个人决策与零散的制度－建立事件产生持续的影响”（Campbell，2004：25）。国际关系研究者基欧汉（1988：

382）也指出，“制度不仅反映了建构或设立它们的单元之偏好和权力，而且制度本身反过来也会影响这些单元的偏好和权力”。该理论取向的这些观点具有明显的社会学色彩。

3. 社会学视野中的制度

迪尔凯姆曾将经济学定义为“关于市场的科学”，将社会学定义为“关于制度的科学”（青木昌彦，2001：5）。他认为，社会制度是由符号系统——知识、信仰和“集体情感和集体观念”系统构成的。这些系统是人类互动的共同产物，但又被个人以客观和“强制”的方式所经验（青木昌彦，2001：5）。在迪尔凯姆看来，作为社会事实的制度是社会秩序的轴心。萨姆纳（1906：5）也指出，制度是由（思想、概念、学说与利益等）观念和结构构成的。观念确定了制度的目标和功能，结构则体现了制度的思想并提供将这种思想付诸行动的手段。社会制度是由个体活动、社会民俗、民德演变而来，是“自己逐渐成长起来的”，即通过人们长期的、自然的、本能的努力而慢慢地演化而成的，尽管有些制度可能是由某些人“制定和颁布实施的”，即理性的、有意识的、有目的的设计的结果。萨姆纳强调了制度是长期演变的结果，但过于凸显了自然进化论的色彩。

默顿（1940）和塞尔兹尼克（1949）都关注了制度环境对组织行为的影响，尤其是塞尔兹尼克非常明确提出了“制度化组织”的观点。他指出，组织的制度化反映了组织自己独特的历史，反映了这个组织中的人们、组织所代表的群体及其既得利益，还反映了组织适应其环境的方式。……制度化过程最重要的意义也许在于，“向组织灌输当下任务技术要求之外的价值观”（Selznick，1957：16–17；斯科特，2010：28）。

由于不满意默顿和塞尔兹尼克过于关注组织的稳定和秩序，斯威尔曼（1971）沿循迪尔凯姆等人的思想，集中关注意义系统与组织在社会行动中被建构和重构的方式。他认为，意义不仅仅是在个人思维中运行，也是存在于社会制度中的客观“社会事实”。组织环境不仅是一种资源供应库和输出目标，也是组织的“意义之源”（斯科特，2010：49）。布迪厄提出了“社会场域”的概念。场域由一组某些位置之间客观性、历史性的关系组成，而这些位置植根于某种特定的权力形式之中。每个场域都规定了自己特有的价值观以及自身所有的规范法则，这些规则界定了一个社会建构的空间。在这样的空间里，行动者根据他们在空间里占据的位置进行着争夺，以求改变或力图维持其空间的范围或形式（Bourdieu、Wacquant，1992：17）。布迪厄在这里所说的作为客观外在力量约束行动者行为的规则就是制度，其强调了制度的关系及基于关系的意义基础。迈耶和罗恩（1977）将制度视为一种文化性规则复合体，而文化规则的日益理性化为组织建构提供了一个独立的基础。与迈耶和罗恩的宏观视角不同，朱克尔（1977）强调制度的微观基础。她指出，社会知识一旦被制度化，就会作为一种事实而存在，成为客观实在的一部分，并在此基础上能够直接地传播开来。弗里格斯坦（2001：108）也指出，制度是定义社会关系的规则和共享意义（意味着人们可以认知规则或可以有意识地了解规则），它可以帮助定义在这些关系中谁占有什么位置；并通过提供给参与者认知框架和意义的集合来诠释他人行为。从斯维尔曼到布迪厄，经迈耶再到弗里格斯坦，这些社会学尤其是组织社会学的新制度主义者因循由迪尔凯姆开创的“符号系统”取向，注重从符号系统、文化规则、社会关系和共享意义的角度考察社会制度。

斯科特（2010：56）为制度提供了一个综合性定义。他指出，“制度包括为社会生活提供稳定性和意义的规制性、规范性和文化－认知性要素，以及相关的活动与资源”。其中，规制性要素主要包括强制暴力、奖惩和权宜性策略反应，但其也常因非正式的民德、风俗或正式的规则、法律等规则的出现而得到缓和（斯科特，2010：61）；规范性要素包括价值观和规范（斯科特，2010：63）；文化－认知要素构成了关于社会实在的性质的共同理解，以及建构意义的认知框架（斯科特，2010：65）。

组织内嵌于一定的制度环境中，其行为也必然受到制度环境的约束。制度环境——包括规则、标准、价值观念、文化期待以及由法律和社会制裁所带来的强制力——为组织的生存和发展提供了必要的社会资源和稳定的制度基础。制度是通过合法性机制影响组织结构及其行为的（Meyer、Rowan，1977；DiMaggio、Powell，1983；Zhou et al.，2003）。合法性机制是指那些诱使或迫使组织采纳具有合法性的组织结构和行为的观念力量。也就是说，各种组织受作为广为接受的事实的制度环境的制约，追求社会承认，采纳合乎情理的结构或行为，这种因果关系即合法性的机制或合乎情理的逻辑（周雪光，2003：78）。这种逻辑与经济学视角下制度影响组织行为的效率机制不同，强调的是社会承认、合情合理。合法性机制对组织行为的影响涉及两个层次：一是强意义，另一个层次是弱意义。强意义指的是组织结构和行为都是制度所塑造的，组织或个人没有自主选择性。迈耶大多是在这个意义上讨论合法性机制的（周雪光，2003：78）。弱意义上的合法性指的是制度通过影响资源分配或激励方式来影响组织或个人的行为。与强意义的合法性不同，制度不是一开始就塑造了组织或个人的思维方式和行为，而是通过激励的机制来影响组织或个人的行为选择，即通过影响资源分配和利益产生激励，鼓励或诱使人们去接受、采纳社会认可的做法和形式（周雪光，2003：85）。迪马吉奥和鲍威尔（1983）进一步分析了合法性机制得以发挥作用的三种更为具体的机制，即强迫性机制、模仿机制（包括竞争性模仿和制度性模仿）和社会规范机制。

中国渐进式改革在制度上表现出“混合制”的特点，即计划与市场共处（Nee，1992，1996；Bian、Logan，1996；Parish、Michelson，1996；李路路，1995，1996；宋时歌，1998）、政治集权与经济分权并存（王永钦等，2007；周业安，2000；周黎安，2004，2007）。自 20 世纪 90 年代中期以来，随着财政资源向中央政府集中，政府决策的集权程度大大加强，“号令自中央出”成为诱发各级政府行为的制度环境（周雪光，2008）。这种体制形成了自上而下的制度约束（周雪光，2005）。政治经济的高度集权使私营企业主在遭遇地方政府的侵权时所选择的维权方式会呈现出某种稳定一致的制度决定特征。分权化改革后的政府仍然控制着私营企业所需要的稀缺资源和对不同领域的管制权，这也制约了私营企业主遭遇政府侵权时的维权方式的选择。中央政策的一统性与地方执行的灵活性之间的必然悖论

（周雪光，2008）使地方因各自的自然历史禀赋和政策执行及创新能力的差异，而在市场化程度和制度完善程度上也存在较大差异（樊纲、王小鲁、朱恒鹏，2010），从而导致不同地区的私营企业主在维权方式的选择上也可能存在差异。

（二）网络与人情机制

社会网络研究关注的是个体和网络结构之间的关系问题。对这一问题的研究有两条思路：一是从网络结构对个体行为的制约角度进行探讨，其遵循的是齐美尔的思路；另一条是个体对网络结构的利用和驾驭以获取回报这一角度入手，即功利主义思路。

1. 从齐美尔到格拉诺维特

齐美尔（Simmel）有关社会网络的基本思想是个人和群体的两重性。一方面，当一个人加入一个群体的时候，受到群体的约束，由此建立起了个人和群体的基本关系，即社会网络关系；另一方面，当个人进入网络时，他不仅仅是这个网络中的一个点，而是也将其他网络关系带入了现在的网络（周雪光，2003：114）。布雷格（1974）将齐美尔的双重性思想直观地表示为空间的两个平面相交，平面表示的是群体关系，相交直线即关系双重性。然而，个人加入一个群体，得到的不只是来自群体关系的约束，同时也可以借此展示个性。个人加入的群体越多，受到各种网络的影响和约束也越多，但其个性也得到了越来越充分的表达。这是齐美尔有关社会网络的另一个思想，即自由和约束的双重性（周雪光，2003：115）。

格拉诺维特（M. Granovetter）沿循齐美尔的思路，在批判“低度社会化”和“过度社会化”两种理论倾向的基础上，拓展了波兰尼（1944）的“嵌入性”概念。他指出，“行动者既不是像独立原子一样运行在社会脉络之外，也不会奴隶般地附属于他 / 她所属的社会类别赋予他 / 她的角色。他们具有目的性的行动企图实际上是内嵌在真实的、正在运作的社会关系系统之中的”（Granovetter，1985）。在与经济学对话的同时，格拉诺维特更是明确地指出，“具体的关系以及关系结构能产生信任，防止欺诈”，“新古典模型中所谓的‘市场’实际上在真实的经济生活中并不存在，所有的交易都充斥着上述的社会接触”，“商业关系和社会关系密不可分”，“即使在处理复杂交易时，市场上——也是在公司之间——仍可见到高度的秩序，公司内也可以见到相当程度的失序。……这些实际上取决于公司间及公司内个人关系及关系网络的性质。我认为秩序或失序、诚实或欺诈与关系结构较为有关，与组织形态则较少关联”（Granovetter，1985）。简言之，行动者的经济行为内嵌于其所处的社会关系网络之中。换句话说，关系网络的具体结构及行动者在网络中所处位置制约了行动者的经济行为。可以看出，格拉诺维特在“嵌入性”理论中强调的是关系网络对个体（包括自然人和组织）行为的制约，沿循了齐美尔个人与群体关系双重性的一个方面，即群体对个体的约束。而其有关弱关系的判断则较完整地延续了齐美尔个人与群体关系双重性的思想。

2. 社会网络的功利性思路

在“嵌入性”概念（或理论）之前，格拉诺维特曾提出了一个在学术界引起广泛而深入讨论的著名假设，即弱关系的强度。他从认识时间的长短、互动的频率、亲密性和互惠性服务的内容四个维度测量关系强弱，认识时间长、互动频率高、亲密程度强、互惠服务范围广的关系属于强关系，而认识时间短、互动频率低、亲密程度弱、互惠服务范围小的关系则属于弱关系。强关系通常是在相似的人群中发展起来的，而存在弱关系的个体间相似性较小。更明确地说，强关系是群体内部的纽带，弱关系则是群体间的纽带。也正因为如此，通过强关系所获得的信息重复性很高，而弱关系负载的信息异质性高。弱关系是沟通不同群体之间的信息桥。“当一个人换工作，他不仅从一个社会网移动到另外一个网络，而且同时也在这两者之间建立起了一个连接的环节”。由此，他推测，运用弱关系在传播信息与影响、提供流动机会和帮助社区履行功能中发挥着重要作用（Granovetter，1973）。尔后，格拉诺维特以美国劳动力市场上专业技术人员职业流动的调查资料对弱关系假设进行了实证检验。他发现，56% 的专业技术人员在最近一次职业流动中是通过亲属和社会关系获取职业信息的，而不是通过正式的市场渠道。他进一步分析发现，在所有使用亲属和社会关系收集职业信息的被访者中，通过弱关系得到信息的人往往流动到一个地位更高、收入较丰的职位，而通过亲属和朋友得到信息的人向上流动的机会大大减少了（Granovetter，1974/1995）。

林南扩展了格拉诺维特的弱关系假设，提出了社会资源理论。在格拉诺维特看来，弱关系的主要作用是沟通信息，在不同群体之间架起一座"桥"。在林南的社会资源理论中，弱关系超越了信息沟通的作用，而是将不同阶层拥有不同资源的人们连接在一起，从而使资源的交换、借用和摄取可以通过弱关系来进行。他的实证研究结果也表明，使用弱关系有助于求职者去接触较高地位的关系人，关系人转而又直接影响了求职者职业地位的获得（Lin et al.，1981）。在林南看来，关系网络中嵌入的不是简单的信息，而是社会资源或社会资本（Lin，2001）。异质性互动（弱关系）意味着与一个拥有更多资源的社会位置的互动，尽管需付出更大的代价，但可以产生更好的回报（Lin，2001：49–50）。

格拉诺维特和林南都强调了弱关系在求职和地位获得中的优势，而边燕杰对 1988 年计划经济体制下的天津和 1994 年新加坡人们找工作的调查数据的分析表明，强关系在找工作中比弱关系有明显的优势。在中国，中间人与就业者的关系越熟，与最终帮助者的关系越熟，则最终帮助者的资源背景越高，对就业者的工作安排也越有利（Bian，1997；边燕杰，1999）。在新加坡，也是大部分利用强关系获取就业信息或变换工作，只有很少的人用了间接关系；但如果用了间接关系，中间人与求职者、与最终帮助者的关系往往是很强的。这种间接的强关系有助于求职者找到一位地位较高的帮助者，从而流动到一个地位较高的职业中去（Bian、Ang，1997）。在边燕杰的研究中，嵌入网络关系的已不只是信息，更多的是影响力或资源。

刘林平（2001）超越简单的关系强弱二分法，认为行动者之间的关系是发展变化的，是一个动态的过程。他根据关系在过去和现在两个时点间的变化关系，将行动者间的关系划分为弱关系、强关系、弱弱关系、弱强关系、强弱关系和强强关系六种类型；由于弱关系和弱弱关系可统合为弱关系，强关系和强强关系可统合为强关系，因此行动者间的关系即归为弱关系、强关系、弱强关系和强弱关系四类。

伯特（Burt，1992）进一步扬弃了强弱关系在资源获得中的优劣之争，认为关系强弱与社会资源、社会资本的多少没有必然的联系。结构洞是伯特分析竞争场域的一个核心概念，是指竞争场中玩家（player）之间无联结或者非等位的情形（或是，两个关系人之间联结的断裂所导致的竞争的社会结构中所出现的洞），它与信息通路、先机、举荐以及控制等相应的企业家机会联系在一起。在社会结构中拥有丰富结构洞的玩家们——那些利用网络为其提高结构自主性的网络玩家——享有较高的投资回报率（伯特，2008：1–2）。也就是说，结构洞决定了一个玩家在谈判中所具有的竞争优势的性质和程度（伯特，2008：6）。在伯特看来，竞争场中的竞争优势不但是资源优势，而且更重要的是关系优势。即占有结构洞多的竞争者，关系优势就大，获得较大经济回报的机会就高。也就是说，一个人或一个组织要想在竞争中获得、保持和发展优势，就必须与相互无关联的个人和组织发生广泛的联系，以争取信息和控制优势（边燕杰，1999）。

不管是行动者利用社会网络或网络位置获取回报，还是社会网络对嵌入其中的行动者行为的约束与制约，关系网络运作的机制都是嵌入其中的信任和责任，或中国文化情境下的人情。是基于社会网络而产生的相互信任及对因背信弃义而导致的众叛亲离的担心约束了行动者的行为，也是因为有最起码的信任才向其他人提供有价值的信息，更是基于信任、责任和人情义务才向亲戚、朋友或相识提供资源和帮助。没有基于社会网络的信任、责任和人情，就没有行动者对网络关系的顾及及其对行为的约束，从而为网络中的他人提供必要的方便和帮助。社会网络之所以发挥效用的机制是信任机制或人情义务机制。当然，在现实的竞争场中，这种人情义务和相互信任之中也不是完全没有成本 – 收益的理性计算。

强调社会和谐及人际关系的合理安排一直被认为是中国文化最显著的特性之一（Abbott，1970），中国社会热衷于个体身份以及与之密不可分的人际关系（雷丁，2009：96），并视之为经济和社会组织的一个主导结构（Walder，1986；Cheng、Rosett，1991；Smart，1993）。伦理本位（梁漱溟，2011）、差序格局（费孝通，1985）、情境中心（Hsu，1970）、人情与面子（金耀基，1988；Hwang，1987）等概念被用来描述和分析传统中国的关系实践，沃尔德（1986）则提出了“特殊主义的工具性关系”来描述计划经济体制下国有企业工人为获取更多工厂福利而采取的关系策略。伴随中国由计划向市场的转型，关系并没有如伽瑟瑞（1998）所描述的那样作用下降了，而是找到了发挥作用的新空间（杨美慧，2009：289）。例如，关系在商业和城市工业领域开始盛行，不管是在私人企业家中，在私人企业家与国有企业管理层中，还是在企业家与官员，尤其是地方官员的关系中。这在万克（1999）的研究中得到了细致深入的探讨。在市场化改革后的中国社会，关系不仅仅具有经济意义，它也通过再分配国家经济颠覆了国家权力，即规避国家权力以谋求自身福利获得生存空间（杨美慧，2009：294-295）。关系主义盛行于工商领域，已是不争的事实。私营企业主的维权行为选择也不能不受制于其嵌入其中的社会网络。

（三）市场与效率机制

市场是便于多方进行反复交易的社会安排，由一系列的制度规则和人组成，人们创造了这些规则并将它们运用到特定的商品交易中去，以此获得较高的效用水平（弗鲁博顿、芮切特，2006：364）。在新古典经济学看来，完全竞争的市场会将资源引导到最有价值的用途，实现“帕累托最优”。在这过程中，市场以最小的政治强制协调着大量的交易，它通过价格提供信息、激励和引导个人与企业进行使用资源和买卖产品的理性选择（克拉克，2001：7）。市场运作所遵循的逻辑是理性选择逻辑，即市场中的每个行动者（包括消费者和厂商）按照以最小的成本获取最大收益的原则行动。换句话说，市场行动者的行为是建立在成本－收益计算的基础上的。

互动中引发的侵权－维权关系也可能存在根本性的差异。下面，我们具体分析私营企业主与地方政府、社会力量（地方黑恶势力和新闻媒体）、市场力量（企业同行、企业客户和员工）之间的被侵权－维权关系。

（一）地方政府与私营企业主之间的权益关系

在转型经济中，私营企业面临的首要环境是政府环境。私营企业成立时所需要的申请审批、登记注册，经营中的缴税、年检、质检、环保、社保，以及行业准入和资源获得等，无一不需要面对政府部门及其相关政策和代理人。可以说，私营企业与政府关系的政治经济学是分析转型期中国私营企业的行为策略及其生存和发展的核心问题，制度环境则是制约企业和政府关系的决定性因素。

从某种意义上说，起因于改革开放的中国社会转型首先是一个由中央计划向市场经济的转变过程。中央计划体制有三个突出的特点：一是政府垄断。它是私营部门被取消、集体部门在政府的严密控制下产生之后开始出现的。二是无所不在的管制。这种管制几乎未给计划外留下任何空间，从而束缚了经济行动者的决策行为。三是权威集中于中央政府手中。地方政府很少有资源和决策的自由，仅充当中央政府的“传送带”（Wang，1995：87）。然而，自20世纪70年代末涉及财政改革、企业改革和非正规经济部门三方面的去中央化改革（Walder，1994）以来，地方政府控制的预算外资金迅速增加，中央政府掌控全国的能力开始下降，而地方政府的经济决策权力大大增加，对中央的财政依赖也正在减少（Walder，1994；Wang，1995；Nevitt，1996）。但20世纪90年代中期以来的财政改革又使得财政资源开始向中央政府集中，从而再一次强化了政府决策的集权程度（周雪光，2008）。由此，形成了转型期中国社会特殊的中央与地方政府之间的权力关系：中央政府的财政实力增强、决策集权程度提高，而地方政府的经济权力也因中央推行“放权让利”“分灶吃饭”（“财政包干”）的财税改革而大大加强。这是我们分析私营企业（主）的制度环境的起点。

中国社会转型期是一个计划与市场并存、集权与分权共进的混合体制时期（Nee，1992；李路路，1995）。此时，私营企业（主）所面临的制度环境也呈现出混合的、不稳定的、不成熟的转型的特点。具体来说，私营企业（主）所处的制度环境有如下三方面的特点：一是地方政府拥有广泛的垄断权力（Wank，1999：250；Li et al.，2007）。市场化改革为私营企业的成长提供了自由活动的空间和资源，但并没有如市场转型理论（Nee，1989，1991，1996）所预言的那样带来政治权力的贬值，地方政府的权力在市场经济中获得了新的机会和表现形式（Bian、Logan，1996；Ronatas，1994；宋时歌，1998）。20 世纪 90 年代以来，尽管地方政府对许多公共资产和商品行政定价的直接管制已有所放松，但它通过新的管制、征税和发行许可证等权力获得了对其管辖区域的市场经济以更大的行政控制（Wank，1999：250；张建君、张志学，2005）。例如，企业需要工商局的许可方能经营某些特定的项目，这列在其经营许可证的经营范围之内；通过控制地方经济，地方政府为许多企业设置了经营任何给定商品或服务的限额，从而创造了许可证数量及其获得信息的进一步稀缺和不足（Wank，2001：34），也由此凸显了地方政府垄断资源分配的权力。

私营企业（主）所面临制度环境的第二个特点是，有关合法企业行为的规定都是含糊的（Wank，1999：252）。中国私营企业是在含糊的、存在争议的政策空间中成长起来的。在 20 世纪 80 年代早期，私营经济的概念是有争议的，私营企业也受到国家政策的歧视，例如，被限制从国有银行贷款；80 年代下半叶，关于“商业佣金是合法激励还是非法回扣”“使用私人资本解决失业等公共问题的合作企业老板是英雄还是利用公共地位谋取私利的恶棍”等具体问题存在广泛的争论。20 世纪 90 年代以来，国有企业公司化过程中的财产会计（accounting of assets）又引起了新的争议（Wank，1999：252）。这些含糊和争议为私营企业动用商业策略拓宽合法行为的边界提供了机会，也为地方政府确定合法行为的边界留下了自由裁量的空间。从更一般的意义上说，政府有关企业的任何制度规定都是抽象的、模糊的。因为，任何依赖语言和文字的制度规定都是有成本的，如果将每一个细节都界定得非常具体清楚，那其结果是，制度规定的成本边际递增，收益则边际递减。穷尽制度规定的每一个细节意味着，相应的规定所针对的某些现象发生的概率极低，甚至从来没有发生过，或者几乎不会发生，或者制度设计者也不知道会发生什么。因此，穷尽制度规定的所有细节显然并不是一个最优的选择，是不必要的。如此一来，制度天生就是不完善的，一定存在“漏洞”或“空子”，特别是在社会转型时期，新事物不断涌现，这些新事物就处在那些制度的“漏洞”或“空子”里（陆铭、潘慧，2009：16）。这就为制度约束对象（如企业）和制度执行者（政府官员）提供了活动余地。企业可以钻制度的空子或“走在政策的边上”，企业不必做法律所明确规定的事情，而只是做不为法律所禁止的事情；如果仅在政策界限内经营，永远也发不了“大财”，这似乎已是企业界的“常识”。企业的上述做法是否行得通，关键在于地方政府如何解读和执行相关的制度规定，抽象、含糊的制度赐予政府的自由裁量权可以让企业一夜暴富，也可以让企业倾家荡产。

私营企业（主）所处制度环境的第三个特点是，地方政府执行制度的灵活性和随意性。其来源于两个方面：首先，地方政府既是中央政策的执行者又是地方经济社会发展的责任人的双重角色决定了其决策的自主性和政策执行的灵活性（周雪光，2005）。中央政府也默许和容忍政策在地方执行中的变异。中央政策通常表现为意识形态的主张和声明，而地方政府的政策研究所制定执行中央政策的指导原则，地方政府各执行部门则进一步解释这些指导原则以符合他们的利益（Wank，2001：35）。很显然，地方政府这种“搞土政策”的行为有其合法性基础。另一方面，地方政府制度执行的灵活性，尤其是在私有财产合法权执行上的随意性，本身即是自我利益导向的结果或表现。地方部门利用特殊主义策略执行政策以达到酬偿遵从者、惩罚不合作者的目的。那些对地方政府表示遵从的私营企业主能得到诸多好处，例如，简化行政审批程序、放松管制、从国家和地方限制中获得特许；而那些不合作者则将被征收特殊的费用和税收，受到严格的行政管制，并可能成为官方运动打击的对象（Wank，2001：35）。地方政府官员经常向私营企业主施加压力以获取其公司的报偿和股份，而那些成功的私营企业可能被迫出售股份给地方政府；有关合法权的不确定性还因私有财产合法权执行过程中司法公正的缺失而加剧（Wank，1999：251；赵世勇，2007）。

地方政府垄断关键性资源、制度规定的抽象与含糊以及制度执行的灵活性与随意性等制度特征赋予了地方政府以“合法施恩权”（吴思，2011：5），使私营企业在政策的模糊地带迅速发展；另外，这些制度特征也同样赋予了地方政府以“合法伤害权”（吴思，2011：5），可肆意侵害私营企业主的合法权益，而无需承担太大风险。地方政府及其人格化的官员侵害私营企业主合法权益的机制可区分为两种：一种可称之为“逆向软预算约束”（周雪光，2005）机制，另一种是充当“小池塘中的大鱼（big fish in a small pond）”（Nevitt，1996）机制。市场化改革为作为理性行动者的地方政府及其人格化的官员提供两种职业生涯路径：一是在党政官僚等级体制中遵循传统的“晋升阶梯”路径（Nevitt，1996）。遵循这种职业生涯路径的官员主要是那些受更上层监控严密且有晋升机会的基层政府官员。他们为了在官员晋升锦标赛（Rosenbaum，1979；Lazear、Rosen，1981）中取胜，想方设法以“资源密集型”政绩工程作为其业绩表现向上级发出信号，以克服委托人（上级政府）与代理人（基层政府）之间的信息不对称。在预算硬约束条件下，基层政府官员创造“资源密集型”政绩工程是不能向上级申请预算外经费的（如此也不能算是政绩），要解决“资源密集型”政绩工程所需的经费，就只有向其管辖区内的私营企业和个人摊派各种税费和捐款，以获取预算外资源。这种现象或机制被周雪光（2005）称之为逆向软预算约束，其结果是地方政府及其人格化的官员对辖区私营企业主合法权益的侵害。

地方政府官员的另一种职业生涯路径是充当“小池塘中的大鱼”（Nevitt，1996）。沿循该种职业生涯路径的主要是那些不处于上级严密监控范围且晋升机会很少的基层政府官员。这些基层官员或者处于某层级官僚体系的边缘，或者由于年龄、学历或其他因素已错失或几乎失去了晋升的机会，但可以成为管辖区域的“大鱼”。作为政府官员，不管处于什么级别，手中总多少掌控了一些地方经济发展、特别是私营企业生存和发展所需要的资源或权力。他们不追求具有信号作用的政绩工程，只求任职期限内的“实惠”，这是其晋升之路阻断后的最优选择。按照这种逻辑，这些官员可以动用“合法施恩权”以获取私营企业主作为交换所赠送的好处，例如，通过充当保护伞，获取辖区私营企业所赠送的股份或红包；也可以利用“合法伤害权”，直接向辖区私营企业主索取好处，例如，通过吃拿卡要、故意刁难、无端干扰等方式，直接或间接地从辖区私营企业那里获得“消灾费”“了难费”或其他好处。

由此可见，在中国社会转型期，私营企业主遭遇地方政府及其人格化的官员的侵权是制度环境的产物，有其逻辑的制度必然性。为避免被侵害或争取更多权益，许多私营企业主采取了正式的或非正式的方式与地方政府及其代理人建立庇护关系，这在以往的相关研究中得到了广泛的分析和讨论。那么，当私营企业主遭遇了地方政府及其代理人的侵害后，即侵权已成为事实之后，私营企业主又将做出何种反应呢？

从逻辑上讲，私营企业主的维权方式可以分为两大类：一类是对抗性维权，具体涉及向相关政府部门反映以寻求帮助、请求工商联或私企协会的介入、法律诉讼、自发联合起来抗争、向媒体反映等方式。其中，求助于政府部门和工商联或私企协会可视为温和的对抗性维权，而后三种维权方式则可归为激烈的对抗性维权。另一类是合作式维权，主要有沉默忍受和私下协商两种方式。其中，沉默忍受是一种退让性合作式维权。私下协商在中国语境下有着丰富的内涵，具体涉及两种方式：一是公事公办地跟侵权政府部门协商，希望减少侵害；二是迂回式的或以退为进式的协商。主要表现为，先向侵权的政府部门道歉认错（“好汉不吃眼前亏”），而后找机会请相关人员喝酒吃饭（包括休闲娱乐），并趁机给其中的负责人赠送红包或其他礼物，以期减少或消除侵害，甚至借此契机与其建立长期的“朋友”关系，以便在今后的企业发展中获得保护和机会。这是私营企业主更常采用的且效果很好的协商式维权方式，本研究称之为庇护式维权方式。[①]那么，处于特定情境中的具体私营企业主是如何在上述维权方式中进行选择的？

私营企业主与地方政府之间的关系是一种力量不对等的关系。地方政府控制了私营企业主所需要的关键资源和不能回避的垄断权力（如各种审批权、检测权、征税权等），制度规定的含糊及其执行的随意性更使作为特殊垄断组织的地方政府天然地拥有“合理伤害权”，而各企业则通常是独自生存，分散经营，甚至彼此竞争，缺乏有效的内在组织能力（周雪光，2005）。这种对比悬殊的权力格局使私营企业主无力抗拒地方政府及其代理人的侵权。私营企业主任何对抗性维权方式的选择都必然影响侵权地方政府及其代理人的既得利益（包括声誉形象或借助侵权已或将获得的利益），而既得利益被触碰的侵权地方政府及其代理人大多不会善罢甘休，

① 此处，庇护式维权方式的称谓仅适用于描述私营企业主针对地方政府和地方黑恶势力侵权而做出的妥协性反应，私营企业主针对企业同行和客户侵权而做出的妥协性反应则不能概括为庇护式维权方式，而只能表述为“私下协商”“迂回式合作性维权方式”或“以退为进式合作性维权方式”。因为，庇护式维权的前提是存在侵权－维权关系的主体双方是一种权力不对等的关系，庇护方在权力地位上往往处于主导地位，而被庇护方则处于从属地位。在私营企业主与地方政府、地方黑恶势力的关系中，地方政府和地方黑恶势力往往是处于优势地位的一方，而私营企业主则显得相对较为弱势；私营企业主与企业同行和客户则都是权力地位相对平等的主体。当然，在上述四对关系中，双方的权力地位也是相对的。例如，在私营企业主与地方政府的关系中，从“显”关系角度看，私营企业主从属于垄断行政权力的地方政府及其代理人；但从“潜”关系角度看，地方政府及其代理人又对私营企业主存在很大的依赖关系，甚至在有些地方存在私营企业主给地方政府代理人“发工资”的现象。也正是基于此，万克（1996，2001）将私营企业主与地方政府及其代理人的关系描述为“共生庇护关系”（symbiotic clientelism）。另外，对抗性维权与合作性维权只是从一个维度对私营企业主的维权方式进行概括的结果。如果从制度化维度考察，我们还可以将私营企业主的维权方式分为制度化维权方式（包括“求助地方政府”“找公安机关”“求助工商联或私企协会”和“法律诉讼”）和非制度化维权方式（包括“沉默忍受”“私下协商”“自发联合起来解决”和“向媒体反映”）；从主动－被动维度考察，我们又可以将私营企业主的维权方式分为主动型维权方式（包括“私下协商”“求助地方政府”“找公安机关”“求助工商联或私企协会”和“法律诉讼”）和被动型维权方式（例如，“沉默忍受”）。当然，私营企业主的维权方式还可以从其他维度进行区分和概括。本书在分析私营企业主与企业同行、客户之间的侵权－维权关系时，因具体情境使用了“制度化维权方式”和“主动型维权方式”等概念。上述概念的提炼都仅仅是为分析之方便，而非绝对的、不变的。

而会动用其权力或权力关系予以报复。这势必恶化维权企业主的社会生存空间，损及其在地方“权力－利益的结构之网”（吴毅，2007）中的生存与资源分享机会，最坏的可能后果是企业无法在该地继续存活下去，甚至是倾家荡产。对作为理性行动者的私营企业主来说，导致两败俱伤的对抗性维权方式不是一种最优选择，而能实现帕累托最优的是庇护式维权方式。庇护式维权一方面可以减少或消除私营企业主当下所遭受的侵害，甚至可能因此而与侵权方交上“朋友”（不打不相识），获得企业未来发展中所需要的权力保护和商业机会；另一方面也让侵权地方政府及其代理人在当下和未来获得私营企业主所赠送的丰厚“礼物”，从而达成互利共赢的结果。只要地方政府控制着私营企业主所需要的难以被替代的资源，且私营企业主难以被组织起来集体地抵抗地方政府的要求，那么私营企业主就难以避免依附地方政府及其代理人（Stichcombe，1965：180-185；Walder，1983；Oi，1985；孙立平，2004），即使受到地方政府的侵害，私营企业主也将尽可能地选择庇护式维权方式进行维权，以实现利益共享的双赢结局。由此，本研究可就地方政府与私营企业主之间的侵权－维权关系做出如下总体的基本推定：遭受地方政府侵权的私营企业主首选的维权方式是庇护式维权方式，对抗性维权方式尤其是激烈的对抗性维权方式则最不为其所选择。

前面提到的脱离中央计划的改革（departures from central planning）实际上就是中央与地方之间的分权。其涉及两个方面：一是行政分权，中央政府从20世纪80年代初即开始将许多经济管理权力下放到地方，使地方政府拥有相对独立的经济决策权；二是财政分权，中央以财政包干的方式将很多财权下放到地方，使地方可以与中央分享财政收入（周黎安，2007；Oi，1994，1995）。这种被称之为“中国式联邦主义”（Federalism，Chinese Style）的分权化改革极大地激发了地方政府的积极性和改革的创造性，由此也内生出地方政府之间在制度创新与经济社会绩效方面的巨大差异。这意味着，私营企业主所处的制度环境在全国总体一致的前提下存在较大的地方差异。地方政府控制关键资源、制度规定的抽象与含糊以及制度执行的随意性等是全国所有私营企业主面临的共同的制度环境，但各地方制度的含糊程度及执行的规范程度是存在差异的，即有些地方的制度可能较为健全且规范明确，其执行也受到较为严格的制约，而另一些地方则可能存在较为明显的制度缺失，其执行的随意性也更大。这在樊纲、王小鲁和朱恒鹏（2010）的经验研究中得到了体现。

在地方政府与私营企业主的侵权－维权关系中，制度一方面是约束地方政府及其代理人，在不同制度环境中，地方政府及其代理人侵权的内容、方式和程度都可能存在差异，其应对私营企业主维权的方式也可能不同；此外，制度也制约权益遭受侵害的私营企业主，特别是为其提供了维权方式选择的框架，也为其提供了有关地方政府及其代理人应对维权方式的预期，及基于预期选择维权方式的路径。从逻辑上说，健全规范的制度对地方政府及其代理人执行制度的自由裁量权是一种限制。健全、规范、透明的行政制度可以有效限制政府工作人员的侵权机会，防范其挟私报复选择对抗性维权的私营企业主；严明公正的司法制度可以确保选择法律方式维权的私营企业主的合法利益，限制政府官员的特权优势。相反，不健全的、含糊的、不公正的制度为政府工作人员留下了很大的执行制度的自由裁量权，增大了私营企业主选择对抗性维权所获结果的不确定性。换句话说，在不健全的制度环境下，私营企业主对选择对抗性维权（制度性维权）所获结果缺乏明确的、稳定的预期，或者说，他们只有一个确定的预期：制度性维权必然失败，甚或导致企业生存空间的进一步缩小乃至丧失。制度不健全所导致的对抗性维权结果的不确定性甚或生存处境的进一步恶化，则可能使私营企业主更倾向于选择庇护式的维权方式。由此，本研究可推演出：

假设 1a：地方制度的健全程度越低，私营企业主越可能选择庇护式维权方式进行维权。

中国的市场化改革实践呈现出了一种关系，即地方制度的健全程度与市场化水平和经济发展速度之间的同步关系。市场化水平高、经济发展速度快的地区（如江浙和珠三角地区），制度也更健全、更规范（樊纲、王小鲁、朱恒鹏，2010）。江苏、浙江和广东等经济发展水平高的地区也是私营经济最繁荣的地区，而这些地区的私营企业是在地方政府的政策扶持和推动下发展起来的（Liu，1992；曹正汉，2006）。从企业创建之初开始，私营企业主即和地方政府建立起了良好的关系，他们深知和谐的政企关系是企业发展不可缺少的，其价值一点也不逊色于资金和人才的重要性，他们也非常清楚得罪地方政府及其代理人所需付出的代价可能是不可估量的。因此，他们通常不会选择对抗性的方式维权，以免政企关系的公开敌对化。私营企业主跟地方政府已经培育起来的良好关系及其对这种关系价值的深刻认知，使其在应对地方政府的侵害时不是选择对抗，更多的是选择以退为进式的协商。也就是说，良好的政企关系传统及彼此的信任基础使私营企业主更倾向于选择庇护式的方式进行维权，这种关系传统和信任基础也为其选择庇护式维权提供了条件。那些私营经济欠发达、制度健全程度低的地区，则缺少上述良好的政企关系基础，其选择庇护式维权的倾向也自然缺少那种生物遗传式的敏感度。据此，本研究可推演出：

假设 1b：地方制度的健全程度越高，私营企业主越可能选择庇护式维权方式进行维权。

科学合理的制度及其所界定的政府与社会的关系将促进作为民间力量的商会组织的发展，为商会组织发挥维权作用提供良好的条件和空间，如浙江温州商会则在维护私营企业主的合法权益方面扮演了标杆性的角色（陈剩勇、魏仲庆，2003；陈剩勇、马斌，2006；浙江省政府办公厅、省政府研究室调研组，2002；黄少卿、余晖，2006）。据此，本研究可推演出：

假设 1c：地方制度的健全程度越高，私营企业主选择工商联或私企协会进行维权的可能性也越大。

在中国社会转型期，法律诉讼是一种成本极其昂贵的维权方式。一是需要支付昂贵的诉讼费、律师费及其他关系费。二是需要投入大量的时间和精力，一旦启动诉讼程序，诉讼双方必须到场，走完程序所需的时间是固定的，不能缩短或更改。漫长的诉讼程序对私营企业主来说是一种比诉讼费之类的费用沉重得多的负担。三是法律诉讼意味着私营企业主与地方政府及其代理人之间关系的公开敌对化，私营企业主可能在未来的生存和发展中要为此付出难以挽回的代价。因此，私营企业主通常不会选择法律诉讼的方式进行维权，不管地方制度的健全程度如何。据此，本研究可推演出：

假设1d：私营企业主在法律诉讼这种维权方式的选择上不存在制度差异。

社会网络学派认为，行动者的行为内嵌于其所处的关系网络之中（Granovetter，1985），行动者也可策略地驾驭网络位势（如结构洞）、动员网络资源（Burt，1992；Lin，2001）。私营企业主的维权行为选择也受制于其所处的关系网络结构，尤其是其与地方政府的关系网络结构。私营企业主与地方政府的关系性质可能决定其所能选择的维权方式。私营企业主可通过加入中共党组织、当选人大代表或政协委员、建立企业党组织及捐款等正式的方式和借助交友和认亲等非正式的方式与地方政府及其代理人建立起网络关系，该类关系通常被称之为政治关系。其中，通过当选人大代表（包括政协委员）和建立企业党组织等正式方式与地方政府建立的关系，既可以是正式的官方关系，也可以是非正式的私人关系，还可以是更复杂的公私交织关系，对地方政府的影响较大。其中，基于人大代表身份所建立的政治关系对地方政府的影响最大。有政治关系的私营企业主，尤其是那些基于较高政治身份建立起了政治关系的私营企业主，通常深谙官场游戏规则，在合法权益遭受地方政府相关部门侵害时，不会轻易与地方政府相关部门翻脸叫板，以免两败俱伤。对于他们来说，最理想的维权方式是以退为进式的协商（如酒饭公关），在“吃饭喝酒博感情”（罗家德等，2007）的场景中消除侵害，甚至争取更多的政府“买单”。据此，本研究可推演出：

假设1e：跟没有政治关系的私营企业主相比，有政治关系的私营企业主更有可能选择庇护式维权方式进行维权。

在转型经济中，控制关键资源的地方政府工作人员可以通过选择性执法侵害辖区私营企业主的合法权益（合法伤害），也可以同样的方式为私营企业主提供发展的机会和空间（合法施恩）。私营企业主，特别是那些有政治关系的私营企业主深谙其中的奥秘。因此，当私营企业主遭遇地方政府工作人员的侵害（例如，乱摊派、吃拿要）时，他们不会抗拒，也不会跟他们私下讨价还价，更多的是保持沉默，并主动示好。其原因有二：一是他们不敢抗拒，因为抗拒不但不能起到维权的作用，反而可能适得其反；二是该类侵权中通常暗含着一种利益交换，地方官员从私营企业主那里得到好处后通常会在另一种场合予以一定的、甚至更大的补偿，这就是所谓的“互利共赢”。我有个做服装生意的朋友跟我提到过这样一件事：一天，有两个税务局的人到他店里挑了几件衣服，拿了就走，也没付钱。我朋友认识他们，也没吱声。他对我说，没关系，下次缴税时他们会给我优惠的。我另有一位在政府部门工作的同学曾跟我说到，现在请客都有老板买单。他说：“我只要一个电话，老板马上就到，他买完单就走。”当然，他没说他不会白吃老板的。这是官商交换的真实写照。有政治关系的私营企业主对这种交换关系更为自信，他们与官员之间的长期私人关系使其更相信那些得到好处的官员会给他们以回报。据此，本研究可推演出：

假设 1f：跟没有政治关系的私营企业主相比，有政治关系的私营企业主更可能选择退让性合作式维权方式进行维权。

那些有人大代表或政协委员身份的私营企业主和企业建立了党组织的私营企业主，往往都是一些大企业的老板，也多为地方工商联或私企协会的会员，甚至不少是工商联或私企协会的副会长。工商联或私企协会是一个半官方的行业组织，有代表和维护私营企业主利益之责任（海贝尔，2003：171-172），也理应成为私营企业主维权的手段。从逻辑上说，那些在工商联或私企协会担任一定职务且当选人大代表或政协委员或建立了企业党组织的大私营企业主，更有可能选择求助工商联或私企协会这种温和的对抗性维权方式维权。我访谈过的一位私企老板是湖南省某行业协会的会长、湖南省工商联副会长、候选省政协委员，曾遭遇地方政府的侵权，他为此去省工商联跑过多次，希望工商联出面干预解决。他之所以求助于工商联，是因为他自己就是工商联副会长，也相信工商联会维护他的权益。由此，本研究可推演出：

假设 1g：跟没有正式政治关系的私营企业主相比，有正式政治关系的私营企业主更倾向于选择求助工商联或私企协会的方式进行维权。

从交易成本学的角度看，地方政府与私营企业主之间的侵权－维权关系就是一项复杂的交易。其中，侵权是一项交易，维权也是一项交易，侵权与维权的互动则是一项多阶复合交易。每一阶段的交易都会产生成本。侵权所涉企业的类型、行业和规模不同，给私营企业主带来的交易成本也不同；同样，不同的维权方式所需私营企业主支付交易成本也不一样。交易成本可能影响私营企业主维权方式的选择，或者说，私营企业主可能遵循交易成本最小化的逻辑选择维权方式。侵权可能给私营企业主造成的直接的或潜在的经济的或机会的损失，是侵权所引发的交易成本的核心。从企业类型看，独资企业遭遇侵权时给企业主造成的损失最大；工业、采矿与建筑业的权益易损性较高，政府侵权给企业主造成的损失也最大，尤其是跟农业相比更为明显；政府侵权及报复性侵权给大规模企业造成的损失比小规模企业大得多（机会损失大）。由交易成本逻辑可以延伸出这样一个命题：侵权交易成本越大，私营企业主越可能选择交易成本最小且使侵权交易成本最小化的维权方式。前文的分析已经指出，庇护式维权是一种成本最小、收益最大的维权方式。据此，本研究可推演出：

假设 1h：侵权交易成本越大，私营企业主越有可能选择庇护式维权方式进行维权。

（二）社会力量与私营企业主之间的权益关系

作为社会力量的地方黑恶势力和新闻媒体尽管不像地方政府那样与私营企业主存在制度化的行政管理关系，但它们在地方经济、社会和政治领域有着重要影响，因而其与私营企业主之间也存在一种特殊的侵权－维权关系。

1. 地方黑恶势力与私营企业主之间的权益关系

黑恶势力是流氓恶势力、黑社会势力及地方恶势力的统称，就其实质而言，就是黑社会性质组织（康树华，2005）。中国的黑恶势力始于春秋战国时期，繁盛于20世纪三四十年代，毁灭于共产党执政后，而又再现于20世纪70年代末（刘佑生，2001）。黑恶势力的产生和猖獗是国家控制结构消解的结果。地方乡绅从传统乡村自治中退出，形成了乡村政治的真空，为民国时期地方黑恶势力渗入乡村政治，横行地方社会提供了机会（杜赞奇，2010：53–55）。在东欧，黑恶势力的兴起是源于国家控制结构的废除，在中央政权越弱的地方，黑恶势力也越猖獗地向商人们收取保护费（Blok，1974；Gambetta，1993）。在强大中央政权的打击下，地方黑恶势力本已于20世纪50年代中期在中国大陆销声匿迹。肇始于20世纪70年代末的市场化改革实质上是一次由中央到地方的放权改革。中央控制结构的收缩释放出了部分自由流动的资源和自由活动的空间（孙立平，1993），充分调动了地方政府和基层社会的积极性，但也给地方黑恶势力的滋生留出了空间和土壤。近年来，地方黑恶势力得到不断蔓延和膨胀，已渗透到经济、社会和政治的许多领域，引起了党和政府的高度重视。

黑恶势力通常是有组织地以非法残暴的手段掠夺和控制资源。它们掠夺的资源涉及经济、政治、社会，甚至还有性资源，凡是有利可图的领域必然有黑恶势力的渗入（金新德，2002）；它们掠夺资源的手段充满暴力[①]，是野蛮、残忍、非法的；它们非法掠夺资源的方式是有组织的，人数众多（多达数百，少则几十），而非单枪匹马作案；它们为了降低运营成本，减少作案风险，通过贿赂、利诱和威胁等手段在政府内寻求“保护伞”、培植“代言人”，甚至侵入并控制基层政权（于建嵘，2003；康树华，2005，2008；左昊、潮龙起，2005，2007；周博文、杜山泽，2011）。作为资源加工、生产和运营的私营企业往往是地方黑恶势力掠夺经济资源的重要对象，产权保护不力的制度环境更是为黑恶势力非法侵害私营企业的合法权益提供了便利条件，黑恶势力的有组织性、政府内的“保

① 也包括软暴力，例如，言语恐吓、电话滋扰、出场摆势等（李蕤，2010）。

护伞”“代言人”及其对基层政权的控制膨胀了其侵害分散的、彼此竞争的私营企业的合法权益的野心和现实力量。由上述逻辑分析看，私营企业主的合法权益必然遭受地方黑恶势力的非法侵害，以往有关地方黑恶势力的描述性研究也为这一逻辑性结论提供了一些零星的支持性证据。地方黑恶势力对私营企业主合法权益的侵害主要表现为非法索取“保护费”“地皮费”或其他费用（Bruun，1993：183；康树华，2004，2005；熊辉、王孔容，2007；王金忠，2007；山东省人民检察院公诉处，2003；刘立新等，2002；毛磊，2002；金新德，2002；吕耿松，2001）、强迫交易（康树华，2005，2008；王金忠，2007；金新德，2002；刑研，2001）、非法甚或暴力垄断经营（康树华，2004，2008；熊辉、王孔容，2007；毛磊，2002；金新德，2002；刘立新等，2002）、敲诈勒索（康树华，2005；金新德，2002；王金忠，2007；毛磊，2002；刘佑生，2001）、吃拿卡要（山东省人民检察院公诉处，2003；王金忠，2007；金新德，2002）等。

私营企业主与地方黑恶势力之间的力量对比关系和制度环境可能影响甚至决定私营企业主维权方式的选择。黑恶势力的组织性、非法残暴性及其作案的隐蔽机动性使私营企业主无法也无力与之正面对抗交锋；面对那些与政府部分官员有庇护关系或直接掌控了基层政权的地方黑恶势力的侵害，私营企业主更是难以与之正面对抗。在这种情况下，与黑恶势力对抗就是与地方政府部分官员对抗，或是与基层政权对抗，其结果是显而易见的：私营企业主必遭打压报复，难以在当地继续生存下去。因此，遭受地方黑恶势力侵害的私营企业主绝不会轻易选择激烈的对抗性的维权方式进行维权。黑恶势力在不少地区之所以能存在甚至猖獗无外乎三方面的原因：一是地方政府控制权威的弱化，无力取缔其辖区或跨区域的黑恶势力；二是地方政府部分官员已被黑恶势力拉拢腐蚀，成为其非法残暴行为的“保护伞”；三是基层政权已为黑恶势力所左右或控制，或本身即已黑恶化。在这种政治生态中，地方政府已很难或无力维护私营企业主的合法权益，私营企业主也大多不寄希望地方政府能代表和维护自己的利益。在不少私营企业主眼中，“警匪一家”已不是个别现象，借助地方政府维权就如同要政府惩罚自己。因此，对于私营企业主来说，私下协商可能是减少侵害的最优的维权方式。私营企业主可通过笑脸相迎、打烟敬酒等方式向黑恶势力表示“客气和尊敬”，尔后自我贬损式地请其“理解和同情”，减少相关费用或“赠予”部分经营空间。这种迂回式协商一方面可减少部分既有的侵害，另一方面可避免因抗拒或“不合作”所导致的更进一步的报复式侵害。由此，本研究可就地方黑恶势力与私营企业主之间的侵权 – 维权关系做出如下总体的基本推定：遭遇地方黑恶势力侵害时，私营企业主首选的维权方式是庇护式维权方式，而非退让性合作式维权方式和对抗性的维权方式。

在地方黑恶势力与私营企业主的侵权 – 维权关系中，私营企业主维权方式的选择首先取决于双方的力量对比及其内嵌的制度结构。地方黑恶势力的出现源于社会转型过程中政府控制结构的积极转变（即权力从部分领域的退出），其发展乃至在一些地区的猖獗则又为部分地方政府管理职能的缺位和效能低下（李亚彪等，2006）及部分政府公职人员被腐蚀甚或“黑恶化”所推动和助长（康树华，2005）。尽管地方黑恶势力在改革后的中国社会重新出现，并已在许多领域产生了较为严重的破坏性影响，但其大多仍处于地方权威所限定和容忍的范围之内（Wank，1999：270；Bruun，1993）。私营企业主对黑恶势力与地方政府的关系或地方政府对黑恶势力的惩治态度与力度及由此而形成的私营企业主、黑恶势力与地方政府三者间关系的认识和判断，可直接影响其对不同维权方式所导致的维权结果的预期，进而影响其维权方式的选择。黑恶势力与地方政府之间的关系及私营企业主对这种关系的认知又受制于地方制度环境。如果地方制度较为健全，市场发展较成熟，权力监督较严格，黑恶势力所涉领域将会受到严格的监控和打击，而企业权益则相应受到较好的尊重和保护。与之相应，私营企业主信任地方政府，并在遭受黑恶势力侵害时可能求助于它的介入与干预，而不是沉默退让或向侵权方寻求庇护，以减少或消除侵害。反之，如果地方制度缺失，权力监督乏力，地方权威将可能受到黑恶势力的侵蚀，并成为其保护伞，企业权益也必将受到侵害。与之相应，私营企业主将怀疑地方政府及其执法的公正性，也自然不会寄希望于地方政府能维护其合法的权益，而只能在黑恶势力的侵害面前消极沉默或迂回式地与之建立庇护关系，以尽可能减少侵害。由此，本研究可推演出：

假设 2–1a：地方制度越规范健全，私营企业主在遭遇黑恶势力的侵害时越可能求助于地方政府，而不是消极忍受，也不是与侵权方建立庇护关系，来进行维权。

从社会网络学的观点看，私营企业主的行为受制于其嵌入的关系网络，但其网络关系尤其是政治关系又可被能动地用于达致其他的功利性目的。政治关系一方面可被用来改变私营企业主与地方黑恶势力之间的力量对比关系，从而减少或消除黑恶势力的非法侵害；另一方面是内含有或有助于产生私营企业主对地方政府及其制度系统的信任（Li et al.，2007），从而强化私营企业主在处理与黑恶势力之间的侵权纠纷时对地方政府的依赖。据此，本研究可推演出：

假设 2–1b：跟没有政治关系的私营企业主相比，有政治关系的私营企业主在遭遇黑恶势力的侵害时更有可能选择求助于地方政府的方式进行维权。

从交易成本学的思路看，地方黑恶势力侵权所造成的损失（由侵权引发的交易成本）大小决定私营企业主的维权方式选择。地方黑恶势力侵害给私营企业主造成的直接损失和潜在的机会损失或相对损失越大，私营企业主越倾向于选择成本越小而收益最大的维权方式。侵权成本因企业年龄、企业性质、企业所属行业和企业规模的不同而存在差异。通常情况下，企业年龄越长、规模越大，黑恶势力侵害所造成的机会损失也越大；跟其他性质的企业相比，黑恶势力侵害给独资企业造成的相对损失更大；以餐饮、酒店和娱乐为主的服务业是利润大且常为黑恶势力侵害或控制的行业，尤其是娱乐业多属于介于合法与非法之间的灰色地带，由此也给黑恶势力的渗入提供了不能明言的契机，也增加了该类服务业私营企业主的成本。另外，维权方式不同，私营企业主所需支付的直接成本和相对成本（成本–收益关系）也存在较大差异。在黑恶势力与私营企业主的侵权–维权关系中，求助于地方政府是一种成本最小、收益较好的维权方式，但其前提是私营企业从事的是合法经营，如果企业经营本身就是灰色的，那求助地方政府可能反而使侵权－维权关系复杂化，从而增大维权成本；消极被动地沉默忍受尽管可以暂时避免更大的损失，但无法减少任何既有的侵害，甚至还可能纵容今后进一步无休止的骚扰和侵害；迂回式私下协商可能减少部分侵害，并达致彼此的“相安和谐”，但须以让黑恶势力分享企业部分收益为前提。根据上述交易成本理论的思路，本研究可推演出：

假设 2–1c：地方黑恶势力侵权造成的损害（包括直接的、潜在的或相对的损害）越大，私营企业主选择退让性合作式维权方式或庇护式维权方式进行维权的可能性越小；

假设 2–1d：跟农业类私营企业主相比，服务行业的私营企业主在遭遇黑恶势力的侵害时求助地方政府的可能性更小。

2. 新闻媒体与私营企业主之间的权益关系

新闻媒体可简称为媒体，包括传统媒体（报纸、广播、电视）和新媒体（网络、微博、微信），有机地整合了物态的媒介、组织和人化的媒体人，扮演着承载和传播最新信息的角色。在被称之为大众传媒时代的现代社会，媒体对政治、经济和社会生活的影响越来越大。作为最活跃的市场主体的私营企业及其人格化载体的私营企业主与媒体的关系也日趋紧密：一是自建官方网站，向社会传递有关本企业产品和服务的正面信息；二是与外部媒体互动，以“他者”的力量“客观”地彰显企业的影响和形象。然而，私营企业主与外部媒体之间是一个主动与被动的双向互动过程：一方面是前者主动“请”后者报道、宣传自己的“光辉事迹”和有关企业与产品 / 服务的正面信息，以达致美化企业形象、扩大社会影响之目的；另一方面是后者主动报道前者的产品和服务及有关企业经营的事迹和行为，这些报道可能是正面，也可能是负面的。在两者的现实互动中，还隐含着一种不宜明说的现实的或潜在的利益交换：媒体为企业做宣传，而企业则为媒体提供赞助费。在极端的情况下，上述交换基于利益驱动还可能引发一种公开的讨价还价：企业（主）为媒体提供令后者满意的经费赞助，后者则为前者做正面宣传；若前者不为后者提供赞助经费或提供的赞助经费令后者不满意，后者则可能宣传前者的负面信息，甚至歪曲真实信息以丑化前者的形象；更有甚者，有媒体可能以替企业（主）宣传正面形象为借口，直接向后者索要费用。从法律的角度讲，媒体不管是以不实报道（可能非主观故意所致）、歪曲信息或恶意中伤的方式丑化或诋毁企业（主）的形象，还是直接向企业（主）索要费用，均已侵犯了后者的合法权益。学界围绕媒体侵权已从法学和新闻学等学科视角进行了大量研究（杨立新，2011；张新宝，2008；朱和风，2009；杨晓凌，2014；魏永征，2012；饶冠俊，2012），但很少有研究者专门关注和探讨媒体与私营企业主之间的侵权－维权关系，尽管学界所关注的媒体侵权案例中有不少涉及媒体对企业的侵权（朱和风，2009；杨晓凌，2014；魏永征，2012），而该领域的实证研究成果却很少见。从实证层面上看，媒体针对私营企业主侵权的具体形态到底是怎样的？面对媒体的侵权，私营企业主又是如何应对的？其应对策略的机制又是什么？

作为理性行动者，私营企业主遭受媒体侵权之后的维权行动选择遵循的首要原则是成本最小化，而对成本最小化的追求又是嵌入在既有的制度环境和由私营企业主、媒体、行业组织和相关政府部门组成的关系结构中的。在总体制度发育水平不高的条件下，私营企业主寻求制度化手段维权的成本是很高的。政府相关职能部门、工商联或私企协会和政法部门及其具体工作人员都有其私利要追求，在制度不完善和制度执行不力的环境下，他/它们甚至将履行维护辖区经济社会秩序的职责作为交换私利的筹码，从而到导致通过制度化途径（向政府相关职能部门、工商联或私企协会和政法部门求助）解决问题的交易成本很高。另外，作为侵权主体的新闻媒体扮演着承载和传播信息，从而行使对公、私部门进行舆论监督的角色，在现代社会拥有很大的软实力。即使是政府部门、工商联或私企协会等公共部门在媒体面前也要谨言慎行，生怕被其抓住“辫子”，而完全没有任何瑕疵的公共部门几乎是没有的。因此，当遭受媒体侵权的私营企业主求助上述公共部门时，后者往往左右为难：一边是地方财政的主要来源，一边是一把监督自己的无形的利剑，最后的结果可能是两边都不得罪。但这样的结果是被侵权的私营企业主所不愿看到的，因而他们在维权时倾向于舍弃求助政府职能部门和行业组织，而更愿意与侵权媒体对簿公堂。基于上述分析，本研究可就新闻媒体与私营企业主之间的侵权－维权关系做出如下总体的基本推定：遭受新闻媒体侵权后，私营企业主首选的维权方式是作为非制度化维权手段的私下协商，尔后是法律诉讼。

私营企业主遭受媒体侵权之后维权方式选择的总体态势并不能遮掩其内部的差异。另外，中国总体制度发育水平不高的前提设定，也不否定国内不同地区制度发育水平的不平衡。可能正是各地区制度发育水平的不平衡和各私营企业主及其企业自身拥有的特征和资源差异导致了私营企业主遭受媒体侵权后的维权方式选择差异。

制度理论指出，制度是约束行动者行为的一种共识和规则：遵守制度的行动者能得到共同体的认可和奖赏，违背制度的行动者则可能受到共同体的排斥和惩罚。不同制度对行动者的约束和激励是存在差异的，不同制度环境下的行动者的行为方式也自然不同。中国改革进程的地区差异使各地区的制度发育水平也呈现出较大的不同。例如，东部沿海地区的制度发育水平相对较高，而中西部地区的制度发育水平则相对较低。上述制度发育水平的地区差异也不能不影响相应地区私营企业主遭受媒体侵权后维权方式的选择：制度发育水平越高，私营企业主越会预期共同体成员将按制度规则行事，也更倾向于选择制度化手段进行维权。据此，本研究可推演出：

假设 2-2a：地区制度发育水平越高，私营企业主遭受媒体侵权后越倾向于选择制度化方式进行维权。

假设 2-2b：地区制度发育水平越高，私营企业主遭受媒体侵权后越倾向于选择激烈的对抗性维权方式（法律诉讼）进行维权。

社会网络理论认为，网络是一种能动的资源，有助于信息的传递与获得，还有助于结构优势的形成。有网络的人更能控制局势（Burt，1992），从而形成影响相关行动者的权力优势。因此，从一般意义上讲，有政治关系的私营企业主在遭受媒体侵权后更可能倾向于动用自身的政治资源，向政府部门、行业协会甚至法院等正式的公权力组织寻求帮助，以借此形成一种相对于侵权媒体的权力优势和讨价还价的能力。但由之前的分析可知，在既有的制度环境下，出于自身利益考虑的公共权力组织在媒体面前也完全可能“失声”，使那些即使有政治关系的私营企业主遭受媒体侵权后也不愿向它们寻求帮助。据此，本研究可推演出：

假设 2–2c：私营企业主遭受媒体侵权后的维权方式选择与政治关系可能不存在关系。

从交易成本学的角度看，私营企业主选择何种方式维权本身就是一种与相应主体之间的交易，是交易成本的大小决定了其维权方式的选择，而交易成本则主要取决于交易双方的特征及交易的性质。前文已分析指出，侵权媒体因广泛的公众影响力而拥有较强的软实力，使政府职能部门、工商联或私企协会和政法部门等公共权力组织在处理其与私营企业主之间的侵权纠纷时更倾向于采取居中调和、两不得罪的策略。而且，上述公共权力组织的纠纷介入均有既定的程序，从而使得纠纷解决的时间拉得很长，由此也限定了原本就很忙的私营企业主维权时间选择的自由度，并因此而增加了维权成本。但这种维权成本的增加在不同类型的企业上会有不同的表现：独资企业的维权行动可能需要企业主亲力亲为，选择程序强、耗时长的制度化维权方式可能大大影响其正常运转，也因此而大大增加企业的维权成本；而合伙企业和股份有限公司则不同，让其中一位合伙人或公司的某专职部门负责联系政府职能部门、工商联或私企协会和政法部门不会影响企业的正常运转，维权的相对成本较独资企业要小。由此可以预期，合伙企业和股份有限公司相对独资企业更可能选择制度化的维权方式进行维权。之前的分析已经指出，在总体制度发育水平不高（例如，制度不健全、执行缺位、监控不力）的条件下，政府职能部门、工商联或私企协会和政法部门等公共权力组织出于自身的私利追求，可能利用公共权力与向其求助的私营企业主交换利益，甚或直接向对方索取好处。在各种行业中，跟农林生产加工企业相比，餐饮、酒店和娱乐业等服务行业的企业存在较多的“灰色地带”，为公共权力组织利用权力索取私利提供了更多的机会。可以预期，服务业企业遭受媒体侵权后向上述公共权力组织求助，将比农林生产加工企业付出更多代价。据此，本研究可推演出：

假设 2-2d：跟独资企业相比，合伙企业和股份有限公司遭受媒体侵权后更可能选择制度化的维权方式进行维权。

假设 2-2e：跟农林生产加工企业相比，服务业企业遭受媒体侵权后更不可能选择制度化的维权方式进行维权。

（三）市场力量与私营企业主之间的权益关系

作为市场力量的同行、客户和员工与私营企业主都是平等的市场主体，但三种市场力量与私营企业主之间的关系则是存在明显差异的。私营企业主与同行之间是一种竞争关系，其与客户之间是一种服务与被服务的关系，而其与员工之间则是雇用与被雇用的关系。双边关系的不同使得其在具体制度环境和网络情境中的侵权－维权关系也不同。

1. 企业同行与私营企业主之间的权益关系

从狭义上讲，从事同类产品生产和销售的企业即企业同行。它们之间存在信息共享、资源互助的合作关系，但展现更多的是相互打压、有我没你的竞争关系。“同行是冤家”这一俗语即是同行间惨烈竞争关系的真实写照。同行间的竞争主要围绕进货与销售的渠道和价格、生产与管理的技术和模式、品牌创建与售后服务等方面展开，其核心是价格和质量，即同行企业纷纷以顾客乐意接受的价格和质量抢占更多的市场。相互争夺有限的市场资源（例如，生产资料、信息和顾客等）将不可避免地导致因共享市场规则的破坏而侵害企业同行的权益。在中国转型经济中，这种企业同行间的侵权现象更为常见。例如，通过恶意压价来倾销企业产品，从而达到挤压、蚕食同行对手的市场，致使竞争的同行亏损甚至破产（低价倾销/恶意压价）；以口头或文字传播的方式，诋毁竞争同行产品有关质量或品牌方面的声誉和形象，从而给竞争同行的产品声誉及企业利益造成直接的或间接的损失（诋毁声誉 / 损害名誉）；以造成混淆视听的方式，假冒竞争同行的产品（尤其是畅销产品），损害竞争同行和消费者的权益（假冒）；某区域经销商违背厂商的规定，将所在地区的产品销售到其他地区同一品牌经销商的经销区域[①]，使得其他经销商的市场被挤压、权益受到损害，从而也扰乱了产品生产企业的价格体系，并最终危害其企业利益（王骏逸、季鸣飞，2007）；不尊重企业同行的创新性贡献，侵害其知识产权，等等。上述企业同行间的彼此侵害已破坏了企业间相互的信任与稳定的预期，危害了区域乃至国家经济的繁荣与发展（福山，2001）。面对企业同行的侵害，私营企业主通常采取什么样的方式维护自己的合法权益呢？是沉默忍受、私下协商、求助政府职能部门，还是诉诸法律？其维权行为选择的逻辑与机制又是什么？

企业同行与私营企业主之间的侵权 – 维权关系处于既定的制度环境之中，不管是侵权还是维权都受到其所处制度环境的制约和影响。在中国转型经济中，地方政府控制私营企业所需要的关键资源和机会，各领域制度的不完备和模糊性，及由前两者决定的政府工作人员执法的自由裁量权（或很大程度的随意性），阻碍了私营企业主选择制度化的方式进行维权。上述中国转型经济条件下的制度特点使地方政府及其代理人很难扮演公正仲裁者的角色，作为理性行动者的地方政府及其代理人在仲裁过程中有其对私利的追求，完全有可能在其裁量权限范围内从事权钱交易，甚至其纠纷裁定的标准也相应地由“事件本身的是非曲直”替代为“被赠礼金的数量”。这种基于权钱交易的纠纷裁定不但使维权成本大大提高，也增大了维权结果的不确定性。因此，向地方政府和具有半官方性的工商联或私企协会寻求帮助，不是私营企业主的最优选择。社会转型期司法体系的不公正（赵世勇，2007；McMillan，1995；Walder，1995）及审判过程的耗时耗力也使法律诉讼难以成为私营企业主理想的维权方式。私营企业主与企业同行之间的关系不同于其与地方政府和黑恶势力之间的关系，在私营企业主与

① 即通常所说的串货（余东华，2010）。

也是对应的组织或个人的客户。只是为了分析的方便，本研究将与被调查私营企业主存在买卖关系的组织或个人称为客户。客户与私营企业主是基于产品或服务的买卖联接起来的，而其间的侵权－维权关系则起因于违约买卖行为的发生及其矫正。作为市场行动者的客户是理性的，尽管其理性是有限的（Simmon，1957），但其追求效用最大化的行为又可能是投机的（Willianmson，1985）。这从根本上决定了客户有突破市场规则或买卖合同限制的冲动，从而不时表现出损害作为交易另一方的私营企业主利益的侵权行为。这在转型经济中表现得尤为明显和突出。客户的侵权行为主要表现为：拖欠货款、故意挑产品或服务质量的刺、破坏产品后故意找茬等。其中，拖欠货款更多作为企业或组织的客户所实施的行为，被认为是金融市场欠发达条件下经济体系对资金融通尤其是短期资金融通所做的一种制度安排（高善文，1997），是信用制度缺乏法律保障条件下债权人权益得不到保障，欠款人得不到应有的惩罚，最后形成“欠得越多越占便宜”的全社会“欠债文化”所导致的结果（樊纲，1996）。货款拖欠已成为中国经济社会中一种普遍的“强制性信用”现象和恶俗性竞争工具（金碚，2006），影响了债权人的资金流动及其再投资可能创造的收益。客户侵权行为的后两种类型可以是企业或组织实施的，也可以是个体消费者所实施的，目前很少为学术界所关注。面对客户的侵害，私营企业主又是如何应对的？其应对策略背后的逻辑又是什么？

私营企业主与客户是一种合作关系，而非竞争关系，更非敌对关系。合作是买卖得以进行的前提。为确保今后能继续交易，私营企业主通常不会采取对抗性维权方式去应对客户的侵权，因为对抗性维权，不管是激烈的对抗性维权（如法律诉讼）还是温和的对抗性维权（如求助地方政府），都可能意味着合作关系的破灭，其结果是现有顾客甚至潜在顾客的丧失，这不是追求效用最大化的私营企业主所期望的。另外，前述中国转型经济的制度特征使求助作为理性行动者的地方政府要求私营企业主付出较大的成本，且结果具有不确定性，这从另一个角度说明求助地方政府不是一种最优选择。作为退让性合作式维权方式的沉默忍受尽管可以“息事宁人”，避免侵权事态进一步恶化，且获得“包容宽大”的声誉，但对减少既有的客户侵害则于事无补；私营企业主与客户大多是一种力量对等的关系，甚至在与个体消费者的关系中还处于强势一方，消费者保护主义（斯蒂纳，2002）还远未形成一种约束厂商和公众的制度力量。出于上述两方面的考虑，我们可推定，对于遭遇客户侵害的私营企业主来说，消极被动的沉默忍受只是一种迫不得已的无奈，绝非满意的选择。实施侵害的顾客有两类：一是企业或组织顾客。这类顾客，尤其是其中实施货款拖欠之类侵害的顾客多是一些实力强、信誉高的企业或组织（张杰、冯俊新，2011），例如，政府部门、事业单位及其他企业单位。对于这类顾客，被侵权的私营企业主采取积极迂回式协商不但可以避免对抗性维权可能引发的那种合作关系的破裂，而且可以减少甚或消除侵权所造成的利益损失，甚至可以在觥筹交错中密切和润滑双方的社会关系，为今后的进一步合作创造更多的契机。二是个体消费者顾客。敢于找私营企业主麻烦（实施侵害）的个体消费者顾客也绝非等闲之辈，其实施侵害无非是想获得本不应属于他们的利益，常伴有投机侥幸心理：能得好处就得，不能得就算了。对于这类顾客，被侵权私营企业主通常不会消极忍受，但与之对抗于己也不利，因此有礼有节地与之协商，并略施之以恩惠，不仅可以赢得侵权顾客的尊重，使之主动消除侵害，并因此获得“包容宽大”的社会声誉，还可借此扩大潜在的忠实顾客群。由此，本研究可就客户与私营企业主之间的侵权－维权关系做出如下总体的基本推定：遭遇客户侵害时，私营企业主首选私下协商之类的进取式合作性维权方式进行维权，而非求助地方政府和法律诉讼之类的对抗性维权方式，更非沉默忍受之类的退让式合作性维权方式。

客户与私营企业主之间的侵权－维权关系也生成于具体的制度环境中。客户的侵权行为难以超越既定的制度环境，私营企业主的维权行为选择也不能不受制于其所处的制度场域。制度规则起因于实现集体或组织的目标，但它是通过约束或激励个体行为的方式来达成组织目标的。在客户与私营企业主的侵权－维权关系场域中，不管是客户、私营企业主，还是作为仲裁者的地方政府及其他个人和组织都是在既有的制度规则下行动。有关场

域运行所必需的制度规则既为场域所涉成员共享和遵守，也可为场域成员提供稳定的行为预期及相互信任的制度基础。在一个制度规则健全且得到严格执行的共同体中，地方政府及其代理人信守共同体的制度规则，承担制度规定的责任，也因此能获得其辖区民众（包括私营企业主）的信任。在这样的共同体中，理性的私营企业主在遭遇客户侵害时倾向于向地方政府寻求帮助或诉诸法律，而不是沉默无为。与之相反，若地方政府及其代理人被认为是一群以权力寻租的机会主义者，那遭遇客户侵害的私营企业主宁愿沉默忍受，也不愿向他们寻求帮助。另外，在一个制度规则足以提供稳定的行为预期的共同体中，被侵害的私营企业主相信侵权方能跟自己就关系双方利益的原则性规定或意向达成共识，从而减少甚或消除侵害。因此，他们也倾向于主动跟客户私下协商，而不是退让沉默。与之相反，私营企业主则会认为每个人都是按霍布斯式“丛林法则”寻求生存的机会，人与人之间没有理解和信任，只有利益和欺诈。因此，在遭遇顾客侵害时，他们宁愿无为忍受，也不愿做在他们看来无任何意义的谈判协商。在这里，相对沉默忍受而言，向地方政府寻求帮助、法律诉讼和私下协商都属于主动型维权方式。据此，本研究可推演出：

假设 3-2a：地方制度规则越健全，私营企业主在遭遇客户侵害时越倾向于采用主动型维权方式进行维权。

从制度规定上讲，地方政府是私营企业主与客户侵权纠纷的仲裁者，同时也有其自由裁量权。中国转型经济的制度特点扩大了地方政府的自由裁量权，甚至使其自由裁量权“绝对化”。很显然，卷入侵权纠纷的任意一方如果与地方政府及其代理人有关系，并能策略性地运用这层关系，将在纠纷调解中获得基于地方政府及其代理人的“自由裁量”所带来的更多利益。即使地方政府不介入私营企业主与客户之间的侵权纠纷调解，纠纷关系人的政治关系也能被动用来影响双方的权力格局，能为拥有它的一方在协商谈判中增加获利的筹码。据此，本研究可推演出：

假设 3-2b：跟没有政治关系的私营企业主相比，有政治关系的私营企业主更倾向于选择求助地方政府或私下协商的维权方式进行维权。

在客户与私营企业主之间的侵权－维权关系中，跟法律诉讼、求助地方政府和私下协商等积极主动的维权方式相比，沉默忍受是一种消极退让的维权方式，也是维权效果最不理想的维权方式，尽管法律诉讼和求助地方政府也有其消极的维权后果，这已在上文做了分析。从交易成本学的观点看，客户侵权给私营企业主造成的损失（不管是直接损失还是机会损失）不同，即由客户侵权引发的交易成本不同，私营企业主的维权方式也将有所差异。从交易成本最小化原则来看，客户侵权引发的交易成本越大，私营企业主更倾向于采用维权效果更好的维权方式进行维权。据此，本研究可推演出：

假设 3-2c：客户侵权引发的交易成本越大，私营企业主更倾向于采用积极主动的维权方式进行维权。

3. 员工与私营企业主之间的权益关系

在员工与私营企业主之间的关系中，员工通常被视为弱势方。因此，以往该领域有关侵权－维权的研究多关注企业主对员工的侵权和员工基于被侵权而采取的维权行动。但在复杂的市场－社会结构中，弱者也不是完全被动的。正所谓“光脚的不怕穿鞋的”，作为弱者的员工也可能违背其与企业主之间的合约而做出“利己而损人”的行为，甚或针对企业主采取某种公然违法的极端行为，如恶意破坏生产设备或产品、串通社会闲杂人员损坏生产现场，甚至人身侵犯或以人身侵犯相威胁等。学界和媒体已围绕员工侵权问题展开过一些研究，如有研究者从法学角度探讨了员工作为商业秘密侵权主体的可责性（董寅，2011），有媒体人报道了有关员工泄露企业商业秘密（杜萌，2015）或侵犯企业商标权（胡嫚，2011）的案例，另有研究关注了员工“跳槽”引发的侵权问题（相鹏、铁军、郭磊，2006），但专门性的、系统性的学术研究还非常少见，建立在问卷调查基础上的实证研究更是几乎没有。作为市场－社会结构领域中一种日渐增多的重要现象，员工侵权问题理应被纳入经验研究的视野。例如，私营企业主遭受员工侵权的比例有多大？员工侵权的主要方式有哪些？相应的比例

力组织的程序性强、耗时长，特别是时间安排具有较强的刚性，因而选择求助它的时间成本更大；对于维权过程完全需要自己亲力亲为的独资企业主来说，选择求助公共权力组织的时间机会成本将更大。因为合伙企业和股份有限公司可以让企业合伙人或企业内部的专职公共关系部门或法律部门去与相关公共权力组织交涉，而不至于影响企业正常经营活动的开展。据此，本研究可以推演出：

假设 3–3c：跟独资企业相比，合伙企业和股份有限公司遭受员工侵权之后更可能选择求助相关公共权力组织之类的制度化的维权方式进行维权。

基于制度、网络和市场三种理论视角，本章已从理论和逻辑上分析了地方政府、黑恶势力、新闻媒体、企业同行、客户和员工等行动者与私营企业主之间的侵权 – 维权关系，并就私营企业主的维权行为选择推演出了六组推定和假设。下面，本研究将利用来自全国 7 个省市 710 位私营企业主的调查数据，较详细地描述地方政府、黑恶势力、新闻媒体、企业同行、客户和员工六类侵权主体与私营企业主之间的侵权 – 维权关系，并检验之前提出的理论推定和研究假设。

第三章　研究方法

一、数据来源与样本分布

（一）调查对象的界定

本研究的调查对象是私营企业主，也就是私营企业的投资人（陈光金，2004；张厚义，2012）。关于私营企业主，须明确三点：第一，私营企业是企业，而非个体工商户。被调查组织是企业还是个体工商户，以在工商行政管理局注册登记的组织性质为准。近年来，一个经济组织是注册为“企业”还是“个体工商户”已没有硬性的严格规定了，注册者可根据自己的偏好和实际情况，将其创办的经济组织登记为“私营企业”或“个体工商户”。[①]第二，私营企业在产权上是私有或非公有，包括纯个人所有（例如，独资、合伙、不存在公有股份的股份制）和以私人所有为主体的混合所有（陈

① 工商行政管理部门对“私营企业”的登记注册曾有严格规定，要求雇工8人以上方可登记注册为“私营企业”，雇工不足8人则只能注册为“个体工商户”。但近年来，雇工规模的硬性规定已有所松弛，是注册“私营企业”还是“个体工商户”依申请登记注册的经济组织自己选择。据被访谈的私营企业主反映，私营企业和个体工商户的缴税方式及与此有关的财务会计规定不一样，且各地有关这方面的规定也不同，因此，一个经济组织是注册为“私营企业”还是“个体工商户”主要由税额或逃税的概率及财务管理的方便程度决定。

光金，2004）。第三，私营企业主是私营企业的投资人，而非私营企业的受雇人员（即使是受雇的企业高级管理人员，也未在被调查的私营企业主之列），也并非一定是企业法人代表。本研究调查的基本上是私营企业的法人代表。

（二）样本的选择

本研究的数据是2010年下半年在湖南、湖北、广东、浙江、江苏、黑龙江和重庆7个省市收集的，地区涉及东部、中部、西部和东北地区。私营企业主是一个较难接近的群体，尤其是大型私营企业的投资人更是难以联系上，也难以让他们抽空接受访问。基于上述困难，本研究无法根据随机抽样的程序选择样本。因此，我们利用多种渠道和途径联系合格的、愿意接受访问的调查对象：一是获得湖南省工商联的大力支持和帮助。湖南省工商联专门委派一个研究人员帮我向各地市工商联发函联系调查事宜，并专程陪笔者去长沙周边几个地市工商联具体落实调查事项，例如，同各地市工商联负责人碰头见面，确定各地市工商联的具体联系人，由联系人事先联系私营企业主，再让笔者在相应地市委派的学生调查员与工商联联系人见面，尔后由学生调查员在工商联联系人的协助下联系私营企业主，并对其进行访问。二是利用个人关系（如亲戚、朋友、熟人和学生）为笔者介绍他们所认识和联系得上的调查对象。例如，一个学生的母亲是黑龙江某市负责私营企业管理的私营企业主，黑龙江的近30个样本即由她负责联系完成；广东近50份样本由笔者本人认识的私营企业主朋友采取滚雪球的方式联系，并由笔者委派的学生调查员访问完成；湖南部分县市的100多份样本由笔者担任政府官员的熟人（有的是笔者学生的父母，有的是笔者亲戚的同学、朋友）联系，并由学生调查员访问完成；其他地方的样本也是利用各种私人关系联系上的。三是参加各种协会组织的私营企业主会议或聚会并访谈那些愿意合作的调查对象。例如，通过参加长沙市女企业家协会组织的一次会议访问了十多位女性私营企业主；参加长沙县工商联组织的私营企业家学术讲座访问了部分调查对象；另外，还通过参加由思八达集团组织的私营企业家培训会议联系并访谈部分调查对象。

本研究的数据收集缺少一个随机抽样框，依靠的是可行性和方便原则，因此抽样偏差也是明显的，如样本的地区分布。[①]但我们采取了多种方式联系潜在的访问对象，并借此使地区分布以外的潜在的偏差最小化。在资料收集过程中运用不同的渠道使成为我们样本的调查对象带有了随机性，由此减少了潜在的抽样误差（Zhuo et al.，2003）。相关研究表明，大样本、多地点、多机构合作的非概率抽样方式有助于克服抽样时的地理集中和隐藏的选择偏见，从而可以提高样本的代表性和统计推论的可靠性（Guo、Hussey，2004）。赫哈索恩（2007）新近研究也说明，被访者驱动的抽样（被调查者不是从一定的样本框中被选出来，而是从现有样本成员的社会网络中获得）不但简便易行，而且随着样本规模扩大，偏误迅速变小（样本规模达到500，偏误已经很小），使用其数据能够产生近于无偏的估计。从本研究后面的样本分析中，我们也可以看到，我们基于上述非概率抽样方式所获得的样本的较高代表性支持了有关非概率抽样的最新认识。尽管如此，它仍也不可避免地包含了非随机抽样的局限性，我们将由基于传统随机抽样所进行统计分析（包括统计推论和假设检验）所得到的研究发现推广到总体或其他情况时必须谨慎（Zhuo et al.，2003）。也正因为这样，本研究还只能说是探索性的，我们的研究发现也只是建设性的而非决定性的。

（三）资料收集方法

本研究资料收据的工具主要是问卷，辅之以简要访谈提纲和录音笔。

在正式问卷调查前，笔者设计了一份简要的访谈提纲，访谈了15位私营企业主和相关管理部门（如工商联和行业协会）的工作人员，主要了解私营企业主被侵权及维权方面的情况，并以此为基础设计了一份有关私营企业主被侵权与维权的调查问卷（经试调查后修改而成），问卷题项内

① 在样本中，湖南省的个案占了样本的79%，显然大大偏离湖南私营企业总数在总体中的比例。本研究主要适合考察湖南省私营企业主的维权行为选择及其逻辑，加入东部、西部和东北地区的个案，只是做一些探索性的比较分析。

其为男性的 60%（Reynolds、White，1997）。这种女性创业的低比率被归因于女性在政府部门和企业交往中常常受到的不利于她们“获取对企业创建和成长所必须的信息和资源”的限制（Lerner et al.，1997：320），例如，女性常被排斥在男性生意洽谈网之外（Carter，1994），男性企业主的强关系圈中没有女性（Aldrich、Reese、Dubini，1989；Aldrich、Sakano，1998）。这种企业主的男性趋同性对女性来说建构了一个阻碍信息自由流动的壁垒（Renzulli、Aldrich、Moody，2000）。

在样本私营企业主中，年龄在 36—50 岁之间的占 63.7%，35 岁以下的占 24.6%，50 岁以上的占 11.7%，平均年龄是 40.9 岁，年龄基本上呈正态分布。这与全国私营企业抽样调查结果基本一致（中华全国工商业联合会，2007：233）。表 3-1 显示，样本私营企业主的文化程度比较高，平均受教育年限为 13.9 年。其中，高中（含中专和技校）文化程度的占 33.3%，大专以上文化程度的占 55%（其中，大专占 29.8%，本科占 19.3%，研究生占 5.9%），略低于 2008 年中国第八次私营企业抽样调查的结果（张厚义，2012），但偏差很小。

表 3-1 显示，在样本私营企业主中，中共党员占 28.6%，与全国私营企业抽样调查结果基本一致（Li et al.，2007；中华全国工商业联合会，2007：143；张厚义，2012）；人大代表占 14.8%，与全国抽样调查结果基本一致（Li et al.，2006，2007）；政协委员也占 14.8%，低于全国抽样调查结果（Li et al.，2006，2007）。在样本中，私营企业主人大代表和政协委员多集中于县级人大和政协中，省级以上的很少。表 3-1 还显示，多数私营企业主在政府部门有朋友或亲戚，其所占比例为 58.1%。

由表 3-1 还可看到，私营企业党组织建设尽管还不能与国有企业相比，但已形成一定气候。在样本私营企业中，建立中共党组织的达 22.4%，与全国抽样调查结果基本一致（中华全国工商业联合会，2007：240）。从表 3-1 也可以看到，私营企业主参与社会公益事业的态度比较积极。在样本私营企业主中，过去一年为公益事业捐过款的占 85.6%，企业平均捐款金额为 45385 元，多数企业捐款金额在 1000 ~ 100000 元之间，占 54.6%，与全国抽样调查结果非常接近（中华全国工商业联合会，2007：248）。

表 3-1 显示，在样本私营企业中，有接近一半为私营有限责任公司，其次是独资企业（占 23.3%），所占比例最小的是股份有限公司，但也有 14.3%。企业类型的分布结构与 2010 年中国第九次私营企业抽样调查结果一致，只是在具体类别比例上存在细微差异（张厚义，2012）。表 3-1 还显示，在样本私营企业中，从事农林产品加工或生产的（第一产业）占 7.7%，从事工业加工制造、采矿、建筑工程与房地产的（第二产业）占 43.9%，① 从事销售、文化娱乐等服务业的（第三产业）的占 42.6%。如果将房地产业中销售部分放到第三产业中，那第二产业所占比例将略微下降。上述样本企业所属行业结构与 2010 年的全国抽样调查结果（张厚义，2012）有一定出入，但偏差不是很大。从表 3-1 还可看到，私营企业的规模不大。在样本私营企业中，企业平均雇工人数为 147 人，略低于 2006 年全国私营企业抽样调查所得到的企业平均雇工人数，即 177 人（中华全国工商业联合会，2007：217），但远高于国家工商行政管理总局统计所得到的企业平均雇工人数，2010 年为 9 人（张厚义，2012）。②

从表 3-1 可看到，在样本私营企业中，湖南省的占 79%，东部地区（广

① 样本企业中从事工业品加工制造的比例比这里呈现的比例要低，问卷题目设计和变量归类的欠科学致使从事工业品加工制造的企业所占比例过高。用来获取企业所属行业的信息的题目是“您企业主要生产什么产品或提供什么服务？（请注明具体产品或服务类型）”，这产生了一个问题，即被访者注明了某具体产品，但有不少被访者并没有具体注明（由于疏忽也未要求其注明）到底是生产某产品还是销售某产品，致使研究者在划分行业时遇到了难以克服的困难，使某企业在行业归属时有较大的随意性。但可以肯定，被调查企业属于第二产业的比例要远低于这里呈现出来的 43.9% 的比例。也就是说，样本企业所属行业结构与 2012 年的全国抽样调查结果之间的差异并不显著。

② 本研究与全国私营企业抽样调查所得到的企业平均雇工人数都远高于国家工商行政管理总局的统计结果，原因可能在于，本研究的样本选择和全国私营企业抽样调查都主要或过多依赖了工商联的帮助。而工商联是联系大私营企业的，工商行政管理局下属的私营企业协会则主要负责联系小私营企业，那显然，工商联协助的调查所获得的企业样本自然更多的是规模较大的私营企业，而工商局协助的调查所获得的企业样本也自然多为小私营企业。也由此可以说，全国私营企业抽样调查和国家工商行政管理总局所获得企业样本在企业规模这一变量上都存在一定偏误，只有将两者结合起来，我们也许才能获得有关私营企业总体分布的较为正确的认识。

东、浙江、江苏）的占10.9%，西部地区的占2.3%，东北地区的占4.2%。显然，样本的地区分布严重偏离实际。但本研究的目的不是估计总体中私营企业在各地区的分布，地区只是作为制度变量处理，因此，样本在地区分布上的偏误对最终的因果分析影响不会很大。

从上述对样本分布的简单分析可以看到，除地区变量外，其他变量的分布都非常接近最近全国私营企业随机抽样所获得的样本分布。也就是说，本研究所获得的样本对全国私营企业总体有较高的代表性，在该样本基础上所做的统计分析是基本可信的。当然，我们对此也应谨慎，而不宜过高估计研究发现的可推广性。

二、变量测量与模型设定

（一）变量测量

1. 因变量

私营企业主的维权方式是本研究的因变量。

私营企业主遭遇的侵害不同，维权方式也可能不同，其测量也应有所不同。从之前的分析中已经看到，私营企业主可能主要受到地方政府、地方黑恶势力、新闻媒体、企业同行、客户和员工的侵害，其面对不同的侵害也可能相应选择不同的维权方式。本研究用“面对地方政府及职能部门的侵权，您是怎样维护您的合法权益的？（可多选）① 沉默忍受；② 私下协商、自行解决；③ 请求当地相关政府部门或上级主管部门解决；④ 提请仲裁机构仲裁或向法院提出诉讼；⑤ 通过工商联或私企协会协助解决；⑥ 自发联合起来解决；⑦ 向报纸等新闻媒体反映；⑧ 其他（请注明）”测量私营企业主遭遇地方政府侵害时选择的维权方式（中华全国工商业联合会，2007：178）；用“面对地方黑恶势力的侵权，您通常采取什么样的方式进行维权？（可多选）① 沉默忍受；② 私下协商；③ 求助地方政府；④ 找公安机关；⑤ 求助工商联或私企协会；⑥ 其他（请注明）”测量私营企业主遭遇地方黑恶势力侵害时所选择的维权方式；用“面对新闻媒体的侵权，您所采取的最主要的维权方式是什么？①沉默忍受；②私下协商；③求助政府；④法律诉讼；⑤求助工商联或私企协会；⑥其他（请注明）”测量私营企业遭遇新闻媒体侵受时所选择的维权方式；用“面对企业同行的侵权，您所采取的最主要的维权方式是什么？①沉默忍受；②私下协商；③求助政府职能部门；④法律诉讼；⑤求助工商联或私企协会；⑥其他（请注明）”测量私营企业主遭遇企业同行侵害时所选择的维权方式；有关私营企业主遭遇客户和员工侵害时所选择的维权方式的测量与企业同行相同。

2. 自变量

根据所运用的理论视角和分析逻辑，本研究的自变量有三组：制度、政治关系和交易成本。

（1）制度

作为一个变量，制度是指制度发育、健全的程度，尤其是指与私营企业发展有关的制度的规范健全程度，可分别从客观和主观两个层面测量制度健全程度。另外，制度的健全程度是存在地区差异的，本研究即是在地区层面考察制度的健全程度。

制度健全程度的客观测量，本研究采用的是樊纲、王小鲁和朱恒鹏（2010）所著《中国市场化指数——各地区市场化相对进程2009年报告》中有关制度发育的指数。其中，与制度发育有关的指数有两个：一是法律制度环境指数。该指数由对生产者合法权益的保护、知识产权保护、市场中介组织发育水平和消费者权益保护四个部分构成。指数越大，表示当地的法律制度环境越好，私营企业主的权益保护也越好。二是政府干预指数。该指数考察的是政府与市场的关系，其中一个重要方面是“减少政府对企业的干预”。减少政府对企业的干预指数越大，表示政府干预越小，政府体制官僚化色彩越弱。

制度健全程度的主观测量，本研究所选用的指标是政府保护企业权益程度和企业对客户的信任度。政府保护企业权益程度涉及“保护私营企业的合法权益”“促进企业发展”和“执行《物权法》”3项具体指标；被访者被要求对相应指标做出评价，如果回答“很差”赋值为1，回答“较差”赋值为2，回答“一般”赋值为3，回答“较好”赋值为4，回答“很好”赋值为5；数值越大，表示被访者对政府保护企业权益的评价越高。运用主成分分析法对上述3项指标进行因子分析，从中抽离出了“政府保护企业权益程度”的公共因子。企业对客户的信任度涉及“我觉得我的客户不会占我的便宜，也会为我的利益着想”“我觉得我的客户是诚实守信的”“整体而言，我觉得我信任我的客户”3项具体指标；被访者也被要求对相应指标做出评价，如果回答“完全不同意”，赋值为1，回答“不太同意”赋值为2，回答“说不清”赋值为3，回答“比较同意”赋值为4，回答“完全同意”赋值为5；数值越大，表示被访者越信任其客户，地方制度越规范健全。运用主成分分析法对上述3项指标进行因子分析，从中抽离出了“企业对客户的信任度”的公共因子。

（2）政治关系

政治关系指的是私营企业主与政府部门或其工作人员的关系。用私营企业主“是否是中共党员”“是否是人大代表”“是否是政协委员”“在政府部门是否有朋友或亲戚”“企业是否建立了中共党组织”“企业在过去一年的公益事业捐款数”等指标测量私营企业主的政治关系。私营企业主是中共党员、担任人大代表或政协委员、在企业建立中共党组织，通常被认为私营企业主跟政府部门有正式的政治关系，而私营企业主在政府部门有朋友或亲戚、其企业曾为公益事业捐过款尤其是捐过较大面额的款项，通常被视为私营企业主与政府部门有非正式的政治关系。

（3）交易成本

交易成本可从交易中潜藏的风险这一角度来理解，即风险是交易成本的一部分（Zhou et al.，2003）。在私营企业主遭遇侵权这一交易中，作为交易成本一部分的风险更多的是指侵权可能造成的损失或机会损失。此外，侵权引发的交易成本还包括侵权造成的直接的现实损失。基于上述对侵权引发的交易成本的理解，本研究拟从企业规模、企业年龄、企业类型和企业所属行业四个维度对其进行测量。通常来说，企业的规模越大、年龄越长，侵权造成潜在损失或机会损失也会越大；跟其他类型的企业相比，侵权给独资企业投资人造成的相对损失或机会损失更大；跟其他行业相比，侵权给农林业企业投资人造成的相对损失或机会损失更小，农林业企业的利益关联相对来说简单得多。另外，在不同性质的侵权中，侵权给不同行业企业造成的相对或机会损失也可能存在差异。例如，在地方黑恶势力的侵权中，服务行业是一个敏感复杂的行业，在服务业中占有相当比重的酒店娱乐业本身就是一个灰色地带，也是一个黑恶势力染指较深、地方政府对之态度暧昧的行业，侵权对该行业造成的相对或机会损失特别大。

3. 控制变量

本研究涉及的控制变量主要有私营企业主的人力资本变量和侵权方式。

（1）人力资本

私营企业主的人力资本可用企业主的年龄和受教育年限来测量。年龄标示私营企业主的工作经历和工作经验，受教育年限由受教育程度转换而成。

（2）侵权方式

不同侵权主体的侵权方式是不一样的。本研究用“如果您企业的合法权益遭受过地方政府及其职能部门的侵害，那请问，是否有下列侵害行为？①乱收费；②乱摊派；③乱罚款；④吃拿要；⑤故意刁难；⑥无端干预；⑦其他（请注明）”这一指标测量地方政府侵害私营企业主合法权益的方式；用“如果您企业的合法权益遭受过地方黑恶势力的侵害，那请问，是否有下列侵害行为？①恶意干扰；②索要财物；③收取保护费；④强要股份；5）其他（请注明）”这一指标测量地方黑恶势力侵害私营企业主合法权益的方式；用“如果您企业的合法权益遭受过新闻媒体的侵害，那您所遭遇的最主要的侵害是什么？①不实报道；②恶意中伤；③索取费用；④其他（请注明）”这一指标测量新闻媒体侵害私营企业主合法权益的方式；用“如果您企业的合法权益遭受过企业同行的侵害，那您所遭遇的最主要的侵害是什么？①串货；②假冒；③恶意压价；④损害名誉；⑤侵犯知识产权；⑥其他(请注明)”这一指标测量企业同行侵害私营企业主合法权益的方式；用“如果您企业的合法权益遭受过客户的侵害，那您所遭遇的最主要的侵害是什么？①拖欠货款；②故意挑产品或服务质量的刺；③损坏产品后故意找麻烦；④其他（请注明）”这一指标测量客户侵害私营企业主合法权益的方式；用“如果您企业的合法权益遭受过企业员工的侵害，那您所遭遇的最主要的侵害是什么？①恶意损坏生产设备或产品；②串通社会闲杂人员破坏生产现场或秩序；③提出过高的工资福利要求；④人身侵犯或威胁；⑤擅自离职；⑥泄露企业商业秘密；⑦私拿企业货单；⑧其他（请注明）”这一指标测量员工侵害私营企业主合法权益的方式。

上述各变量的具体设定，见表3–2。

表3–2　变量说明

变量	变量说明
维权方式1：地方政府	包括7组虚拟变量。选沉默忍受=1，未选沉默忍受=0；选私下协商=1，未选私下协商=0；求助地方政府=1，未求助地方政府=0；选法律诉讼=1，未选法律诉讼=0；求助工商联或私企协会=1，未求助工商联或私企协会=0；自发联合起来解决=1，未自发联合起来解决=0；求助新闻媒体=1，未求助新闻媒体=0
维权方式2：黑恶势力	包括5组虚拟变量。选沉默忍受=1，未选沉默忍受=0；选私下协商=1，未选私下协商=0；求助地方政府=1，未求助地方政府=0；找公安机构=1，未找公安机关=0；求助工商联或私企协会=1，未求助工商联或私企协会=0
维权方式3：新闻媒体	包括4组虚拟变量。私下协商=1，沉默忍受=0；求助政府职能部门=1，沉默忍受=0；法律诉讼=1，沉默忍受=0；求助工商联或私企协会=1，沉默忍受=0
维权方式4：企业同行	包括4组虚拟变量。私下协商=1，沉默忍受=0；求助政府职能部门=1，沉默忍受=0,；法律诉讼=1，沉默忍受=0,；求助工商联或私企协会=1，沉默忍受=0
维权方式5：客户	包括4组虚拟变量。私下协商=1，沉默忍受=0；求助政府职能部门=1，沉默忍受=0；法律诉讼=1，沉默忍受=0；求助工商联或私企协会=1，沉默忍受=0

续表

变量	变量说明
维权方式 6：员工	包括 4 组虚似变量。私下协商 =1，沉默忍受 =0；求助政府职能部门 =1，沉默忍受 =0；法律诉讼 =1，沉默忍受 =0；求助工商联或私企协会 =1，沉默忍受 =0
地方制度健全程度	连续变量；各地方的制度发展指数得分，参照樊纲、王小鲁和朱恒鹏（2010）所著的《中国市场化指数》
政府保护企业权益程度	连续变量；由“保护私营企业的合法权益”“促进企业发展”和“执行《物权法》”3 项具体指标中提取公共因子而成
企业对客户的信任度	连续变量；由“我觉得我的客户不会占我的便宜，也会为我的利益着想”“我觉得我的客户是诚实守信的”和“整体而言，我觉得我信任我的客户”3 项具体指标中提取公共因子而成
中共党员	虚拟变量；是 =1，否 =0
人大代表	虚拟变量；是 =1，否 =0
政协委员	虚拟变量；是 =1，否 =0
企业党组织	虚拟变量；有 =1，无 =0
政府朋友 / 亲戚	虚拟变量；有 =1，无 =0
企业捐款	虚拟变量；捐过 =1，没捐 =0
企业年龄 企业规模 企业类型 企业所属行业	连续变量；企业自创建以来的年数 连续变量；企业雇工人数 包括独资企业、合伙企业、私营有限责任公司、股份有限公司四种类型，以独资企业为参照 包括农林产品生产或加工业、工业、采矿与建筑业、销售业、服务业四类行业，以农林产品生产或加工业为参照 ※
年龄	连续变量；被访者的周岁年龄
年龄的平方	连续变量
受教育年限	连续变量；由受教育程度转换而成，转换规则：小学及以下 =6，初中 =9，高中 / 中专 / 技校 =12，大专 =15，本科 =16，研究生 =19
侵权方式 1：地方政府	包括 6 组虚拟变量。乱收费 =1，未乱收费 =0；乱摊派 =1，未乱摊派 =0；乱罚款 =1，未乱罚款 =0；吃拿要 =1，未吃拿要 =0；故意刁难 =1，未故意刁难 =0；无端干预 =1，未无端干预 =0
侵权方式 2：黑恶势力	包括 4 组虚拟变量。恶意干扰 =1，未恶意干扰 =0；索要财物 =1，未索要财物 =0；收取保护费 =1，未收取保护费 =0；强要股份 =1，未强要股份 =0
侵权方式 3：企业同行	包括 4 组虚拟变量。假冒 =1，串货 =0；恶意压价 =1，串货 =0；损害名誉 =1，串货 =0；侵犯知识产权 =1，串货 =0
侵权方式 4：客户	包括 2 组虚拟变量。拖欠货款 =1，损坏产品后故意找麻烦 =0；故意挑产品或服务质量的刺 =1，损坏产品后故意找麻烦 =0

注：企业所属行业最初划分为农林产品生产或加工、工业产品制造加工、采矿、建筑工程与房地产、销售、交通、物流与运输、酒店、餐饮与娱乐、中介服务与管理咨询、文化教育与培训、图文、印刷与广告、医疗卫生与居家服务 11 大类，后为研究需要被合并为农林产品生产或加工业、工业、采矿与建筑业（包括工业品制造加工、采矿、建筑工程与房地产）、销售业、服务业（包括交通、物流与运输、酒店、餐饮与娱乐、

中介服务与管理咨询、文化教育与培训、图文、印刷与广告、医疗卫生与居家服务）四类行业。

（二）模型设定

统计模型的设定依因变量的类型和性质而定，即因变量的性质或测量方式不同，与之相应的统计分析模型也应不同。

1. 私营企业主遭受权益侵害的决定模型

在私营企业主遭受权益侵害的决定因素分析中，不管是从一般意义上分析私营企业主遭受权益侵害的决定因素，还是从具体层面上分析私营企业主遭受地方政府、地方黑恶势力、新闻媒体、企业同行、客户和员工侵害的决定因素，因变量都是二分定类变量，因此其统计分析模型应为 logit 模型。模型表达式（鲍威斯、谢宇，2009）为：

$$\text{logit}\left(p_{\inf ringement}\right)=\log\left(\frac{p_{\inf ringement}}{1-p_{\inf ringement}}\right)=\sum_{k=0}^{k}\beta_k\chi_k \quad (3\text{–}1)$$

式（3–1）中，$p_{\inf ringement}$ 表示私营企业主遭受侵权的概率，$1-p_{\inf ringement}$ 表示私营企业主未遭受侵权的概率，k 表示解释变量的个数，χ_k 表示第 k 个解释变量（的取值），β_k 表示第 k 个解释变量对因变量的影响。

2. 私营企业主维权方式选择的决定模型

为了较细致地分析私营企业主遭受地方政府和地方黑恶势力侵害之后的维权方式选择及其决定因素，本研究分别设计了一道多选题（一组二分变量）测量私营企业主遭受地方政府和地方黑恶势力侵权之后的维权方式选择。也就是说，不管是分析私营企业主遭受地方政府侵害之后的维权方式选择的决定因素，还是分析私营企业主遭受地方黑恶势力侵害之后的维权方式选择的决定因素，因变量均为一组二分变量，其统计模型也相应地应设为一组 logit 模型。模型表达式（鲍威斯、谢宇，2009）为：

$$\text{logit}\left(p_{maintain-rights-method}\right)=\log\left(\frac{p_{maintain-rights-method}}{1-p_{maintain-rights-method}}\right)=\sum_{k-0}^{k}\beta_k\chi_k \quad (3\text{–}2)$$

式（3–2）中，$p_{maintain-rights-method}$ 表示私营企业主选择某一种维权方式的概率，$1-p_{maintain-rights-method}$ 表示私营企业主未选某一种维权方式的概率，k 表示解释变量的个数，χ_k 表示第 k 个解释变量（的取值），β_k 表示第 k 个解释变量对因变量（即私营企业主选择某维权方式的概率与未选某维权方式的概率之比的对数）的影响。

本研究原打算只简单地分析私营企业主遭受新闻媒体、企业同行、客户和员工侵权之后的维权方式选择及其决定因素，因此分别设计来测量私营企业主在上述两种情境下的维权方式选择的指标是一道含有多个答案类别的单选题，即因变量为多分类变量，其统计分析模型也相应地应设为多项 logit 模型（multinomial logit model）。模型表达式（鲍威斯、谢宇，2009）为：

$$BL_j=\log\left[\frac{p_{maintain-rights-method}(y=j)}{p_{maitain-rights-method}(y=1)}\right]=\sum_{k=0}^{k}\beta_{jk}\chi_{ik}，j=2，\cdots，j \qquad (3-3)$$

式（3-3）中，J 表示因变量的类别个数，BL_j 表示第 j 个分类项的基线 logit，$p_{maintain-rights-method}(y=j)$ 表示私营企业主选择第 j 类维权方式的概率，$p_{maitain-rights-method}(y=1)$ 表示私营企业主选择第 1 类（或作为基准类）维权方式的概率，k 表示解释变量的个数，i 表示第 i 个人，χ_{ik} 表示第 i 个人在第 k 个解释变量上的取值，β_{jk} 表示第 k 个解释变量对因变量（即私营企业主选择第 j 类维权方式的概率与选择基准类维权方式的概率之比的对数）的影响。

第四章　实证结果及分析

在这部分，笔者将首先利用实证调查数据，描述和分析私营企业主遭受侵权的基本概况，然后更具体地检验和分析地方政府、社会力量（地方黑恶势力和新闻媒体）和市场力量（企业同行、客户和员工）分别与私营企业主之间的侵权－维权关系。

一、私营企业主遭受侵权的概况

研究私营企业主的维权行为选择暗含了一个前提，即私营企业主的合法权益已经遭受或正在遭受非法侵害。那经验事实又是怎样呢？为此，在问卷中，笔者设计了一道了解私营企业主合法权益是否遭受非法侵害的题目，访问被访者（私营企业主）所得调查结果，见表 4–1。

表 4–1　企业权益遭受侵害情况

	遭受过	没遭受过	合计
频次	545	161	706
百分比（%）	77.2	22.8	100

表 4–1 显示，在接受了访问的 706 位私营企业主中，回答其创办和经营企业的合法权益曾遭受过侵害的高达 77.2%。其实，这 77.2% 的比例可能还是一个比较保守的数字，因为被侵权与维权的话题尽管与私营企业主的切身利益密切相关，但对私营企业主来说，这又是一个非常敏感的话题，

尤其是涉及地方政府和黑恶势力的侵权时，更是如此。[①] 也就是说，合法权益遭受过非法侵害的私营企业主实际上可能要多于这一比例。但不管怎么说，这 77.2% 的被侵权比例足以说明，我国私营企业（主）的生存环境不容乐观，被侵权的风险非常大。

尽管绝大部分被访私营企业主曾在创办和经营企业的过程中遭受过权益侵害，但仍有 20% 多的被访私营企业主声称没有遭受过权益侵害，那值得进一步探究的问题是，什么样的私营企业主在何种情况下更有可能遭受权益侵害呢？也就是说，私营企业主被侵权的决定因素及其背后的因果机制是什么呢？笔者想知道的是，地方制度、企业主的人力资本和政治关系，以及企业特征等因素是否对私营企业主遭受权益侵害有影响？如果有影响，又是什么样的影响？为此，我们以权益是否遭受侵害为因变量，以上述五个方面的因素为自变量，建立 logit 模型，所得结果见表 4-2。

---

① 企业合法权益在这里具体包括企业的合法经营权和收益权、私人财产权、知识产权（专利权、品牌不受侵犯权），及其他法律赋予企业及其投资人的权益。尽管这种列举式的有关企业合法权益的界定仍有几分抽象，但被访的私营企业主对它们应该有所共识，因为现在的私营企业主已完全不是改革开放初期冒险暴富的那群受教育程度极其有限的私营企业主，他们已是一群如样本分布中所见到的受教育程度比较高的、有熊彼特式创新精神的企业家（其实，这些私营企业的投资人喜欢别人称之为“民营企业家”，而不是过于中性化的“私营企业主”），他们对自己已获得及希望获得的利益是否合法有比社会大众群体清楚、准确得多的认识和了解。私营企业主对被侵权与维权话题的敏感性非常清楚地显露在一个被访私营企业主的谈话中。他说：“你们这个维权调查很敏感，有些问题我不好说。你们是通过工商联找过来的，即使问卷上不填我的名字，他们也能对号入座地找到那份问卷是我填的。你想，一个县就那么多企业，如果你一注明企业所在地，而且说明企业是干什么的，那他们一下就知道这问卷是哪个填的。”被访私营企业主意识到维权问题的敏感性或不敢回答有关被侵权与维权的问题，除了说明他并不真正了解问卷调查的目的和性质，以及不信任调查员和研究者外，还从一个侧面反映了私营企业主缺乏一个安全确定的生存环境，他们担心因为自己的“话”而得到报复。

表 4–2 企业权益遭受侵害的 logistic 回归分析结果

	模型 1		模型 2		模型 3	
	系数	标准误	系数	标准误	系数	标准误
人力资本变量						
年龄	0.060	0.111	0.011	0.090	0.085	0.115
年龄的平方	–0.001	0.001	–0.001	0.001	–0.002	0.001
受教育年限	–0.113*	0.057	–0.099*	0.042	–0.169**	0.062
企业特征变量						
企业年龄	0.046*	0.025	–0.003	0.019	0.039	0.026
企业类型 [a]						
合伙企业	–0.279	0.482	–0.099	0.353	–0.569	0.501
私营有限责任公司	–0.522	0.389	–0.270	0.286	–0.757*	0.413
股份有限公司	–.0.310	0.499	–0.503	0.359	–0.346	0.530
企业所属行业 [b]						
工业、采矿与建筑业	0.276	0.545	–0.035	0.425	0.338	0.555
销售业	0.766	0.578	0.248	0.445	0.982*	0.593
服务业	0.329	0.589	–0.323	0.449	0.421	0.610
企业规模	0.192	0.123	0.218*	0.086	0.218*	0.130
政治关系变量						
企业捐款	0.038	0.061	0.028	0.062		
中共党员 [c]	–0.166	0.321	–0.327	0.339		
企业党组织 [d]	–0.745*	0.380	–0.654*	0.395		
人大代表 [e]	0.147	0.403	0.339	0.423		
政协委员 [f]	0.031	0.433	0.146	0.474		
政府朋友 / 亲戚 [g]	–1.567***	0.286	–1.759***	0.310		
制度变量						
地方制度健全程度			–0.036	0.038	–0.103*	0.056
政府保护企业权益			–0.353**	0.103	–0.535***	0.148
常数	2.045	2.576	2.404	2.026	3.231	2.673
对数似然率	–173.6		–285.7		–161.0	
Pseudo R^2	0.138		0.044		0.179	
N	373		566		362	

注：a. 企业类型是虚拟变量，在模型设定中，以独资企业为参照；b. 以农林生产或加工业为参照；c. 以非中共党员为参照；d. 以没企业党组织为参照；e. 以不是人大代表为参照；f. 以不是政协委员为参照；g. 以没有政府朋友或亲戚为参照。+$p < 0.1$，*$p < 0.05$，**$p < 0.01$，***$p < 0.001$。

从表 4–2 中的 3 个模型可以看到，制度、政治关系和人力资本中受教育年限对私营企业主的合法权益是否遭受侵害有较稳定而相对独立的影响，部分企业特征变量与制度变量和政治关系变量存在交互效应。从完全模型（模型 2）可以看到，制度因素中的政府保护企业权益程度对私营企业主的合法权益是否遭受侵害有显著的负向影响。具体来说，地方政府保护企业权益程度每增加 1，所在地私营企业主遭受权益侵害的可能减少 29.7 个百分点（$1-e^{-0.353}$）。这一发现支持了我们之前的分析，即制度是一系列规范和约束行动者行为的规则：不完善、执行不力的制度无法指导和约束各利益相关者，从而使得强者（处于强势地位的一方，如地方政府和黑恶势力）得以不断扩大行动的空间和自由，而弱者（处于弱势地位的一方，如资源占有相对有限的私营企业主）的利益空间则日渐被挤压、侵蚀甚至被掠夺，私营企业主的合法权益在与受利益最大原则驱动的各利益相关者的博弈中很难得到维护；健全且得到严格执行的制度明确限定了各利益相关者的活动空间和行事方式，使各利益相关者的权力领域和范围得到明确而严格的界定和划分，确保各行动者信守自己的职责，也只且只能争取制度规定的利益，由此强势利益相关者得到限制和约束，而弱势利益相关者的利益得到合理保护，私营企业主也可由此获得一个较为确定的、有利于企业发展的空间和环境。

模型 2 也显示，政治关系因素中的企业党组织和政府朋友或亲戚这两个变量也对私营企业主的合法权益是否遭受侵害有较显著的负向影响，且解释力比较大。具体来说，创建了中共党组织的私营企业主遭受权益侵害的概率是那些企业没建立有中共党组织的私营企业主的 51.99%（$e^{-0.654}$），少 48 个百分点；有政府朋友或亲戚的私营企业主遭受权益侵害的概率则是那些没有政府朋友或亲戚的私营企业主的 17.22%（$e^{-1.759}$），少 82.8 个百分点。模型 3 还显示，私营企业主人力资本因素中的受教育年限变量对私营企业主的合法权益是否遭受侵害也有较显著的影响，私营企业主的受教育年限每增加 1 年，其合法权益遭受侵害的概率则减少 15.5 个百分点（$1-e^{-0.169}$）。其逻辑可能是这样的：不管是政治关系还是人力资本，它们都是私营企业主拥有的资源，这些资源不仅有助于企业的内部发展，也可以形成一种能抗拒外来干扰的力量，尤其是政治关系常被视为正式制度的一种替代机制，能在制度不完善、产权模糊或保护不力的条件下维护企业的权益（Wank，1999；Allen，2005；李路路，1995；胡旭阳，2006）。

从模型 3 可看到，企业规模对私营企业主合法权益是否遭受侵害也有显著影响。企业规模越大，私营企业主权益遭受侵害的概率也越大。大规模私营企业通常都是地方政府和黑恶势力“化缘”的绝好对象。大企业尽管规模大、有实力，但通常更不愿意得罪地方政府和黑恶势力，而后者也非常清楚这一点，这就为各种“吃拿要”“乱摊派”行为提供了条件。比较 3 个模型可看到，制度网络和人力资本因素对私营企业主合法权益是否遭受侵害均有较稳定的影响。

由上述的数据模型及其分析已经清楚地看到，不管是外在的制度环境还是私营企业主及其企业自身的特征都对私营企业主是否遭受权益侵害有较显著的影响。那么，需要进一步考察的问题是：具体是谁侵害了私营企业主的合法权益呢？如果存在多方侵权主体，那么私营企业主遭受哪些侵权主体的侵害多一些，而遭受哪些侵权主体的侵害又少一些呢？为此，笔者根据利益相关者理论的逻辑思路设计了相关的问卷调查题目，访问被访私营企业主所得结果，见表 4-3。

表 4-3　企业权益的侵害来源

	侵权方					
	地方政府	地方黑恶势力	新闻媒体	企业同行	客户	企业员工
遭受过（%）	64.2	50.1	29.9	73.6	70.5	57.5
没遭受过（%）	35.8	49.9	70.1	26.4	29.5	42.5
N	547	547	546	546	546	546

表 4-3 显示，地方政府、地方黑恶势力、新闻媒体、企业同行、客户和企业员工都不同程度地侵害过被访私营企业主的合法权益。在回答“是否遭受过地方政府的权益侵害？”这道题的 547 位被访私营企业主中，权益遭受过侵害的有 64.2%；在回答“是否遭受过企业同行的权益侵害？”这道题的 546 位被访私营企业主中，权益遭受过侵害的高达 73.6%；70.5% 的被访私营企业主的权益遭受过客户的侵害，遭受过企业员工、地方黑恶

势力、新闻媒体侵害的被访私营企业主分别是57.5%、50.1%和29.9%。[①]由此可以看到，对私营企业主来说，来自市场力量的侵害最多，有过该类被侵害经历的私营企业主都在70%以上。

调查数据已经告诉我们：谁侵害了私营企业主的合法权益，谁侵害私营企业主的次数最多。但仍有一个问题有待进一步考察：实施侵害次数最多的侵权主体，在私营企业主眼中，是不是最主要的侵害主体，或者说，是不是侵害最大的侵权主体？为此，我们设计了相应的题目访问被访私营企业主，结果见表4–4。

表4–4　企业权益最主要的侵害来源

	侵权方						
	政府	地方黑恶势力	新闻媒体	企业同行	客户	企业员工	合计
频次	143	93	8	133	52	15	444
百分比（%）	32.2	21.0	1.8	29.9	11.7	3.4	100

表4–4显示，在回答了“在上述侵害来源中，谁对您的侵害最大？”这道题的444位被访私营企业主中，32.2%的被访者认为地方政府是最大侵权方，认为地方黑恶势力侵害最大的被访者有21%，而认为企业同行和客户是最大侵权方的被访者分别是29.9%和11.7%。也就是说，在私营企业主眼中，对其合法权益侵害最大的利益相关者是地方政府。由此也表明，在私营企业主看来，企业同行和客户等市场力量作为实施侵权次数最多的侵权主体并不是侵害最大的侵权主体。作为市场力量的企业同行和客户与私营企业（主）是权利平等、力量对等的经济主体，尽管它们会在每天不间断的交易和竞争中也较频繁地侵害彼此的权益，但其中任何一方都不会对另一方构成事关成败的根本性威胁；私营企业主尽管不需要每天与地方政府打交道，但所需关键资源都控制在后者的手中，且后者的任何一项“自由裁量权”都关系到前者的生存和成败，而既有转型经济的制度特点又为后者的“自由裁量权”提供了广阔的空间，因此后者

① 遭受过客户、企业员工、黑恶势力和新闻媒体侵害的私营企业主的比例都限于回答了相应题目的被访私营企业主。

也自然成为了私营企业主最大的侵害来源。另外，尽管也有被访者认为企业员工和新闻媒体也是对其权益侵害最大的利益相关者，但做出相关选择的被访者并不多。

为什么不同私营企业主报告其所遭受的最大侵害不同呢？也就是说，是什么因素影响甚或决定了私营企业主所遭受的最大侵害？其背后的逻辑和机制又是什么？为此，我们将私营企业主所遭受的最大侵害来源合并为三类：地方政府、社会力量（地方黑恶势力和新闻媒体）和市场力量（企业同行、客户和员工），然后以私营企业主遭受的最大侵害来源为因变量（多分类别变量，可建构为两组虚拟变量，即地方政府 / 市场力量和社会力量 / 市场力量），以年龄、受教育年限、企业年龄、企业类型、企业所属行业、企业规模、企业捐款、是否中共党员、企业是否建立党组织、是否担任人大代表、是否担任政协委员、在政府部门是否有朋友或亲戚、地方制度发育指数和政府保护企业权益程度为解释变量，建立 mlogit 模型，所得结果见表 4–5。

表 4–5　私营企业主遭受最大侵害的 multinomial logistic 回归分析结果

	（1）地方政府 / 市场力量		（2）社会力量 / 市场力量	
	回归系数	标准误	回归系数	标准误
企业主变量				
年龄	0.010	0.023	−0.013	0.025
受教育年限	0.070	0.069	−0.085	0.079
企业特征变量				
企业年龄	−0.003	0.035	−0.084*	0.046
企业类型[a]				
合伙企业	0.254	0.523	0.206	0.593
私营有限公司	0.470	0.446	0.954*	0.495
股份有限公司	0.274	0.635	0.209	0.708
企业所属行业[b]				
工业、采矿与建筑业	−0.236	0.708	1.821	1.157
销售业	−0.753	0.727	1.197	1.180
服务业	0.097	0.762	2.112*	1.209
企业规模	−0.027	0.143	0.102	0.169
政治关系变量				
企业捐款	0.005	0.072	0.056	0.082

续表

	（1）地方政府 / 市场力量		（2）社会力量 / 市场力量	
	回归系数	标准误	回归系数	标准误
中共党员[c]	0.121	0.427	0.132	0.475
企业党组织[d]	–0.948*	0.529	–0.789	0.568
人大代表[e]	–0.551	0.487	–0.314	0.528
政协委员[f]	0.158	0.541	–0.164	0.600
政府朋友 / 亲戚[g]	–0.583*	0.355	–0.474	0.393
制度变量				
地方制度发育指数	–0.085	0.057	–0.521*	0.208
政府保护企业权益	–0.401*	0.191	–0.034	0.199
常数	–0.750	1.657	1.681	2.237
对数似然率	–221.2			
Pseudo R^2	0.133			
N	240			

注：a. 企业类型是虚拟变量，在模型设定中，以独资企业为参照；b. 以农林生产或加工业为参照；c. 以非中共党员为参照；d. 以没企业党组织为参照；e. 以不是人大代表为参照；f. 以不是政协委员为参照；g. 以没有政府朋友或亲戚为参照。$+p < 0.1$*，$p < 0.05$**，$p < 0.01$**，$p < 0.001$。

从模型（1）列可看到，政治关系和制度因素对私营企业主是否遭受地方政府侵害（跟市场力量相比）有一定解释力。跟没有党组织的企业相比，设立了中共党组织的企业主遭受地方政府（跟市场力量相比）侵权的概率更小，后者比前者遭受地方政府侵权（同上）的概率小 61.3%（$1-e^{-0.948}$）；在政府部门有朋友或亲戚的企业主遭受地方政府侵权（同上）的概率比那些在政府部门没有朋友或亲戚的企业主小 44.2%（$1-e^{-0.583}$）。这比较好理解：有政治关系的企业主可以利用其政治关系资源为企业获益，也可以利用其防范来自地方政府的侵权行为。另外，政府保护企业权益程度越高，私营企业主遭受地方政府侵权（同上）的概率也越小：政府保护企业权益程度每增加 1，私营企业主遭受地方政府侵权（同上）的概率则减少 33%（$1-e^{-0.401}$）。政府对企业权益的保护，首先是制定一系列规章制度，规范和制约企业外力量的行为，防范企业外力量（地方政府、社会力量和市场力量）对私营主合法权益的侵害。然而，制度场域的现实表明，中国各领域的制度发育水平发展很不均衡，尽管有关规制地方政府和地方黑恶势力与新闻媒体等社会力量的制度也不是很完善，但目前规制各市场力量与私营企业主间关系的规则和制度则更不健全。也正是因为如此，政府保护企业权益程度越高，私营企业主遭受地方政府（跟市场力量相比）侵权的可能性就越小。

从模型（2）列可以看到，制度和企业特征变量对私营企业主是否遭受社会力量（跟市场力量相比）侵权有一定解释力。地方制度发育程度越高，私营企业主遭受社会力量（同上）侵权的概率越小：地方制度发育指数每增加 1，私营企业主遭受社会力量（同上）侵权的概率则减少 40.6%（$1-e^{-0.521}$）。其背后的逻辑与模型（1）列相关关系的分析相同。企业年龄越长，企业主遭受社会力量（同上）侵权的概率越小：企业年龄每增加 1 年，企业主遭受社会力量（同上）的概率则减少 8.1%（$1-e^{-0.084}$）。这可能是因为，企业年龄越长，企业主积累了更多应对和防范来自地方黑恶势力和新闻媒体侵权的经验，或其在较长期的企业经营中已与地方黑恶势力和新闻媒体等社会力量建立了一些权宜性关系，从而减少了来自社会力量侵权的概率。服务业企业主遭受等社会力量（同上）侵权是农林生产加工企业主的 8.3 倍（$e^{2.112}$）。这可能与酒店、餐饮和娱乐等服务业为地方黑恶势力和新闻媒体的社会力量提供了较农林生产或加工企业更多获利和侵权的机会有关。私营有限公司企业主遭受的社会力量（同上）侵权是独资企业的 2.6 倍（$e^{0.954}$），这不是很好理解，有待于进一步研究考察。

本研究下面将更具体地分析和检验地方政府、社会力量（地方黑恶势力和新闻媒体）和市场力量（企业同行、客户和员工）与私营企业主之间的侵权 - 维权关系。

二、地方政府与私营企业主间权益关系的实证检验

（一）地方政府的侵权行为

1. 私营企业主遭受地方政府侵权的表现

上一部分的数据分析结果已经表明，在被访私营企业主眼中，地方政

府是最大的侵害来源。那么，地方政府又是怎样侵害私营企业主的合法权益的？或者说，地方政府侵害私营企业主的具体表现是什么？通过查阅文献和实地访谈，我们了解到地方政府侵害私营企业主的行为或方式主要有乱收费、乱摊派、乱罚款、吃拿要、故意刁难和无端干预6个方面。笔者基于这6个方面设计了相应的问卷调查题目，并访问了被访私营企业主，结果见表4–6。

表4–6　私营企业主遭受地方政府侵害的具体情况

地方政府侵害		地方政府的具体侵害行为						
		乱收费	乱摊派	乱罚款	吃拿要	故意刁难	无端干预	其他
遭受过（%）	64.2	50.8	31.4	34.4	35.6	46.3	32.5	6.8
没遭受过（%）	35.8	49.2	68.6	65.6	64.5	53.7	67.5	93.2
N	547	351	344	346	346	348	326	308

我们已经知道，在回答“是否遭受过地方政府侵害？”这道题的547位被访私营企业主中，遭受侵害的有64.2%，即有351位被访私营企业主遭受过地方政府的权益侵害。表4–6显示，在遭受过地方政府侵权的被访私营企业主中，至少有1/3分别遭受过乱收费、乱摊派、乱罚款、吃拿要、故意刁难和无端干预等政府侵权行为的侵害。其中，在回答“是否遭受过乱收费”这道题的351位被访私营企业主中，表示“遭受过”的有50.8%；在回答“是否遭受过乱摊派”这道题的344位被访私营企业主中，回答“遭受过”的有31.4%。在我们这次调查中，遭受过乱收费和乱摊派的私营企业主的比例大大低于2006年全国私营企业抽样调查的相应结果：遭受过交费的为88.6%，遭受过摊派的为56.1%（中华全国工商业联合会，2007：230）。[①] 在遭受过地方政府侵害的被访私营企业中，表示遭受过

① 私营企业主遭受乱收费和乱摊派的比例大幅度下降了，原因可能有两个方面：一是私营企业主所处的政府管理环境有了很大改善，确实减少了对私营企业的乱收费和乱摊派。二是两次调查中题目的措辞不一样。全国私营企业抽样调查中使用的是一个较为中性化的语词“交费”，其主要说明和考察的是私营企业主的负担；而我们在调查中采用的是一个判断性的语词“乱收费”，其旨在考察地方政府的侵权表现，含义较为明确。从词义上看，交费的外延大于乱收费，那遭受过乱收费的私营企业主比例小于全国私营企业抽样调查的交费私营企业主比例，是很自然的。这里，只比较了乱收费和乱摊派，是因为全国调查缺少其他相应项。

乱罚款、吃拿要、故意刁难和无端干预的分别为34.4%、35.6%、46.3%、32.5%。其中，乱收费和故意刁难是私营企业主所遭受的最为突出的地方政府侵权行为。

进一步具体考察私营企业主为乱收费、乱摊派、乱罚款和吃拿要4项政府侵害行为所担负的费用，得到的结果见表4–7。

表4–7　私营企业主为地方政府侵害行为担负的费用（单位：万元/年）

	均值	标准差	最小值	最大值	观察值
乱收费	2.99	4.42	0.1	30	94
乱摊派	2.79	4.54	0.1	20	56
乱罚款	2.97	4.12	0.1	20	68
吃拿要	6.54	14.63	0.3	100	77

从表4–7可看到，回答了相应题目的被访私营企业主在地方政府乱收费、乱摊派和乱罚款上所担负的费用都差不多是3万元/年，最少的是1000元/年，最多的是30万元/年（如乱收费）。[①] 我们这里调查的私营企业主在乱收费和乱摊派上所担负的费用远少于2006年全国私营企业抽样调查的相关结果：交费是48万元/年，摊派是5.3万元；中部地区要少一些，交费是26.6万元/年，摊派是4.6万元/年（中华全国工商业联合会，2007：231）。[②] 被访私营企业主为地方政府的“吃拿要”行为担负的费用要稍高一些，需年担负6.54万元，最多的达到100万元。尽管回答了相关题目的私营企业主较少，但这些数据也足以说明地方政府及其代理人已经侵害了辖区私营企业主的合法权益，让其多承担了一些不该担负的费用。

在私营企业主看来，哪类地方政府侵权行为是侵害最大的侵权行为呢？为了进一步明确这一问题，我们在问卷中设计了相应的调查题目，访问被访私营企业主所得结果，见表4–8。

---

① 这里所说的“年”指的是调查所在年份的前一年，也就是2009年。

② 我们这次调查的私营企业主在乱收费和乱摊派上所担负的费用远少于2006年的全国调查结果，其原因除了之前已经提到的政府管理的改善和措辞含义的变化外，还有一点是我们这次调查的较大规模企业相对较少，我们尽管也得到了工商联的帮助，但更多的样本是通过私人关系联系上的，这无法跟完全依托工商联的全国抽样调查相比。

表 4–8　对私营企业主侵害最大的地方政府侵权行为

	地方政府侵权行为							
	乱收费	乱摊派	乱罚款	吃拿要	故意刁难	无端干预	其他	合计
观察值	72	35	37	46	66	32	17	305
百分比（%）	23.6	11.5	12.1	15.1	21.6	10.5	5.6	100

表 4–8 显示，在回答了该题的 305 位被访私营企业主中，认为乱收费是对其影响最大的地方政府侵权行为的有 23.6%，认为故意刁难是对其影响最大的地方政府侵权行为的有 21.6%，而认为吃拿要是对其影响最大的地方政府侵权行为的也有 15.1%。在被访私营企业主眼中，乱摊派、乱罚款和无端干预等政府侵权行为对其所造成的影响相对来说要小一些。从政府的角度看，乱收费成为排第一位的政府侵权行为，是乱收费已成为财政改革后各地方政府扩大预算外收入、化解财政赤字以及创造政绩工程的重要途径所导致的结果；故意刁难和吃拿要可以说是地方政府及其代理人行使自由裁量权的最精微的表现。也就是说，私营企业主遭受地方政府的侵权是制度改革及与之相连的政府性质的逻辑结果，或者说，私营企业主遭受地方政府的侵权，在当前中国社会有其制度的必然性，而非一时一地的偶发现象。相对来说，无端干预、乱摊派和乱罚款等侵权行为在面对权益意识日渐增强的私营企业主的策略性抗拒中略显式微，这当然也是地方政府谋求地方治理合法性的结果。

2. 私营企业主遭受地方政府侵权的决定因素分析

数据分析已经显示，私营企业主的合法权益已经遭受地方政府的侵害，但不是每个私营企业主的权益都受到过侵害。那为什么有些私营企业主的权益受到了侵害，而另一些则没受到过侵害呢？也就是说，私营企业主合法权益遭受侵害背后的机制是什么？为此，我们以私营企业主是否遭受过地方政府侵害为因变量，以制度、私营企业主的政治关系、人力资本，以及其企业特征因素为解释变量，建立 logit 模型，所得结果见表 4–9。

表 4-9　私营企业主遭受地方政府侵害的 logistic 回归分析结果

	模型 1		模型 2		模型 3	
	系数	标准误	系数	标准误	系数	标准误
人力资本变量						
年龄	0.164+	0.084	0.107	0.099	0.066	0.105
年龄的平方	–0.002+	0.001	–0.001	0.001	–0.001	0.001
受教育年限	–0.034	0.052	–0.046	0.049	–0.082	0.054
企业特征变量						
企业年龄	0.036+	0.020	0.027	0.026	0.037	0.028
企业类型 [a]						
合伙企业	0.723*	0.332	1.229**	0.451	1.067*	0.469
私营有限责任公司	0.165	0.259	0.084	0.329	0.038	0.346
股份有限公司	0.173	0.346	0.661	0.459	0.559	0.491
企业所属行业 [b]						
工业、采矿与建筑业	0.406	0.395	0.339	0.551	0.144	0.586
销售业	0.156	0.409	0.285	0.564	0.265	0.603
服务业	0.858*	0.438	1.013+	0.602	0.899	0.638
企业规模	–0.097	0.077	–0.027	0.109	0.012	0.114
政治关系变量						
企业捐款			–0.051	0.057	–0.052	0.059
中共党员 [c]			0.097	0.311	–0.077	0.335
企业党组织 [d]			–0.295	0.358	–0.177	0.372
人大代表 [e]			0.115	0.354	0.189	0.380
政府朋友 / 亲戚 [f]			–0.594*	0.264	–0.709*	0.281
制度变量						
地方制度健全程度					–0.094*	0.048
政府保护企业权益					–0.579***	0.163
常数	–3.064	1.896	–1.211	2.329	0.630	2.469
对数似然率	–294.4		–185.4		–171.4	
Pseudo R^2	0.030		0.063		0.099	
N	459		304		293	

注：a. 企业类型是虚拟变量，在模型设定中，以独资企业为参照；b. 以农林生产或加工业为参照；c. 以非中共党员为参照；d. 以没企业党组织为参照；e. 以不是人大代表为参照；f. 以没有政府朋友或亲戚为参照。$+p < 0.1$，$*p < 0.05$，$**p < 0.01$，$***p < 0.001$。

从表 4-9 中的嵌套模型可以看到，制度、政治关系中的政府朋友 / 亲戚和企业类型等 3 个变量都对私营企业主是否遭受地方政府侵害有较稳定的、独立的显著性影响。由表 4-9 中的完全模型（模型 3）可以看到，地方制度发育程度对私营企业主是否遭受地方政府的权益侵害有较显著的负向影响，即地方制度发育程度越高，私营企业主遭受地方政府权益侵害的可能性也越小。具体来说，地方制度发育指数每增加 1，私营企业主遭受地方政府权益侵害的发生比减少 9%（$1-e^{-0.094}$），政府保护企业权益的程度每增加 1，私营企业主遭受地方政府权益侵害的发生比则减少 44%（$1-e^{-0.579}$）。由是观之，包括中介组织的发育和减少政府对企业的干预在内的制度环境的改善能大大减少地方政府对私营企业主权益的侵害。其间的逻辑不难理解。一方面是，规制层面的法律制度对地方政府及其代理人具有规范、约束和监督作用。地方规制层面的制度越规范健全，其执行越有力，地方政府及其代理人的行为越能得到有效约束和监督，其自由裁量空间也越小，其侵害辖区私营企业主权益的机会也越小。另一方面是，组织层面的制度（如中介组织的发育）在一定程度上能形成一种防范地方政府侵害私营企业主合法权益的保护机制。如果组织层面的制度发育程度越高，地方政府及其代理人受到的约束也越大，私营企业主的权益相应也越能得到有效保护。

模型 3 显示，私营企业主在政府部门是否有朋友或亲戚也对其合法权益是否遭受地方政府的侵害有显著性影响。跟在政府部门没有朋友或亲戚的私营企业主相比，那些在政府部门有朋友或亲戚的私营企业主遭受地方政府侵害的发生比少 50.8%（$1-e^{-0.709}$）。这是因为，在政府部门有朋友或亲戚这种私营企业主的非正式政治关系作为一种保护机制，能减少或避免地方政府对其权益的侵害。这种保护机制是基于私营企业主与地方政府及其代理人之间的人情关系或利益交换关系而生效的。也正是这种保护机制的存在，中国转型期大多私营企业主都极尽可能地通过各种方式与地方政府及其代理人建立朋友关系或准亲戚关系的行为或现象，才得以合理解释。

从模型 3 还可以看到，企业类型对私营企业主是否遭受地方政府的权益侵害也有较显著的影响。跟独资企业相比，合伙资企业的投资人更可能遭受地方政府的权益侵害，其遭受侵害的发生比是前者的 2.91 倍（$e^{1.067}$）。合伙企业投资人更有可能受到地方政府的侵害可能与其产权结构有关。独资企业的产权主体只有一个，这是很明确的，合伙企业的产权主体是多元的，至少有两个。企业产权主体的多元性可能导致企业内部管理思路和手段的不一致，甚至企业对外的政治策略也可能存在含糊甚或矛盾之处，这种内外管理思路和策略的暧昧与冲突也必然体现在企业权益维护的策略与方式上，从而也可能招致更多的政府“介入”和侵害。

多数私营企业主遭受过地方政府的权益侵害及地方政府成为排名第一的侵权主体这一经验事实，基本支持了理论分析部分有关转型期地方政府侵害私营企业主合法权益的制度必然性的分析和推定。尽管私营企业主在遭受地方政府侵害方面存在个体性和制度性的差异，但转型经济的制度特征导致私营企业主难以避免地遭受地方政府侵害已是毋庸置疑的事实。

（二）私营企业主的维权方式选择

1. 私营企业主维权方式选择的表现

私营企业主在遭受地方政府的权益侵害之后又有何反应呢？也就是说，遭受地方政府侵害之后，私营企业主是如何维护自己的合法权益的？或更具体地说，被侵害私营企业主通常选择何种或哪些方式来维护其合法权益？基于已有研究文献和课题组成员对私营企业主的深度访谈，我们了解到，私营企业主遭受地方政府侵害之后通常采取的维权方式主要有沉默忍受、私下协商、求助相关政府部门（含上级主管部门）、提请仲裁机构仲裁或向法院提出诉讼、请工商联或私企协会协助解决、自发联合起来解决、向新闻媒体反映等。为了更进一步获知私营企业主在上述维权方式选择上的分布情况，我们设计了相应的问卷调查题目，并以之访问了被访私营企业主，所得结果见表 4–10。

表 4–10 遭受地方政府侵害之后，私营企业主的维权方式选择情况

	私营企业主的维权方式						
	沉默忍受	私下协商	求助相关政府部门	诉诸法律	求助工商联或私协	自发联合起来解决	向新闻媒体反映
采取过（%）	44.9	62.3	42.2	11.7	22.7	12.5	6.4
没采取过(%）	55.1	34.7	57.8	88.3	77.3	87.5	93.6
N	361	360	360	360	361	360	360

从表 4–10 可以看到，沉默忍受、私下协商、求助相关政府部门是被

访私营企业主在遭受地方政府侵害之后采用较多的维权方式。具体来看，在回答相应题目的 361 位被访私营企业主中，选择过“沉默忍受”这种维权方式的有 44.9%；而在回答相应题目的 360 位被访私营企业主中，选择过“私下协商”的高达 62.3%，选择过“求助相关政府部门”的也有 42.2%。相对来说，选择“求助工商联或私企协会”“自发联合起来解决”“诉诸法律”和“向新闻媒体反映”等维权方式进行维权的被访私营企业主都比较少，“求助工商联或私企协会”之类的维权方式被选比例多在 10% 左右，有的低至 6.4%；即使是作为私营企业主利益代表或维护组织的工商联或私企协会被求助的比例也只有 22.7%，即在回答相应题目的 361 位被访私营企业主中，选择“求助工商联或私企协会”的只有 82 人。

私营企业主在遭受地方政府侵害之后的维权方式选择可能不是一成不变的，而是一个动态的、不断调适和转变的过程。也就是说，某私营企业主在一次具体的政府侵权事件中可能首先选择的是某种维权方式，而在维权博弈过程中可能发现首选的维权方式不能奏效，而改选另一种维权方式，尔后可能又发现采取该种维权方式维权也不能达到其最优效果，最后只能弃之而改选另一种维权方式。基于上述考虑和经验观察，我们设计了一组考察私营企业主维权方式选择动态变化的问卷调查题目，即首选的维权方式是什么、次选的维权方式是什么、最后选择的维权方式又是什么，以之访问被访私营企业主，所得结果见表 4–11、表 4–12 和表 4–13。

表 4–11 显示，在回答了相应题目的 281 位被访私营企业主中，有 51% 的私营企业主将“私下协商”作为其遭受地方政府侵害之后首选的维权方式，另有近 1/4（即 24.9%）的私营企业主将“沉默忍受”作为首选维权方式。

表 4–11　遭受地方政府侵害之后，私营企业主的首选维权方式分布情况

	私营企业主的首选维权方式							
	沉默忍受	私下协商	求助相关政府部门	诉诸法律	求助工商联或私协	自发联合起来	向媒体反映	合计
观察值	70	143	38	7	14	7	2	281
百分比（%）	24.9	51.0	13.5	2.5	4.9	2.5	0.7	100

将“求助相关政府部门”作为首选维权方式的私营企业主相对较少，

只有 13.5%；将“求助工商联或私企协会”作为首选维权方式的私营企业主则更少，其比例还不到 5%；而将“诉诸法律”“自发联合起来”和“向媒体反映”作为首选维权方式的私营企业主分别只有 2.5%、2.5% 和 0.7%。

表 4–12　遭受地方政府侵害之后，私营企业主的次选维权方式分布情况

	私营企业主的次选维权方式							
	沉默忍受	私下协商	求助相关政府部门	诉诸法律	求助工商联或私协	自发联合起来	向媒体反映	合计
观察值	20	48	68	15	31	20	6	208
百分比（%）	9.6	23.1	32.7	7.2	14.9	9.6	2.9	100

表 4–12 显示，在回答相应题目的 208 位被访私营企业主中，有 23.1% 的私营企业主将“私下协商”作为其遭受地方政府侵害之后的次选维权方式，比将其作为首选维权方式的比例下降了近 28 个百分点；另只有 9.6% 的私营企业主将“沉默忍受”作为次选维权方式，比将其作为首选维权方式的比例下降了 15.3 个百分点。

将“求助相关政府部门”作为次选维权方式的私营企业主有 32.7%，比将其作为首选维权方式的比例上升了近 20 个百分点；将“求助工商联或私企协会”作为次选维权方式的私营企业主也达到了 14.9%，比将其作为首选维权方式的比例上升了 10 个百分点；另外，将“诉诸法律”“自发联合起来”和“向媒体反映”作为次选维权方式的私营企业主分别有 7.2%、9.6% 和 2.9%，比将其作为首选维权方式的比例分别上升了 4.7、7.1 和 2.2 个百分点。

表 4–13　遭受地方政府侵害之后，私营企业主的第三选维权方式分布情况

	私营企业主的第三选维权方式							
	沉默忍受	私下协商	求助相关政府部门	诉诸法律	求助工商联或私协	自发联合起来	向媒体反映	合计
观察值	31	7	25	35	17	8	18	141
百分比（%）	22.0	4.9	17.7	24.8	12.1	5.7	12.8	100

表 4–13 显示，在回答相应题目的 141 位被访私营企业主中，只有近 5% 的私营企业主将“私下协商”作为第三选维权方式（即最后选择的维权方式），比将其作为首选和次选的维权方式的比例分别下降了 46.1 和 18.2

个百分点；而将“沉默忍受”作为第三选维权方式的私营企业主有 22%，比将其作为首选维权方式的比例仅少 2.9 个百分点，而比将其作为次选维权方式的比例则回升了 12.4 个百分点。

将“求助相关政府部门”作为第三选维权方式的私营企业主有 17.7%，比将其作为首选维权方式的比例高 4.2 个百分点，而比将其作为次选维权方式的比例则回落了 15 个百分点；将“求助工商联或私企协会”作为第三选维权方式的私营企业主有 12.1%，比将其作为首选维权方式的比例高 7.2 个百分点，而比将其作为次选维权方式的比例则回落了 2.8 个百分点；另外，将“诉诸法律”和“向媒体反映”作为第三选维权方式的私营企业主分别是 24.8% 和 12.8%，比将其作为首选维权方式的比例分别高 22.3 和 12.1 个百分点，也比将其作为次选维权方式的比例分别高出 17.6 和 9.9 个百分点；而将“自发联合起来”作为第三选维权方式的私营企业主只有 5.7%，比将其作为首选维权方式的比例高 3 个百分点，但比将其作为次选维权方式的比例则回落了近 5 个百分点。

上述私营企业主维权方式选择的动态过程可能蕴含着如下的现实逻辑：多数私营企业主遭受地方政府侵害之后最优先选择的维权方式是私下协商，例如，直接私下拜访或托人联系相关政府部门的工作人员（尤其是主要负责人），先“承认”错误，然后请客送礼，以期减少或消除侵害，并借此与地方政府官员建立起互惠共赢的长期关系（之前我已将之称为迂回式维权方式或庇护式维权方式）；一旦发现私下协商这种庇护式维权方式不能达到预期目的之后，私营企业主开始转向温和的对抗性维权方式，如请求相关政府部门、工商联或私企协会等官方的或半官方的公共组织出面协商解决；但当相关政府部门、工商联或私企协会也不能减少或消除侵害时，私营企业主很可能迅速走向两个极端：一是采取激烈的公开对抗的维权方式，如诉诸法律、向媒体反映或自发联合起来，另一种做法是采取退让隐忍的合作性维权方式，如沉默忍受。接受笔者访谈的一位私营企业主的被侵权与维权的复杂历程真实地印证了上述的数据变化关系和逻辑呈现。该私营企业主（H 总）是所在省某行业协会会长、省工商联副会长，原承租了所在城市某村的一个市场，将市场装修好后又分租给了许多经营户，市场生意很不错。一天，他正外出开会，村委会有关人员来收取租金，他聘请的市场管理员称老板不在，请求缓交几天，等老板回来后再交。村委会不予理会，纠集了一帮社会闲杂人员驱赶市场经营户，封锁市场，砸毁市场办公室。H 总开会回来后，先是找村委会协商，表示愿意补交市场租金，对方不予理睬。然后他找街道领导，想请领导出面干预或协调，街道领导表面声称予以协调，实际暗中偏向村委会，市场被侵占问题依然没能解决。在这过程中，他也多次找省工商联领导，希望他们能出面协商解决，也没有结果。后来，他到法院起诉村委会，但又失败了。笔者访谈他的时候，事件还没得到解决。他还在不断找省工商联，并试着通过各种途径找市领导，但到前不久市场仍被侵占。他跟笔者说，他一直想通过和谐的方式解决这起纠纷，但如果实在不行，也不排除以非常规的方式来加以解决。当然，并不是所有遭受地方政府侵害的私营企业主都经历了维权的三个阶段，多数私营企业主可能在第一个阶段就结束了维权过程。

如图 4–1 较直观地勾画出私营企业主维权方式变化的动态过程：

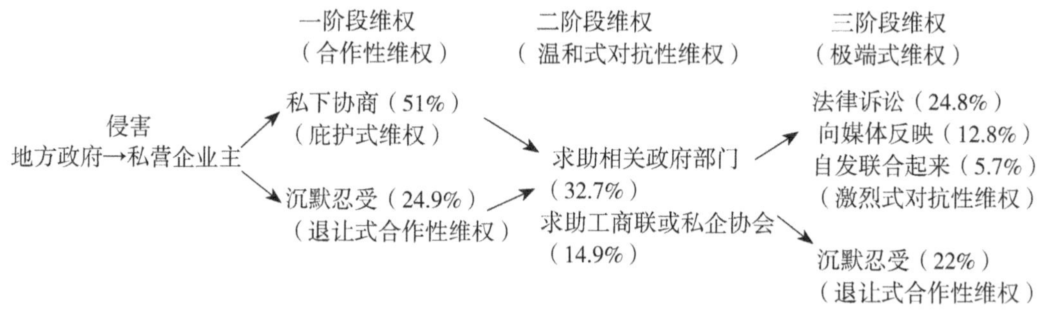

图 4–1　私营企业主遭受地方政府侵害之后的维权方式选择过程

由图 4–1 可以非常清楚地看到，私营企业主遭受地方政府侵权之后的维权可分为三个阶段：合作性维权是第一阶段维权的主要维权方式，温和式对抗性维权是第二阶段维权的主要维权方式，而极端式维权（要么是激烈式对抗性维权，要么则是退让式合作性维权）则是第三阶段维权的主要维权方式。

数据分析已经表明，私营企业主遭受地方政府侵害之后大多倾向于采取庇护式维权方式（私下协商）进行维权，对抗性维权方式尤其是激烈式对抗性维权方式通常不太为私营企业主所选择，即使被采纳，也多是几经受挫后的无奈选择。这一发现基本支持了假设演绎部分有关地方政府与私营企业主之间侵权－维权关系的总体推定。

2. 私营企业主维权方式选择的影响因素分析

尽管多数私营企业主都倾向于选择庇护式维权方式进行维权，但并不是所有私营企业主都选择该种维权方式，其他维权方式也多少都为私营企业主所采用过，这是调查数据呈现给我们的不争事实。那进一步需要分析的问题是，为什么不同私营企业主遭受地方政府侵害之后在选择维权方式上存在如此明显的差异？也就是说，私营企业主遭受地方政府侵害之后的维权方式选择受到哪些因素的影响？其影响的机制又是什么？为此，我们分别以是否选择沉默忍受、是否选择私下协商、是否求助工商联或私企协会、是否诉诸法律为私营企业主选择的维权方式作为因变量，以制度、政治关系和与交易成本相关联的企业特征因素为自变量，控制企业主人力资本变量，建立了一组 logit 模型，① 所得结果见表 4-14。

表 4-14 遭受地方政府侵害之后，私营企业主维权方式选择的 logistic 回归分析结果

	模型 1（沉默忍受）		模型 2（私下协商）		模型 3（求助工商联或私协）		模型 4（诉诸法律）	
	系数	标准误	系数	标准误	系数	标准误	系数	标准误
人力资本变量								
年龄	0.076	0.162	−0.178	0.213	0.001	0.209	−0.067	0.241
年龄的平方	−0.001	0.002	0.002	0.002	0.001	0.002	0.001	0.003
受教育年限	−0.153*	0.074	0.142	0.093	0.251*	0.101	−0.055	0.123
企业特征变量								

① 求助相关政府部门也是私营企业主选择较多的维权方式，但在模型调适阶段发现以求助相关政府部门为因变量的模型拟合程度较低，故而未将该模型呈现出来。

续表

	模型 1（沉默忍受）		模型 2（私下协商）		模型 3（求助工商联或私协）		模型 4（诉诸法律）	
	系数	标准误	系数	标准误	系数	标准误	系数	标准误
企业年龄	−0.048	0.038	−0.108*	0.048	−0.049	0.047	0.129*	0.064
企业类型 [a]								
合伙企业	−0.168	0.558	−1.381+	0.708	−0.606	0.657	1.372	1.029
私营有限责任公司	−0.161	0.503	−0.214	0.673	−0.760	0.597	−0.216	1.011
股份有限公司	−0.307	0.682	−0.323	0.901	−3.756**	1.319	−2.308	1.594
企业所属行业 [b]								
工业、采矿与建筑业	−0.244	0.842	1.534	0.996	1.816	1.376	−0.402	1.180
销售业	−0.335	0.887	2.084+	1.109	2.666+	1.405	−1.329	1.342
服务业	0.397	0.906	1.758	1.106	1.395	1.416	−0.169	1.224
企业规模	−0.424*	0.163	−0.099	0.183	−0.107	0.221	0.271	0.267
政治关系变量								
企业捐款	0.096	0.077	0.030	0.093	0.036	0.091	0.092	0.134
中共党员 [c]	0.006	0.462	−0.613	0.536	−0.608	0.583	−0.675	0.887
企业党组织 [d]	0.925+	0.532	0.545**	0.589	1.195+	0.656	−0.028	0.855
人大代表 [e]	−0.195	0.526	0.989+	0.645	1.563*	0.624	1.246	0.778
政府朋友 / 亲戚 [f]	0.698+	0.395	−0.016	0.484	−0.055	0.495	−0.536	0.737
制度变量								
地方制度健全程度	−0.011	0.084	0.213+	0.114	−0.130	0.101	−0.127	0.153
政府侵权方式								
乱收费 [g]	1.995*	0.995	0.932	1.004	−0.345	1.007	−1.109	1.451
乱摊派 [h]	1.121	1.022	1.385	1.112	−0.932	1.185	1.719	1.333
乱罚款 [i]	1.259	1.022	1.377	1.158	0.067	1.085	—	—
吃拿要 [j]	2.786**	1.028	0.496	0.997	−1.588	1.153	−0.712	1.450
故意刁难 [l]	1.321	0.958	1.975+	1.049	0.143	0.993	−0.009	1.298
无端干预 [m]	1.736+	1.009	0.231	1.048	−0.332	1.087	0.015	1.357
常数	−0.452	3.765	1.875	4.898	−5.263	4.950	−1.513	5.761
对数似然率	−102.7		−70.0		−72.6		−43.9	
Pseudo R^2	0.148		0.280		0.236		0.263	
N	174		174		174		155	

注：a. 企业类型是虚拟变量，在模型设定中，以独资企业为参照；b. 以农林生产或加工业为参照；c. 以非中共党员为参照；d. 以没企业党组织为参照；e. 以不是人大代表为参照；f. 以没有政府朋友或亲戚为参照；g. 以未乱收费为参照；h. 以未乱摊派为

参照；i. 以未乱罚款为参照；j. 以未吃拿要为参照；l. 以未故意刁难为参照；m. 以未无端干预为参照。+$p < 0.1$，*$p < 0.05$，**$p < 0.01$，**$p < 0.001$。

制度与私营企业主遭受地方政府侵害之后的维权行为选择。表 4–14 中的模型 2 显示，地方制度发育指数对私营企业主是否选择私下协商这种维权方式有较显著的影响。地方制度发育指数越高，私营企业主遭受地方政府侵害之后越可能选择私下协商；具体来说，地方制度发育指数每增加 1，私营企业主选择私下协商的可能性（选择私下协商与没选择私下协商之比，即发生比）增加 24%（$e^{0.213}-1$）。也就是说，地方制度越规范、健全，所在地区私营企业主遭受地方政府侵害之后越可能选择庇护式维权方式进行维权。假设 1a 被否定，而假设 1b 得到支持。

由模型 1、模型 3 和模型 4 可看到，私营企业主在沉默忍受、求助工商联或私企协会和诉诸法律方面不存在制度上的显著性差异。可见，假设 1d 得到支持，但假设 1c 被否定。

政治关系与私营企业主遭受地方政府侵害之后的维权行为选择。模型 1 显示，企业党组织和政府朋友 / 亲戚变量都对私营企业主是否选择沉默忍受这种维权方式有较显著影响。跟企业没有建立党组织的私营企业主相比，企业建立了党组织的私营企业主遭受地方政府侵害之后选择沉默忍受的可能性（选择沉默与没选择沉默之比）大 1.5 倍（$e^{0.925}-1$）；跟在政府部门没有朋友或亲戚的私营企业主相比，那些在政府部门有朋友或亲戚的私营企业主选择沉默忍受的可能性大 1 倍（$e^{0.698}-1$）。可见，经由建立企业党组织和在政府部门有朋友或亲戚而与地方政府构建了正式的或非正式的政治关系的私营企业主遭受地方政府侵害之后更可能选择沉默忍受这种退让式的合作性维权方式。假设 1f 得到支持。

模型 2 显示，人大代表身份和企业党组织变量都对私营企业主是否选择私下协商这种维权方式有较显著的影响。跟非人大代表企业主相比，担任人大代表的私营企业主遭受地方政府侵害之后选择私下协商的可能性（选择私下协商与没选择私下协商之比）大 1.7 倍（$e^{0.989}-1$）；跟在企业没建立党组织的私营企业主相比，那些在企业建立了党组织的私营企业主遭受地方政府侵害之后选择私下协商的可能性大72.5%（$e^{0.545}-1$）。也就是说，跟没有政治关系的私营企业主相比，通过当选人大代表和在企业建立党组织等途径与地方政府构建了正式政治关系的私营企业主遭受地方政府侵害之后更可能选择私下协商这种庇护式维权方式进行维权。假设1e得到支持。

模型3显示，人大代表身份和企业党组织两个变量也都对私营企业主是否选择求助工商联或私企协会这种维权方式有较显著的影响。跟非人大代表企业主相比，担任人大代表的私营企业主遭受地方政府侵害之后选择求助工商联或私企协会的可能性（选择与没选择之比）大4.8倍（$e^{1.563}-1$）；跟没有在企业建立党组织的私营企业主相比，那些在企业建立了党组织的私营企业主遭受地方政府侵害之后选择求助工商联或私企协会的可能性大2.3倍（$e^{1.195}-1$）。也就是说，跟没有政治关系的私营企业主相比，通过当选人大代表和在企业建立党组织等途径与地方政府构建了正式政治关系的私营企业主遭受地方政府侵害之后更可能选择求助工商联或私企协会这种温和式对抗性维权方式进行维权。假设1g得到支持。

假设1e、假设1f和假设1g都得到支持，即跟没有政治关系的私营企业主相比，有政治关系的私营企业主遭受地方政府侵害之后更可能选择庇护式维权方式、退让式合作性维权方式或温和式对抗性维权方式进行维权。该结论初看不可理解，甚至是矛盾的，但稍加深入考察，其又在义理之中。首先，地方政府与私营企业主之间的侵权－维权关系是非常复杂的，尤其是引入政治关系变量之后，侵权与维权往往非常微妙地交织在一起。其次，内嵌在政治关系之中的沉默忍受与私下协商这两种维权方式存在一致之处。从某种意义上说，沉默忍受是私营企业主与地方政府及其代理人之间的一种心照不宣的协定、一种较为含蓄的利益交换。例如，地方政府官员办事让老板买单（政府官员侵害老板），老板难道还要经由协商而让官员承诺今后照顾其企业发展才买单（私营企业主维权）吗？私下协商则是私营企业主与地方政府及其代理人之间更为直露的利益交换。在一定情境下，两者在本质上是一致的。另外，求助工商联或私企协会与私下协商之间也存在一致性。尽管求助工商联或私企协会与求助相关政府部门都被归为温和式对抗性维权方式，但工商联或私企协会不如政府部门那样有行政权力，所能起的作用也多是协调性的。私营企业主求助工商联或私企协会无外乎通过工商联或私企协会来与政府部门进行协商，而不像求助相关政府部门那样，可以借助一个政府部门向另一个政府部门行使行政权力。因此，在地方政府侵权的情境下，求助工商联或私企协会更偏向于是一种合作性维权方式，而非对抗性维权方式。基于上述分析，遭受地方政府侵害之后，私营企业主维权方式选择的政治关系差异应该更准确地表述为：跟没有政治关系的私营企业主相比，有政治关系的私营企业主遭受地方政府侵害之后更倾向于选择合作性维权方式。其根本原因是，政治关系可以被私营企业主动用来以一种不引发公开对抗的“和谐”的方式改变既有的侵权－维权关系中的利益格局。

交易成本与私营企业主遭受地方政府侵害之后的维权行为选择。模型 2 显示，企业类型、企业所在行业和企业年龄这 3 个变量都对私营企业主是否选择私下协商这种维权方式有较显著的影响。跟独资企业相比，合伙企业投资人遭受地方政府侵害之后选择私下协商的可能性（选择与没选择之比）小 75%（$1-e^{-1.381}$），也就是说，独资企业投资人选择私下协商的可能性比合伙企业投资人大 75%；跟从事农林生产的私营企业主相比，从事销售业的私营企业主遭受地方政府侵害之后选择私下协商的可能性大 7 倍；企业年龄每增加 1 年，私营企业主遭受地方政府侵害之后选择私下协商的可能性减少 10.2%（$1-e^{-0.108}$），也就是说，企业年龄越短，私营企业主选择私下协商的可能性越大。之前的分析已经表明：跟合伙企业相比，地方政府侵权给独资企业投资人造成的相对或机会损失更大；跟农林生产或加工业相比，地方政府侵权给销售业私营企业主造成的相对或机会损失更大；企业年龄越短，地方政府侵权给私营企业主造成相对或机会损失越大。也就是说，地方政府侵权给企业造成的交易成本越大，私营企业主越倾向于选择私下协商这种庇护式维权方式进行维权。假设 1h 得到支持。另外，模型 1 显示，企业规模越大，私营企业主遭受地方政府侵害之后选择沉默忍受的可能性越小。之前分析已经表明，企业规模越大，地方政府侵权给私营企业主造成的相对或机会损失也越大。也就是说，地方政府侵权给企业造成的交易成本越大，私营企业主选择沉默忍受的可能性越小。而模型 3 也显示，跟独资企业相比，股份有限公司投资人遭受地方政府侵害之后选择求助工商联或私企协会的可能性小 98%（$1-e^{-3.756}$）；跟从事农林生产或加工业的私营企业主相比，从事销售业的私营企业主遭受地方政府侵害之后选择求助工商联或私企协会的可能性大 13 倍（$e^{2.666}-1$）。也就是说，地方政府侵权给企业造成的相对或机会损失越大，私营企业主更可能选择求助工商联或私企协会。根据之前的分析，在遭受地方政府侵权的情境下，求助工商联或私企协会可说是一种拓展性私下协商。由此，假设 1h 得到了进一步的支持。

另外，从表 4–14 可看到，地方政府的侵权方式也对私营企业主的维权方式选择有一定影响。模型 1 显示，乱收费、吃拿要、无端干预这 3 个变量对私营企业主是否选择沉默忍受有较显著的影响。遭受过地方政府乱收费、吃拿要和无端干预的私营企业主比没有遭受过相应侵害的私营企业主更可能选择沉默忍受这种退让式合作性维权方式进行维权。模型 2 显示，遭受过地方政府故意刁难的私营企业主比没有遭受该类侵害的私营企业主更可能选择私下协商这种庇护式维权方式进行维权。从表 4–14 也可看到，受教育年限对私营企业主的维权方式选择也有一定影响。受教育年限越长，私营企业主越倾向于选择沉默忍受，而选择求助工商联或私企协会的可能性则越小。从模型 4 还可看到，遭受地方政府侵害之后，私营企业主是否诉诸法律几乎不受制度、政治关系、与侵权交易成本有关的企业特征、私营企业主的人力资本以及政府侵权方式等因素的影响。私营企业主诉诸法律可能如之前的分析那样，更多的是私营企业主与地方政府之间反复博弈失败后的被迫选择。

遭受地方政府（代理人）侵权后，私营企业主可能曾采取多种方式进行维权，但在其采取的多种维权方式中，有其首选方式，也有次选方式，还有最后无奈的选择。这在前面的描述统计部分已经做了分析。这里需要进一步考察的是，为什么不同私营企业主会有不同的首选维权方式？也就是说，私营企业主首选维权方式的决定因素及其逻辑是什么？

为此，我们对私营企业主的首选维权方式按照两种思路进行分类合并，并在此基础上建立回归方程：一是将首选维权方式分为合作性维权方式（沉默忍受和私下协商）和对抗性维权方式（求助地方政府、法律仲裁或诉讼、求助工商联或私企协会、自发联合起来解决和向新闻媒体反映），并以之为因变量（二分虚拟变量），以企业主年龄、受教育年限、企业年龄、企业类型、企业所属行业、企业规模、企业主是否为中共党员、是否担任人大代表、是否担任政协委员、在政府部门是否有朋友或亲戚、地方制度发育指数、政府保护企业权益程度和地方政府的侵权方式这些变量为解释变量，建立 logit 模型，结果见表 4–15 中的模型 1；二是将首选维权方式分为制度化维权方式（求助政府部门、法律仲裁或诉讼和求助工商联或私其协会）和非制度化维权方式（沉默忍受、私下协商、自发联合起来解决和向新闻媒体反映），并以之为因变量，以企业主年龄、受教育年限、企业年龄、企业类型、企业所属行业、企业规模、企业主是否为中共党员、是否担任人大代表、是否担任政协委员、在政府部门是否有朋友或亲戚、地方制度发育指数、政府保护企业权益程度和地方政府的侵权方式这些变量为解释变量，建立包括模型 2、模型 3 和模型 4 在内的嵌套 logit 模型，结果见表 4–15。

表 4–15 遭受地方政府侵权后，私营企业主首选维权方式决定因素的回归分析结果

变量	模型 1		模型 2		模型 3		模型 4	
	回归系数	标准误	回归系数	标准误	回归系数	标准误	回归系数	标准误
企业主变量								
年龄	–0.016	0.031	0.047⁺	0.026	0.023	0.033	0.005	0.032
受教育年限	0.054	0.105	0.120	0.085	0.075	0.105	0.054	0.110
企业特征变量								
企业年龄	0.013	0.046	0.029	0.037	–0.002	0.044	0.025	0.047
企业类型[a]								
合伙企业	1.545⁺	0.815	2.174**	0.703	2.178**	0.822	2.363**	0.871

续表

变量	模型 1		模型 2		模型 3		模型 4	
	回归系数	标准误	回归系数	标准误	回归系数	标准误	回归系数	标准误
私营有限责任公司	0.332	0.791	1.278^{+}	0.666	1.055	0.788	1.152	0.832
股份有限公司	1.187	0.975	1.409^{+}	0.793	1.199	0.965	1.761^{+}	1.034
企业所属行业 [b]								
工业、采矿与建筑业	-1.458^{+}	0.870	−0.891	0.703	−1.232	0.844	−1.626+	0.899
销售业	−1.362	1.004	−0.789	0.782	−0.805	0.924	−1.121	0.995
服务业	−0.112	0.910	0.899	0.732	−0.430	0.885	−0.293	0.926
企业规模	0.128	0.192	0.189	0.152	0.231	0.178	0.098	0.195
政治关系变量								
中共党员 [c]	1.467^{*}	0.656			0.697	0.553	1.299^{*}	0.613
人大代表 [d]	−0.091	0.673			0.456	0.630	0.098	0.656
政协委员 [e]	2.618^{***}	0.695			2.155^{**}	0.621	2.511^{**}	0.706
政府朋友 / 亲戚 [f]	−0.432	0.566			−0.283	0.548	−0.242	0.587
制度变量								
地方制度发育指数	−0.023	0.085					−0.036	0.087
政府保护企业权益	0.928^{**}	0.301					0.935^{**}	0.301
政府侵权方式								
乱收费 [g]	-2.958^{**}	1.081	-1.799^{*}	0.844	-1.939^{+}	1.027	−1.734	1.058
乱摊派 [h]	-4.001^{**}	1.342	-2.395^{*}	0.997	-3.362^{**}	1.289	-3.809^{**}	1.424
乱罚款 [i]	-2.059^{+}	1.078	−1.209	0.894	−1.272	1.062	−1.224	1.078
吃拿要 [j]	-2.213^{*}	1.115	-1.878^{*}	0.886	−1.561	1.059	−1.258	1.089
故意刁难 [k]	-3.261^{**}	1.107	-1.969^{*}	0.845	-1.919^{+}	1.035	−2.043	1.067
无端干预 [m]	-3.593^{**}	1.195	-2.386^{*}	0.945	-2.299^{**}	1.102	-2.445^{+}	1.158
常数	0.556	2.502	-5.091^{*}	2.029	−3.420	2.498	-1.948^{*}	1.158
对数似然率	−64.6		−90.4		−69.7		−62.4	
Pseudo R^2	0.312		0.164		0.237		0.294	
N	179		224		186		179	

注：a. 企业类型是虚拟变量，在模型设定中，以独资企业为参照；b. 以农林生产或加工业为参照；c. 以非中共党员为参照；d. 以不是人大代表为参照；e. 以不是政协委员为参照；f. 以没有政府朋友或亲戚为参照；g. 以未乱收费为参照；h. 以未乱摊派为参照；i. 以未乱罚款为参照；j. 以未吃拿要为参照；l. 以未故意刁难为参照；m. 以未无端干预为参照。$+p < 0.1$，$*p < 0.05$，$**p < 0.01$，$***p < 0.001$。

从表 4–15 中的模型 1 可以看到，企业特征、政治关系、制度和政府侵权方式均对私营企业主遭受地方政府侵权之后是首选对抗性维权方式还是合作性维权方式有一定解释力。从企业特征变量看，遭受地方政府侵权之后，合伙企业的企业主较独资企业更有可能首选对抗性维权方式（跟合作性维权方式相比）进行维权，前者首选对抗性维权方式的概率是后者的4.7倍（$e^{1.545}$）；跟农林生产或加工企业相比，工业、采矿与建筑业企业主遭受地方政府侵权之后首选对抗性维权方式（同上）进行维权的可能性更小，后者首选对抗性维权方式的概率比前者小76.8%（$1-e^{-1.458}$）。企业特征变量与私营企业主首选维权方式选择之间的上述关系是私营企业主追求交易成本最小化的结果。对抗性维权方式的选择意味着私营企业主与地方政府撕破脸皮或公开得罪相关政府部门及其代理人，也意味着其将走向一条持续时间较长的维权之路。从对抗性维权方式的维权时间较长看，合伙企业的企业主首选对抗性维权方式的交易成本较独资企业更小，因为合伙企业一旦选择对抗性维权方式可以安排一位企业主专门从事维权工作，而不至于如独资企业那样从根本上影响企业的正常运转；从公开得罪地方政府及相关代理人看，工业、采矿与建筑业企业主因公开得罪政府而遭受的现实的或潜在的损失（失去地方政府支持的机会或遭受地方政府及代理人进一步报复）可能较农林生产或加工业要大，因为工业、采矿与建筑业中投入的资金成本较农林生产或加工业大。

从政治关系变量看，遭受地方政府侵权之后，中共党员企业主首选对抗性维权方式（跟合作性维权方式相比）进行维权的概率是非中共党员的4.3倍（$e^{1.467}$），政协委员企业主首选对抗性维权方式（同上）的概率则是非政协委员的13.7倍（$e^{2.618}$）。也就是说，有政治关系的私营企业主更倾向于选择对抗性维权方式进行维权，这可能是政治关系为私营企业主在与地方政府的对抗性博弈中提供了资源动员能力和建构有利于自己的博弈均衡的机会的产物。

从制度变量看，政府保护企业权益程度越高，私营企业主遭受地方政府侵权后越可能首选对抗性维权方式（同上）进行维权：政府保护企业权益程度每增加1，私营企业主首选对抗性维权方式的概率则增加1.5倍

（$e^{0.928}-1$）。其原因可能是，政府保护企业权益程度越高，遭受地方政府侵权的私营企业主也越相信当事方之外的政府部门、公检法机关、行业组织和新闻媒体等公共组织会出于维护私营企业的权益而将严格按规则办事，从而舍弃沉默或协商之类的合作手段、选择借助外部公共组织干预之类的对抗性手段。

另外，无论政府侵权方式是乱收费、乱摊派、乱罚款、吃拿要，还是故意刁难和无端干预，私营企业主首选对抗性维权方式（同上）进行维权的概率都更小。

从表 4–15 中的模型 2、模型 3 和模型 4 可看到，企业特征、政治关系、制度和政府侵权方式对私营企业主遭受地方政府侵权后是首选制度化维权方式还是非制度化维权方式进行维权有较稳定的解释力。模型 4 显示，合伙企业和股份有限公司的企业主遭受地方政府侵权后都较独资企业更可能首选制度化维权方式（跟非制度化维权方式相比）进行维权，前者首选制度化维权方式的概率分别是后者的 10.6 倍（$e^{2.363}$）和 5.8 倍（$e^{1.761}$）；工业、采矿与建筑业企业主首选制度化维权方式的概率则较农林生产或加工业小，前者仅为后者的 19.7%（$e^{-1.761}$）。企业特征变量与私营企业主维权方式选择之间的上述关系是私营企业主追求交易成本最小化的结果。

模型 4 也显示，遭受地方政府侵权之后，中共党员私营企业主首选制度化维权方式（同上）的概率是非中共党员的 3.7 倍（$e^{1.299}$），政协委员私营企业主首选制度化维权方式（同上）的概率则是非政协委员私营企业主的 12.3 倍（$e^{2.511}$）。这是作为政治资源的政治关系影响了私营企业主维权的实力和预期的结果。

模型 4 也显示，政府保护企业权益程度越高，私营企业主遭受地方政府侵权后越可能首选制度化维权方式（同上）进行维权：政府保护企业权益程度每增加 1，私营企业主首选制度化维权方式（同上）的概率则增加 1.5 倍（$e^{0.935}-1$）。这是制度约束的产物。

从模型 4 还可以看到，私营企业主遭受乱摊派和无端干预后，其首选制度化维权方式（同上）的概率更小。

（三）私营企业主维权方式选择的效果

为了考察私营企业主遭受地方政府侵权之后维权方式选择的效果，我们设计了“经过维权后，您达到了预期的效果吗？”这样一道题目对被访私营企业主进行调查，所得结果见表 4–16。

表 4–16　基于地方政府侵权的私营企业主维权方式选择的效果

	侵权行为更为严重	侵权行为没有改变	侵权方减少了侵害	侵权方停止了侵害	合计
频数	10	50	196	40	296
百分比（%）	3.4	16.9	66.2	13.5	100

表 4–16 显示，选择相应的维权方式进行维权后，79.7% 的私营企业主报告“侵害减少了”，其中报告“侵害停止了”的有 13.5%；但也有 16.9% 的私营企业主报告“侵害没有改变”，甚至有 3.4% 的私营企业主反映“侵害更为严重了”。总体来看，遭受地方政府侵权之后，绝大多数私营企业主的维权行为达到了较好的效果。

遭受地方政府侵权之后，私营企业主选择不同的维权方式所产生的维权效果是否存在差异？其维权效果还受到哪些因素的影响？为了考察这些，我们以维权效果为因变量（在此处可视为连续变量），以企业主年龄、受教育年限、企业年龄、企业类型、企业所属行业、企业规模、企业主是否为中共党员、企业是否设立党组织、企业主是否担任人大代表、是否担任政协委员、在政府部门是否有朋友或亲戚、地方制度发育指数、政府保护企业权益和企业主选取的维权方式为解释变量，建立多元线性回归方程，所得结果见表 4–17。

表 4–17　私营企业主维权方式选择的效果的决定因素分析

变量	维权效果	
	回归系数	标准误
企业主变量		
年龄	0.001	0.006
受教育年限	–0.001	0.019
企业特征变量		
企业年龄	–0.014	0.008
企业类型[a]		

续表

变量	维权效果	
	回归系数	标准误
合伙企业	0.045	0.132
私营有限责任公司	−0.077	0.125
股份有限公司	−0.023	0.178
企业所属行业 [b]		
工业、采矿与建筑业	0.027	0.187
销售业	0.184	0.192
服务业	0.169	0.197
企业规模	−0.046	0.038
政治关系变量		
中共党员 [c]	0.069	0.118
企业党组织 [d]	0.294^{+}	0.149
人大代表 [e]	−0.052	0.137
政协委员 [f]	0.053	0.149
政府朋友 / 亲戚 [g]	0.074	0.095
制度变量		
地方制度发育指数	0.027^{+}	0.016
政府保护企业权益	0.168^{**}	0.054
维权方式		
沉默忍受 [h]	-0.221^{*}	0.095
私下协商、自行解决 [i]	−0.113	0.109
求助政府相关部门或上级主管部门 [j]	0.187^{*}	0.092
求助仲裁机构或法律诉讼 [k]	−0.123	0.146
求助工商联或私企协会 [m]	0.004	0.118
自发联合起来解决 [n]	−0.079	0.131
向报纸等新闻媒体反映 [l]	0.024	0.183
常数	3.049^{***}	0.388
$Adj\text{-}R^2$	0.114	
N	185	

注：a. 企业类型是虚拟变量，在模型设定中，以独资企业为参照；b. 以农林生产或加工业为参照；c. 以非中共党员为参照；d. 企业未设党组织为参照；e. 以不是人大代表为参照；f. 以不是政协委员为参照；g. 以没有政府朋友或亲戚为参照；h、i、j、k、m、n、l 均以其他为参照。$+p < 0.1$，$*p < 0.05$，$**p < 0.01$，$***p < 0.001$。

表 4–17 显示，维权方式、制度和政治关系等变量对私营企业主遭受地方政府侵权后的维权效果均有一定解释力。具体从维权方式的维权效果看，跟其他维权方式相比，私营企业主遭受地方政府侵权后选择“沉默忍受”的维权效果更差，其维权效果较其他维权方式小 19.8%（$1-e^{-0.221}$）；

而跟其他维权方式相比，私营企业主选择“求助政府部门”的维权效果则更好，其维权效果较其他维权方式好20.6%（$e^{0.187}-1$）。这与常识较为一致：消极退让很难达到维权效果，而制度化维权方式尽管因程序性强而维权时间较长，但最终还是能达到一定效果。

从制度因素的维权效果看，地方制度发育水平越高，私营企业主遭受地方政府侵权后的维权效果越好：地方制度发育指数每增加1，私营企业主的维权效果则增加2.7%（$e^{0.027}-1$）；而政府保护企业权益程度每增加1，私营企业主的维权效果则增加18.3%（$e^{0.168}-1$）。

另外，跟企业没有设立中共党组织的企业主相比，企业设立了中共党组织的企业主的维权效果更好：后者的维权效果较前者好34.2%（$e^{0.294}-1$）。

三、社会力量与私营企业主间权益关系的实证检验

在该部分，我们将实证描述和检验作为社会力量的地方黑恶势力和新闻媒体与私营企业主之间的侵权－维权关系。

（一）地方黑恶势力与私营企业主间权益关系的实证检验

1. 地方黑恶势力的侵权行为

（1）私营企业主遭受地方黑恶势力侵权的表现

本章第一部分的分析已经表明，私营企业主已经或正在遭受地方黑恶势力的侵害，有超过50%的被访私营企业主遭受过地方黑恶势力的侵害。那接下来的一个问题是，地方黑恶势力是怎样侵害私营企业主的？通过查阅已有相关文献和个案访谈，我们初步了解到，地方黑恶势力主要通过恶意干扰、索要财物（如敲诈勒索、吃拿卡要）、收取保护费、强要股份等

方式侵害私营企业主的合法权益。[①] 据此，我们设计了相应的问卷调查题目以了解私营企业主遭受地方黑恶势力侵害的具体情况，所得结果见表4–18。

表4–18　私营企业主遭受地方黑恶势力侵害的具体情况

	地方黑恶势力侵权	地方黑恶势力的具体侵权行为				
		恶意干扰	索要财物	收取保护费	强要股份	其他
遭受过（%）	50.1	64.0	49.7	37.9	7.6	3.5
没遭受过（%）	49.9	36.0	50.3	62.1	92.4	96.5
N	547	283	282	277	275	230

由表4–18可看到，私营企业主遭受地方黑恶势力恶意干扰、索要财物、收取保护费等方面的侵害比较严重。在回答相应题目的283位被访私营企业主中，遭受过地方黑恶势力恶意干扰的高达64%。地方黑恶势力对私营企业主的恶意干扰可能涉及如下五种情形：一是非正当竞争性恶意干扰。当黑恶势力与私营企业主在同一个行业从事类似经营，且打算挤垮对方或垄断市场时，该种恶意干扰即会出现。例如，指派自己的“马仔”去骚扰对方，使对方无法正常经营。二是非法报复性恶意干扰。例如，当私营企业主在某场合或事件中得罪或伤害了某黑恶势力，但得罪或伤害不是很明显，即还不至于使其大动干戈时，该黑恶势力事后可能让一些“马仔”去对方经营场所周围寻衅滋事，以发泄愤懑和不满。三是压制异己式恶意干扰。通过恐吓威胁、滋事骚扰等方式，打击持不同意见或不合作者，以达到操纵地方社会政治的目的。四是帮凶式恶意干扰。充当其他组织或个人的帮凶或打手，骚扰甚至破坏某私营企业的正常生产或经营。五是“化缘”式恶意干扰。其干扰滋事的直接目的就是以武力威胁的方式迫使对方臣服，“自愿捐献”钱财。

表4–18还显示，在回答相应题目的282位被访私营企业中，遭受过地方黑恶势力索要财物的接近50%。另外，被地方黑恶势力收取保护费的也不少，占被访私营企业主的37.9%；被地方黑恶势力强要股份的则相对

---

① 强买强卖或强迫交易也是地方黑恶势力侵害私营企业主的主要方式，但由于问卷设计之前研究者对相关文献查阅不够、个案访谈也有限，因而问卷设计中疏忽了该类侵权方式，致使在调查结果中缺失了该类信息，或使该类信息被归入恶意干扰或其他类别之中。

较少，在被访私营企业主中只有 7.6%。

在地方黑恶势力的上述侵权方式中，哪一种是最主要的或危害最大的呢？为了更具体地考察这个问题，笔者设计了相应的问卷题目，访问被访私营企业主，所得结果见表 4–19。

表 4–19　私营企业主眼中最主要的黑恶势力侵权行为

	地方黑恶势力的侵权行为					
	恶意干扰	索要财物	收取保护费	强要股份	其他	合计
观察值	106	70	50	5	5	236
百分比（%）	44.9	29.7	21.2	2.1	2.1	100

表 4–19 显示，在被访私营企业主眼中，地方黑恶势力最主要的、危害最大的侵权行为是恶意干扰。在回答该题项的 236 位被访私营企业主中，认为恶意干扰是最主要的地方黑恶势力侵权行为的占 44.9%。这也许是恶意干扰涉及面很广所导致的结果。恶意干扰既可以被用于非正当竞争和非法报复，也可以充当他人的帮凶和手段，还可以被直接动用来获取钱财，甚至操控地方社会。因而，它也被频繁地使用，对周围私营企业主的影响和危害也最大。另分别有 29.7% 和 21.2% 的被访私营企业主认为索要财物和收取保护费是最主要的黑恶势力侵权行为。

表 4–19 显示的结果与表 4–18 一致：恶意干扰既是私营企业主遭受最多的黑恶势力侵权行为，也是私营企业主眼中最主要的、危害最大的黑恶势力侵权行为。这一发现其实就是地方黑恶势力有组织地以武力相威胁的方式摄取财物、垄断市场，甚至操纵地方社会的特点的再现。

（2）私营企业主遭受地方黑恶势力侵权的影响因素分析

数据分析已经表明，有 50.1% 的被访私营企业主遭受过地方黑恶势力的侵权，那么是什么因素使这 50% 的私营企业主受到了黑恶势力的侵害呢？也就是说，是哪些因素在影响私营企业主遭受地方黑恶势力的侵害？其影响的机制又是什么？为此，我们以是否遭受地方黑恶势力侵害为因变量，以制度、企业特征、私营企业主的政治关系和人力资本因素为解释变量，建立 logit 模型，所得结果见表 4–20。

表 4-20 私营企业主遭受地方黑恶势力侵害的 logistic 回归分析结果

	模型 1		模型 2		模型 3	
	系数	标准误	系数	标准误	系数	标准误
人力资本变量						
年龄	0.037	0.084	0.032	0.098	0.029	0.105
年龄的平方	−0.001	0.001	−0.001	0.001	−0.001	0.001
受教育年限	−0.071+	0.038	−0.076	0.048	−0.172**	0.056
企业特征变量						
企业年龄	0.028	0.019	0.015	0.024	0.039	0.027
企业类型 [a]						
合伙企业	0.538+	0.315	0.368	0.395	0.514	0.426
私营有限责任公司	−0.020	0.254	−0.287	0.321	−0.155	0.343
股份有限公司	−0.566+	0.346	−0.525	0.435	0.101	0.484
企业所属行业 [b]						
工业、采矿与建筑业	−0.229	0.399	0.705	0.547	0.859	0.593
销售业	−0.661	0.415	0.126	0.558	0.515	0.608
服务业	0.008	0.431	0.575	0.576	0.829	0.625
企业规模	0.136+	0.075	0.116	0.106	0.202+	0.114
政治关系变量						
企业捐款			0.005	0.052	0.036	0.056
中共党员 [c]			0.146	0.297	0.056	0.328
企业党组织 [d]			−0.155	0.346	−0.224	0.371
人大代表 [e]			0.407	0.341	0.461	0.372
政府朋友 / 亲戚 [f]			−0.041	0.254	−0.089	0.275
制度变量						
地方制度健全程度					−0.259***	0.152
政府保护企业权益					−0.257+	0.152
常数	0.067	1.883	−0.219	2.271	1.753	2.468
对数似然率	−304.6		−201.2		−178.3	
Pseudo R^2	0.042		0.043		0.114	
N	459		304		291	

注：a. 企业类型是虚拟变量，在模型设定中，以独资企业为参照；b. 以农林生产或加工业为参照；c. 以非中共党员为参照；d. 以没企业党组织为参照；e. 以不是人大代表为参照；f. 以没有政府朋友或亲戚为参照。$+p < 0.1$，$^*p < 0.05$，$^{**}p < 0.01$，$^{***}p < 0.001$。

由表 4-20 中的嵌套模型可以看到，私营企业主的受教育年限、企业规模和制度这几个变量都对私营企业主是否遭受地方黑恶势力侵害有较稳定的、独立的显著影响。在模型 1 中，企业类型对私营企业主是否遭受过地方黑恶势力的侵害有显著性影响，但引入制度变量后，企业类型的显著性影响消失了（如模型 3 显示）。这说明，被观察到的企业类型对私营企业主是否遭受过地方黑恶势力侵害的显著性影响是制度因素所导致的。

由模型 3 可看到，制度变量中的制度发育指数和政府保护企业程度都对私营企业主是否遭受地方黑恶势力侵害有显著的负向影响。制度发育指数每增加 1，私营企业主遭受地方黑恶势力侵害的可能性（遭受侵害与没遭受侵害之比）减少 22.9%（$1-e^{-0.259}$）；而政府保护企业程度每增加 1，私营企业主遭受地方黑恶势力侵害的可能性则减少 22.7%（$1-e^{-0.257}$）。

由模型 3 还可以看到，企业规模和企业主受教育年限也对私营企业主是否遭受地方黑恶势力侵害有显著性影响。企业雇工人数每增加 1 人，私营企业主遭受地方黑恶势力侵害的可能性增加 22.4%（$e^{0.202}-1$）。也就是说，企业规模越大的私营企业主遭受地方黑恶势力侵害的概率也越大。这可能与规模越大的企业更有利益于地方黑恶势力从企业非法获取利益有关。相对来说，企业规模越大，私营企业主更愿意拿钱“息事”和“消灾”。否则，黑恶势力会使其不得安宁，给其造成比“消灾费”更大的损失，而带给小企业的损失再大也就那么大。这里的损失关键是机会损失或相对损失，黑恶势力侵权给大企业造成的机会损失相对更大。例如，黑恶势力恶意干扰使大企业停工一天所造成的损失，显然比使小企业停工一天造成的损失大得多。受教育年限每增加 1 年，私营企业主遭受地方黑恶势力侵害的可能性减少 16%（$1-e^{-0.172}$）。也就是说，受教育年限越长的私营企业主遭受黑恶势力侵害的概率越小。受教育水平不仅是人力资本的内核，也是侵权应对能力的标示。地方黑恶势力自然清楚受教育水平相对更高的私营企业主不好对付：他们不易屈服，也更善于维权，尤其是那些披着合法外衣的黑恶势力更是深知这一点，也会更注意这一点。也正是基于上述利害关系的考量，黑恶势力侵害受教育水平越高的私营企业主的可能性也越小。

由模型 3 还可以看到，私营企业主是否遭受地方黑恶势力侵权在政治关系、企业类型和企业所属行业上不存在显著差异。例如，从企业所属行业看，跟从事农林生产或加工业的私营企业主相比，从事工业、采矿与建筑业的私营企业主和从事服务业的私营企业主遭受地方黑恶势力侵害的概

企业主遭受黑恶势力的经济性侵害较农林生产或加工业多。这可能与服务业的性质有关。服务业，尤其是其中的餐饮、酒店和娱乐业相对更便于黑恶势力对其进行经济性侵害，例如索要财物、收取保护费之类的，这对于那些处于灰色地带的服务业企业更是如此。

2. 私营企业主遭受地方黑恶势力侵害之后的维权方式选择

（1）私营企业主维权方式选择的概况

私营企业主遭受地方黑恶势力的侵害已为调查数据所证实，那么这些遭受过侵害的私营企业主又是怎样维护其合法权益的？或者说，其通常采取什么样方式进行维权？基于个案访谈和文献查阅，我们针对这一问题设计了相应的问卷题目，并访问了私营企业主，所得结果见表 4–22。

表 4–22　遭受地方黑恶势力侵权之后，私营企业主的维权方式选择

	私营企业主的维权方式					
	沉默忍受	私下协商	求助当地政府部门	找公安机关	求助工商联或私协	其他
采取过（%）	24.0	67.4	54.3	62.9	19.5	0.8
没采取过（%）	76.0	32.6	45.7	37.1	80.5	99.2
N	267	267	267	267	267	255

表 4–22 显示，遭受地方黑恶势力侵权之后，被私营企业主采用较多的维权方式是私下协商、求助当地政府部门和找公安机关。在回答相应题目的 267 位被访私营企业主中，有 67.4% 采用过“私下协商”这种迂回式合作性维权方式，采用过“找公安机关”和“求助当地政府部门”维权方式的分别有 62.9% 和 54.3%。如果将“公安机关”合并到“政府部门”中，那“求助政府部门”的被侵权私营企业主将会更多。另外，选择“求助工商联或私企协会”的相对少一些，但也有 19.5%。

为了更进一步考察私营企业主遭受地方黑恶势力侵害之后维权方式选择的动态变化，呈现其维权方式选择之间的逻辑关联，我们设计了一组了解私营企业主在不同阶段进行维权方式选择的问卷题目（以“首先选什么”“其次选什么”“最后选什么”的题目形式提问），并访问了被访私营企业主，所得结果见表 4–23、表 4–24、表 4–25。

表 4–23　遭受地方黑恶势力侵害之后，私营企业主的首选维权方式分布情况

	私营企业主的首选维权方式					
	沉默忍受	私下协商	求助当地政府部门	找公安机关	求助工商联或私协	合计
观察值	27	128	40	41	6	281
百分比（%）	11.2	52.9	16.5	16.9	2.5	100

表 4–23 显示，在回答该道题目的 281 位被访私营企业主中，将“私下协商”作为首选维权方式的最多，高达 52.9%；将“找公安机关”和“求助当地政府部门”作为首选维权方式的分别有 16.9% 和 16.5%，如果将“找公安机关”和“求助当地政府部门”合并，统称为“求助官方公共部门”，则其被选比例上升到 33.4%；而将“求助工商联或私企协会”作为首选维权方式的只有 2.5%，即求助“半官方公共部门”的被访私营企业主最少。

由表 4–24 可看到，在回答该道题目的 187 位被访私营企业主中，将“私下协商”作为次选维权方式的有 19.2%，比将其作为首选维权方式的比例下降了 33.7 个百分点；将“求助当地政府部门”和“找公安机关”作为次选维权方式的分别为 38.5% 和 28.3%，分别比将其作为首选维权方式的比例上升了 22 和 11.4 个百分点，而如果将两者合并为“求助官方公共部门”，则其被选比例高达 66.8%，比将其作为首选维权方式的比例上升了 33.4 个百分点；将“求助工商联或私企协会”作为次选维权方式的仍只有 10.7%，但比将其作为首选维权方式的比例还是上升了 8.2 个百分点。

表 4–24　遭受地方黑恶势力侵害之后，私营企业主的次选维权方式分布情况

	私营企业主的次选维权方式					
	沉默忍受	私下协商	求助当地政府部门	找公安机关	求助工商联或私协	合计
观察值	6	36	72	53	20	187
百分比（%）	3.2	19.2	38.5	28.3	10.7	100

由表4-25可以看到，在回答该题项的136位被访私营企业主中，将“私下协商”作为第三选维权方式的只有10.3%，比将其作为首选和次选维权方式的比例分别下降了42.6和8.9个百分点。将“求助当地政府部门”作为第三选维权方式的仍有23.5%，比将其作为次选维权方式的比例减少了15个百分点，但比将其作为首选维权方式的比例仍高7个百分点；将“找公安机关”作为第三选维权方式的已高达47.1%，分别比将其作为首选和次选维权方式的比例上升了30.2和18.8个百分点。也就是说，将“求助官方公共部门”作为第三选维权方式的高达70.6%，比将其作为首选和次选维权方式的比例分别上升了37.2和3.8个百分点。而将“求助工商联或私企协会”作为第三选维权方式的有13.2%，分别比将其作为首选和次选维权方式的比例上升了10.7和2.5个百分点。

表4-25　遭受地方黑恶势力侵害之后，私营企业主的第三选维权方式分布情况

	私营企业主的第三选维权方式					
	沉默忍受	私下协商	求助当地政府部门	找公安机关	求助工商联或私协	合计
观察值	8	14	32	64	18	136
百分比（%）	5.9	10.3	23.5	47.1	13.2	100

从私营企业主遭受地方黑恶势力侵害之后维权方式选择的动态变化来看，“私下协商”是私营企业主“压倒一切”的首选维权方式，尔后其被选择的比例一直下降：由第一阶段转向第二阶段维权时，有33.7%的私营企业主可能由于迂回式合作性维权方式达不到预期的维权目标而转向“求助当地政府部门”“找公安机关”和“求助工商联或私企协会”，其中“求助当地政府部门”的私营企业主大幅度增加；而由第二阶段转向第三阶段维权时，又有8.9%的私营企业主由迂回式合作性维权方式转向其他维权方式。与此相反的过程是，“找公安机关”被私营企业主选择得越来越多：由第一阶段向第二阶段维权时，由原选择“私下协商”和“沉默忍受”的私营企业主转过来的有11.4%；而由第二阶段转向第三阶段维权时，又有原选择“私下协商”和“求助当地政府部门”的18.8%的私营企业主转向公安机关寻求帮助。另外，“求助工商联或私企协会”的私营企业主也在

逐渐增多，只是增加的比例比“找公安机关”的少多了。

上述私营企业主维权方式的转变过程可以直观地表示为图 4–2。

	一阶段维权 （合作性维权）	二阶段维权 （温和式对抗性维权）	三阶段维权 （激烈式对抗性维权）
侵害 黑恶势力→私营企业主→	私下协商（52.9%）	私下协商（19.2%）	私下协商（10.3%）
	沉默忍受（11.2%）	沉默忍受（3.2%）	沉默忍受（5.9%）
	求助地方政府（16.5%）	求助地方政府（38.5%）	求助地方政府（23.5%）
	求助工商联或私企协会（2.5%）	求助工商联或私企协会（10.7%）	求助工商联或私企协会（13.2%）
	找公安机关（16.9%）	找公安机关（28.3%）	找公安机关（47.1%）

图 4–2　私营企业主遭受地方黑恶势力侵害之后的维权方式选择过程

由图 4–2 可以非常清楚、直观地看到，私营企业主遭受地方黑恶势力侵权之后的维权过程也可以分为三个阶段：第一阶段维权的主要维权方式是合作性维权（“私下协商”），到第二阶段后则转向温和式对抗性维权（“求助当地政府”），而第三阶段后又转向激烈式对抗性维权（“找公安机关”）。这一维权模式较清晰地呈现出了私营企业主“以和为贵”的维权取向：遭受地方黑恶势力侵害之后，私营企业主首先选择的是迂回式合作性维权或庇护式维权（私下协商）；不成功之后，即转向温和式对抗性维权（求助当地政府部门）；仍不达维权目的之后，则求助激进式对抗性维权（找公安机关）。

遭受地方黑恶势力侵害之后，近 70% 的被访私营企业主曾选择“私下协商”这种庇护式维权方式进行维权，而其中另有 52.9% 将其作为首选的维权方式。这一调查发现基本支持了之前有关地方黑恶势力与私营企业主之间侵权 – 维权关系的总体推定。

（2）私营企业主维权方式选择的影响因素分析

尽管多数私营企业主遭受黑恶势力侵害之后选择过“私下协商”这种庇护式维权方式，也尽管有过半的私营企业主将其作为首选的维权方式，但私营企业主的维权方式选择不是唯一的，是多样的。为了进一步获知是什么因素在影响私营企业主在遭受黑恶势力侵权之后的维权方式选择及其影响机制，我们分别以是否选择过私下协商、沉默忍受、求助当地政府、求助工商联或私企协会为因变量，以制度、私营企业主的政治关系和与交易成本有关的企业特征为自变量，控制私营企业主的人力资本和地方黑恶势力的侵权方式，建立了一组 logit 模型，[①] 所得结果见表 4–26。

表 4–26　遭受黑恶势力侵害之后，私营企业主维权方式选择的 logistic 回归分析结果

	模型 1 沉默忍受		模型 2 私下协商		模型 3 求助当地政府		模型 4 求助工商联或私协	
	系数	标准误	系数	标准误	系数	标准误	系数	标准误
人力资本变量								
年龄	0.905*	0.456	–0.064	0.208	–0.415*	0.198	0.014	0.243
年龄的平方	–0.123*	0.005	0.001	0.002	0.005+	0.002	–0.001	0.002
	系数	标准误	系数	标准误	系数	标准误	系数	标准误
受教育年限	–0.034	0.148	–0.192+	0.099	–0.169+	0.090	0.138	0.099
企业特征变量								
企业年龄	–0.143+	0.077	–0.081+	0.044	–0.030	0.043	0.051	0.045
企业类型 [a]								
合伙企业	–1.369	1.007	–0.624	0.736	–0.174	0.648	–2.418**	0.919
私营有限责任公司	–0.493	0.838	0.702	0.604	–0.241	0.526	–1.129+	0.580
股份有限公司	–1.529	1.410	0.471	0.902	–0.375	0.781	–2.590*	1.227
企业所属行业 [b]								
工业、采矿与建筑业	–1.359	1.609	0.832	1.145	–0.529	0.916	–0.930	1.057
销售业	–0.623	1.634	–1.215	1.217	0.965	0.974	–0.707	1.115
服务业	0.502	1.589	0.051	1.200	–1.631+	0.954	–0.445	1.099
企业规模	–0.269	0.293	0.038	0.215	–0.149	0.174	–0.060	0.231
政治关系变量								
企业捐款	–0.275+	0.142	–0.041	0.106	0.134+	0.069	0.151	0.116
中共党员 [c]	1.087	0.858	–0.189	0.580	1.219*	0.532	0.436	0.589
企业党组织 [d]	0.373	0.987	–0.386	0.607	0.121	0.567	–0.009	0.664
人大代表 [e]	0.307	0.867	0.140	0.579	0.073	0.547	0.025	0.622
政府朋友 / 亲戚 [f]	0.058	0.623	0.103	0.518	0.656	0.447	–0.502	0.540
制度变量								
地方制度发育指数	0.037	0.175	–0.034	0.119	0.029	0.114	–0.078	0.144

① 以是否找公安机关为因变量建立的模型拟合度很低，因而未将该模型呈现出来进行分析。

续表

	模型 1 沉默忍受		模型 2 私下协商		模型 3 求助当地政府		模型 4 求助工商联或私协	
	系数	标准误	系数	标准误	系数	标准误	系数	标准误
政府保护企业权益	−1.468**	0.439	−1.150***	0.302	0.391+	0.225	0.151	0.276
地方黑恶势力的侵权方式								
恶意干扰 g	0.579	0.686	0.596	0.556	0.721	0.453	0.405	0.545
索要财物 h	2.558***	0.726	0.899+	0.511	0.688+	0.417	−0.763	0.531
收取保护费 i	1.493*	0.613	1.174*	0.548	0.918*	0.461	−0.282	0.556
常数	−14.467*	8.857	5.843	5.085	10.639*	4.832	−2.305	5.596
对数似然率	−46.1		−62.9		−81.9		−61.6	
Pseudo R^2	0.466		0.309		0.181		0.196	
N	151		151		151		151	

注：a. 企业类型是虚拟变量，在模型设定中，以独资企业为参照；b. 以农林生产或加工业为参照；c. 以非中共党员为参照；d. 以没企业党组织为参照；e. 以不是人大代表为参照；f. 以没有政府朋友或亲戚为参照；g. 以没有恶意干扰为参照；h. 以没有索取财物为参照；i. 以没有收取保护费为参照。$+p < 0.1$，$*p < 0.05$，$**p < 0.01$，$***p < 0.001$。

制度与私营企业主遭受黑恶势力侵害之后的维权方式选择。由表 4–26 可以看到，私营企业主遭受黑恶势力侵害之后的维权方式选择存在显著的制度差异。模型 1 显示，政府保护企业权益程度越高，私营企业主选择“沉默忍受”进行维权的可能性越小；具体来说，政府保护企业权益程度每增加 1，私营企业主选择“沉默忍受”的概率（选择与没选择之比）减少 77%（$1-e^{-1.468}$）。模型 2 显示，政府保护企业权益程度越高，私营企业主选择“私下协商”进行维权的可能性也越小；具体来说，政府保护企业权益程度每增加 1，私营企业主选择“私下协商”的概率减少 68.3%（$1-e^{-1.150}$）。而模型 3 显示，政府保护企业权益程度越高，私营企业主“求助当地政府”进行维权的可能性越大；政府保护企业权益程度每增加 1，私营企业主选择“求助当地政府”的概率则增加 47.8%（$e^{0.391}-1$）。综合上述 3 个模型的结果可以非常清楚地看到，地方制度越健全，对企业权益保护越好，私营企业主遭受黑恶势力侵害之后越倾向于向当地政府寻求帮助，即越倾向于选择温和式对抗性维权方式进行维权，而非退让式合作性维权方式（“沉默忍受”）和庇护式维权方式（“私下协商”）。假设 2–1a 得到支持。

政治关系与私营企业主遭受黑恶势力侵害之后的维权方式选择。由表 4–26 可以看到，私营企业主的政治关系对其遭受黑恶势力侵害之后的维权方式选择有较显著的影响。模型 1 显示，捐款越多的私营企业主选择“沉默忍受”的可能性越小，企业捐款每增加 1 万元，私营企业主选择“沉默忍受”的概率（选择与没选择之比）减少 24%（$1-e^{-0.275}$）。模型 3 显示，捐款越多的私营企业主选择“求助当地政府”的可能性则越大，企业捐款每增加 1 万元，私营企业主选择“求助当地政府”的概率增加 14.3%（$e^{0.134}-1$）。模型 3 还显示，跟非中共党员私营企业主相比，中共党员私营企业主选择“求助当地政府”的概率大 2.38 倍（$e^{1.219}-1$）。综合上述 2 个模型的分析结果可以清楚地看到，跟没有政治关系的私营企业主相比，通过企业捐款和加入中共党组织与地方政府建立了正式政治关系的私营企业主更倾向于选择“求助当地政府”这种温和式对抗性维权方式（也可被称之为制度化维权方式）进行维权。假设 2–1b 得到支持。

交易成本与私营企业主遭受黑恶势力侵害之后的维权方式选择。由表 4–26 还可看到，与交易成本相关的企业特征变量对私营企业主遭受黑恶势力侵害之后的维权方式选择也有较显著的影响。模型 1 显示，企业年龄越长的企业主选择“沉默忍受”的可能性越小，企业年龄每长 1 年，私营企业主选择“沉默忍受”的概率（选择与没选择之比）减少 13.3%（$1-e^{-0.143}$）；模型 2 显示，企业年龄越长的企业主选择“私下协商”的可能性也越小，企业年龄每长 1 年，私营企业主选择“私下协商”的概率则减少 7.8%（$1-e^{-0.081}$）。而模型 4 则显示，跟独资企业相比，合伙企业、私营有限公司和股份有限公司投资人选择“求助工商联或私企协会”的可能性更小，即独资企业投资人选择“求助工商联或私企协会”的可能性更大。前面的分析已经指出，侵权给年龄越长的企业造成的相对（或机会）损失也越大；侵权给独资企业造成的相对（或机会）损失也比给其他类型企业造成的相对（或机会）损失更大。换句话说，侵权尤其是黑恶势力侵权给企业年龄越长的企业和独资企业所造成的交易成本相对更大。综合上述 3 个模型的分析结果可得出，侵权交易成本越大，私营企业主遭受黑恶势力侵害之后选择合作性维权方式（包括“沉默忍受”之类的退让式合作性维权方式和“私下协商”之类的庇护式维权方式）进行维权的可能性越小。假设 2–1c 基本得到支持。另外，模型 3 显示，跟从事农林生产或加工业的私营企业主相比，从事服务业的私营企业主选择“求助当地政府”的概率小 80.4%（$1-e^{-1.631}$）。换言之，跟从事农林生产或加工业的私营企业主相比，从事服务业的私营企业主遭受黑恶势力侵害之后选择“求助当地政府”这种制度化维权方式（温和式对抗性维权方式）进行维权的可能性更小。假设 2–1d 得到支持。

另外，由表 4–26 也可以看到，人力资本不同，私营企业主遭受黑恶势力侵害之后的维权方式选择也存在显著性差异。年龄与私营企业主选择“沉默忍受”之间存在“倒 U 形”关系，而和私营企业主选择“求助当地政府”之间则存在“U 形”关系。更具体地说，刚开始时，随着年龄的增大，私营企业主选择“沉默忍受”的倾向也增强，“求助当地政府”的选择倾向则减弱，但随年龄的进一步增长，其选择“沉默忍受”的倾向开始减弱，“求助当地政府”的选择倾向则反而开始增强。受教育年限越长的私营企业主选择“私下协商”和“求助当地政府”的倾向也都越弱，这也许与受教育程度相对更高的私营企业主有一套更特殊的应对黑恶势力的手段和策略（既不向黑恶势力妥协，也不求助于政府）有关。也正因为如此，受教育水平越高的私营企业主如之前分析的那样，遭受黑恶势力侵害的可能性也越小。

由表 4–26 还可以看到，遭受黑恶势力索要财物和收取保护费的私营企业主都更倾向于选择“沉默忍受”和“私下协商”这些合作性维权方式，尤其是更倾向于选择“沉默忍受”这种退让式合作性维权方式进行维权。

如私营企业主遭受地方黑恶势力侵害后的维权方式选择的描述统计分析部分所表明的那样，私营企业主的维权方式选择不是一次性的，而是有阶段性的：他们有自己的优先策略，当优先策略不成之后，再选择次优策略，而当次优策略也不成之后才做出某种无奈的选择。在这里，我们希望考察的是，私营企业主遭受黑恶势力侵权之后首选维权方式选择的决定因素及机制是什么？为此，我们以私营企业主遭受黑恶势力侵权后的首选维权方式为因变量①，以企业主年龄、受教育年限、企业年龄、企业类型、企业所属行业、企业规模、企业主是否为中共党员、是否担任人大代表、是否担任政协委员、在政府部门是否有亲戚朋友、地方制度发育指数、政府保护企业权益和黑恶势力的侵权性质为解释变量，建立嵌套 logit 模型，结果见表 4–27。

表 4–27　遭受地方黑恶势力侵权后，私营企业主首选维权方式决定因素的回归分析

变量	模型 1		模型 2		模型 3	
	回归系数	标准误	回归系数	标准误	回归系数	标准误
企业主变量						
年龄	–0.006	0.021	–0.006	0.025	–0.006	0.028
受教育年限	0.067	0.066	0.130	0.082	0.154	0.094
企业特征变量						
企业年龄	–0.001	0.031	–0.016	0.036	–0.020	0.040
企业类型[a]						
合伙企业	–0.738	0.517	–0.827	0.608	–0.872	0.712
私营有限责任公司	–0.129	0.427	–0.366	0.494	–0.140	0.549
股份有限公司	–0.051	0.640	–0.252	0.690	0.079	0.798
企业所属行业[b]						
工业、采矿与建筑业	0.817	0.699	2.010⁺	1.108	2.294⁺	1.196
销售业	0.982	0.763	2.631*	1.167	2.886*	1.262
服务业	0.770	0.765	1.981⁺	1.157	2.408⁺	1.244
企业规模	0.269*	0.133	0.364*	0.151	0.357*	0.162
政治关系变量						
中共党员[c]			–0.039	0.436	0.259	0.489
人大代表[d]			0.251	0.500	–0.173	0.558
政协委员[e]			–0.167	0.564	–0.025	0.628
政府朋友 / 亲戚[f]			–0.724⁺	0.411	–0.694	0.457

① 私营企业主遭受地方黑恶势力侵权后的首选维权方式有沉默忍受、私下协商、求助当地政府、找公安机关和求助工商联或私企协会这五种，是多类别变量；为分析需要，我们的这些维权方式合并为两类，即对抗性维权方式（求助当地政府、找公安机关和求助工商联或私企协会，这些方式也可视为制度化维权方式）和合作性维权方式（沉默忍受和私下协商，这两种方式也可视为非制度化维权方式），由此私营企业主的首选维权方式就转换成了一个二分类别变量，在模型设定中，以合作性维权方式为参照。

续表

变量	模型 1		模型 2		模型 3	
	回归系数	标准误	回归系数	标准误	回归系数	标准误
制度变量						
地方制度发育指数					0.058	0.089
政府保护企业权益					1.068***	0.246
黑恶势力的社会性侵权 g	0.763*	0.331	0.765*	0.378	0.659	0.425
常数	1.087*	1.238	−5.347**	2.019	−6.343**	2.392
对数似然率	−116.3		−93.8		−77.5	
Pseudo R^2	0.084		0.142		0.271	
N	202		176		170	

注：a. 企业类型是虚拟变量，在模型设定中，以独资企业为参照；b. 以农林生产或加工业为参照；c. 以非中共党员为参照；d. 以不是人大代表为参照；e. 以不担任政协委员为参照；f. 以没有政府朋友或亲戚为参照；g. 以黑恶势力的经济性侵权为参照。$+p < 0.1$，$*p < 0.05$，$**p < 0.01$，$***p < 0.001$。

从表 4–27 中模型 1、模型 2 和模型 3 可以看到，制度和企业特征变量对私营企业主遭受地方黑恶势力侵权后的首选维权方式选择有较稳定的解释力。模型 3 显示，政府保护企业权益程度越高，私营企业主遭受地方黑恶势力侵权后越可能首选对抗性维权方式（跟合作性维权方式相比）进行维权。具体来说，政府保护企业权益程度每增加 1，私营企业主首选对抗性维权方式（同上）的概率则增加 1.9 倍（$e^{1.068}-1$）。在此处，对抗性维权方式也就是制度化维权方式，私营企业主越是认为政府能保护企业的权益，则其就越信任政府相关部门能遵守承诺、按制度规则办事，在遭受地方黑恶势力侵权之后也越倾向于首选对抗性或制度化维权方式进行维权。

模型 3 也显示，企业规模越大，企业主遭受黑恶势力侵权后越倾向于首选对抗性或制度化维权方式进行维权；跟农林生产或加工业相比，工业、采矿与建筑业、销售业和服务业企业主均更倾向于首选对抗性或制度化维权方式进行维权：后者首选对抗性维权方式（同上）的概率分别是前者的 9.9 倍（$e^{2.294}$）、17.9 倍（$e^{2.886}$）和 11.1 倍（$e^{2.408}$）。这种企业特征与维权方式选择之间的关系也是私营企业主追求交易成本最小化的结果。

1，私营企业主的维权效果则提高 22.3%（$e^{0.204}-1$）。另外，企业规模越大、企业年龄越长，企业主的维权效果则越差；股份有限公司的维权效果是独资企业的 2 倍（$e^{0.705}$）。

（二）新闻媒体与私营企业主间权益关系的实证检验

1. 新闻媒体的侵权行为

（1）私营企业主遭受媒体侵权的表现

本章第一节的数据分析已经表明，有近 30% 的被访私营企业主遭受过媒体的侵权，但其遭受媒体侵权的具体表现又是什么呢？通过对部分私营企业主的个案访谈和文献查阅，我们初步了解到私营企业主遭受媒体的侵害主要表现在不实报道、恶意中伤和索要费用等方面，并据此设计了相应的问卷题目访问私营企业主，所得结果见表 4–30。

表 4–30　私营企业主遭受媒体侵权的具体表现

	是否遭受媒体侵权			媒体侵权行为				
	否	是	合计	不实报道	恶意中伤	索要费用	其他	合计
观察值	384	161	545	97	19	34	10	160
百分比（%）	70.5	29.5	100	60.6	11.9	21.3	6.2	100

表 4–30 显示，在回答该题的 160 位被访私营企业主中，有 60.6% 回答其所遭受的最主要的媒体侵害是“不实报道”，即因媒体报道的不真实而遭受权益损害；有 21.3% 报告其所遭受的最主要的媒体侵害是“索要费用”；另有 11.9% 报告其所遭受的最主要的媒体侵害是“恶意中伤”，来自媒体的其他侵害只有 6.2%。在上述三种媒体侵害中，“不实报道”和“恶意中伤”属于精神性侵权，在法律上被表述为侵犯人格权、名誉权和肖像权等。由此，私营企业主所遭受的媒体侵权即可分为精神性侵权和物质性侵权，其比例分别为 75.5% 和 21.3%。以往的法学者和新闻学者主要关注了媒体的精神性侵权，而其物质性侵权则很少纳入其观察和研究的视野，本实证调查表明，物质性侵权也是私营企业主遭受媒体侵权的一个不容忽

视的表现（已超过 1/5）。

（2）私营企业主遭受媒体侵权的影响因素分析

为了进一步考察什么样的私营企业主更可能遭受媒体侵权，或其遭受媒体侵权的影响因素，我们以私营企业主是否遭受过媒体侵权为因变量，以人力资本、企业特征、政治关系和制度维度的共 13 个变量为解释变量，建立嵌套 logit 模型，所得结果见表 4–31。

表 4–31　私营企业主遭受媒体侵权的 logistic 回归分析结果

变量	模型 1		模型 2		模型 3	
	系数	标准误	系数	标准误	系数	标准误
人力资本变量						
年龄	–0.027*	0.014	–0.027+	0.016	–0.031+	0.016
受教育年限	0.074+	0.041	0.099*	0.049	0.126*	0.052
企业特征变量						
企业年龄	0.041*	0.020	0.021	0.024	0.003	0.025
企业类型[a]						
合伙企业	–0.166	0.335	–0.266	0.377	–0.375	0.392
私营有限责任公司	–0.347	0.271	–0.614+	0.318	–0.621+	0.330
股份有限公司	–0.372	0.363	–0.464	0.429	–0.549	0.459
企业所属行业[b]						
工业、采矿与建筑业	0.043	0.446	–0.029	0.519	–0.204	0.538
销售业	0.367	0.459	0.444	0.532	0.293	0.555
服务业	0.599	0.470	0.621	0.545	0.481	0.566
企业规模	0.0003	0.0002	0.0004	0.0003	0.0005	0.0004
政治关系变量						
企业捐款			$-1.49e^{-07}$	$5.44e^{-07}$	$-3.91e^{-07}$	$5.72e^{-07}$
中共党员[c]			0.209	0.304	0.224	0.324
企业党组织[d]			0.113	0.346	0.292	0.359
人大代表[e]			0.275	0.351	0.451	0.372
政府朋友 / 亲戚[f]			0.314	0.250	0.505+	0.261
制度变量						
地方制度发育指数					0.108*	0.042
政府保护企业权益					0.175	0.137
常数	–1.157	0.886	–1.471	1.053	–2.079+	1.144
对数似然率	–268.9		–209.2		–196.2	
Pseudo R^2	0.04		0.06		0.09	
N	458		363		349	

注：a. 企业类型是虚拟变量，在模型设定中，以独资企业为参照；b. 以农林生产

或加工业为参照；c. 以非中共党员为参照；d. 以没企业党组织为参照；e. 以不是人大代表为参照；f. 以没有政府朋友或亲戚为参照。$p<0.1$，$^{*}p<0.05$，$^{**}p<0.01$，$^{***}p<0.001$。

综合模型1、模型2和模型3可看到，企业主的年龄和受教育年限、企业类型和地方制度发育指数变量对私营企业主是否遭受媒体侵权有较稳定的显著性影响。

从模型3可具体看到，地方制度发育指数对私营企业主是否遭受媒体侵权有较显著的正向影响：地方制度发育指数每增加1，私营企业主遭受媒体侵权的概率增加11.4%（$e^{0.108}-1$）。这一发现与有关制度有助于对违规行为的约束的制度观相左。其原因可能，一是不管制度发育水平高还是低，但总体水平都不是很高，还难以对媒体侵权行为形成有效的约束；二是制度发育水平与私营经济发展在地区上是重叠的，即制度发育水平高的地区也是私营经济比较发达的地区，而私营经济的发达也给媒体的侵权提供了更多的侵权机会。两者的结合使得制度发育水平越高的地区的私营企业主被观察到遭受了更多的媒体侵权。

模型3还显示，有政治关系的私营企业主遭受更多的媒体侵权。跟在政府部门没有朋友或亲戚的私营企业主相比，在政府部门有朋友或亲戚的私营企业主遭受媒体侵权的概率更高，后者比前者高65.7%（$e^{0.505}-1$）。其原因可能与制度因素的影响机制类似，也可能与有政治关系的私营企业主对人格权、名誉权、隐私权和肖像权等精神性权利有更高的敏感度有关。

另外，模型3也显示，跟独资企业相比，私营有限责任公司遭受媒体侵权的概率更低，后者较前者低出46.3%（$1-e^{-0.621}$）；企业主年龄越大，其遭受媒体侵权的概率越小：年龄每增加1岁，私营企业主遭受媒体侵权的概率则减少3.1%（$1-e^{-0.031}$）。这可能是这两类私营企业主防范媒体侵权的意识较强及采取了相应的防范措施有关。模型3还显示，私营企业主的受教育年限越长，其遭受媒体侵权的概率越高：受教育年限每增加1年，私营企业主遭受媒体侵权的概率则增加13.4%（$e^{0.126}-1$）。这可能是受教育年限越高的私营企业主越看重人格权和名誉权等精神性权利及其对语言文字有越高的识别和把握能力的结果。

2. 私营企业主遭受媒体侵权之后的维权方式选择

私营企业主遭受媒体侵权已为其他学者的研究和本研究之前的数据分析所证实，那么这些遭受过媒体侵权的私营企业主又是怎样维护其合法权益的呢？或者说，其通常采取什么样的方式进行维权？基于个案访谈和文献查阅，我们针对这一问题设计了相应的问卷题目，并访问了私营企业主，所得结果见表 4–32。

表 4–32　遭受媒体侵权后，私营企业主的维权方式选择

	私营企业主的维权方式						
	沉默忍受	私下协商	求助政府部门	法律诉讼	求助工商联或私协	其他	合计
频数	13	47	26	43	23	3	155
百分比（%）	8.4	30.4	16.8	27.7	14.8	1.9	100

表 4–32 显示，在遭受过媒体侵权的 161 位私营企业主中，有 155 位选择了相应的维权方式进行维权。其中，选择“私下协商”的私营企业主最多，有 30.4%；其次是“法律诉讼”，也有高达 27.7% 的私营企业主选择这种维权方式；选择“求助政府部门”和“求助工商联或私协”的私营企业主的比例相差不大，分别为 16.8% 和 14.8%；往后被私营企业主选择的维权方式依次是“沉默忍受”（8.4%）和“其他”（1.9%）。将上述维权方式进行适当整合后可发现，选择求助政府部门和工商联或私协及法律诉讼等制度化维权方式的私营企业主为 59.3%，而选择私下协商和沉默忍受等非制度化维权方式的则只有 38.8%；从另一个角度审视，我们也可将上述三种制度化维权方式视为对抗性维权方式，其中法律诉讼为激烈型对抗性维权方式，求助政府部门和工商联或私协为温和型对抗性维权方式。数据显示，遭受媒体侵权之后，私营企业主选择温和型对抗性维权方式和激烈型对抗性维权方式的比例分别为 31.6% 和 27.7%，前者仅高出后者 3.9 个百分点，两者相差不大。由这些描述统计数据也可以看到，之前有关新闻媒体与私营企业主之间侵权 – 维权关系的总体性推定基本得到了数据的

后的维权方式选择有较显著的影响。模型 1 显示，跟独资企业相比，合伙企业和股份有限公司选择制度化维权方式的概率更大：合伙企业和股份有限公司选择制度化维权方式的概率分别是独资企业的 7.43 倍（$e^{2.005}$）和 8.34 倍（$e^{2.109}$）；模型 3 显示，合伙企业和股份有限公司选择作为制度化维权方式的温和型对抗性维权方式的概率分别是独资企业的 21.6 倍（$e^{3.072}$）和 19.6 倍（$e^{2.975}$），但股份有限公司选择激烈型对抗性维权方式的概率则只有独资企业的 5.4 倍（$e^{1.683}$）。假设 2–2d 得到支持。

模型 1 还显示，跟农林产品生产或加工企业相比，服务业企业主选择制度化维权方式的概率更小：服务业企业主选择制度化维权方式的概率比农林产品生产或加工企业主小 90.8%（$1-e^{-2.385}$）；模型 2 显示，服务业企业主选择作为制度化维权方式的激烈型对抗性维权方式的概率只有农林产品生产或加工企业主的 4.4%（$e^{-3.128}$）；模型 3 也显示，服务业企业主选择激烈型对抗性维权的概率远比农林产品生产或加工企业主小，但其选择温和型对抗性维权方式的概率则比农林产品生产或加工企业主大。假设 2–2e 基本得到支持。

另外，私营企业主的年龄对其遭受媒体侵权后的维权方式选择也有较显著的影响：年龄越大的私营企业主遭受媒体侵权后选择激烈型对抗性维权方式的概率越小。

4. 私营企业主维权方式选择的效果

遭受新闻媒体侵权之后，私营企业主维权方式选择的效果见表 4–34。

表 4–34 显示，在回答该道题的 145 位私营企业主中，有 89.6% 表示维权达到了一定效果，其中表示“经过维权后，侵权媒体停止了侵害”的高达 40%；表示“侵权行为没有改变”的是 9.0%，但也有 1.4% 的私营企业主表示“经过维权后，侵权行为更为严重了”。

表 4–34　基于新闻媒体侵权的私营企业主维权方式选择的效果

	侵权行为更为严重	侵权行为没有改变	侵权方减少了侵害	侵权方停止了侵害	合计
频数	2	13	73	57	145
百分比（%）	1.4	9.0	50.3	39.3	100

遭受新闻媒体侵权之后，私营企业主上述维权效果的决定因素又是什么呢？也就是说，是什么因素在影响私营企业主遭受媒体侵权后的维权效果？为此，我们以维权效果为因变量，以企业主年龄、受教育年限、企业类型、企业所属行业、企业规模、企业主是否是中共党员、地方制度发育指数、政府保护权益和维权方式为解释变量，建立回归方程，所得结果见表 4–35。

表 4–35　私营企业主维权方式选择的效果的决定因素分析

变量	维权效果	
	回归系数	标准误
企业主变量		
年龄	–0.0002	0.009
受教育年限	0.017	0.029
企业特征变量		
企业年龄	0.0006	0.011
企业类型 [a]		
合伙企业	0.041	0.217
私营有限责任公司	–0.231	0.167
股份有限公司	–0.109	0.237
企业所属行业 [b]		
工业、采矿与建筑业	–0.039	0.293
销售业	–0.279	0.294
服务业	–0.276	0.306
企业规模	–0.00002	0.00003
政治关系变量		
中共党员 [c]	0.070	0.158
制度变量		
地方制度发育指数	0.019	0.021
政府保护企业权益	0.156*	0.069
维权方式		
温和型对抗性维权方式 [d]	–0.124	0.172
激烈型对抗性维权方式 [e]	0.281+	0.164
常数	3.142***	0.682
$Adj\text{–}R^2$	0.216	
N	117	

注：a. 企业类型是虚拟变量，在模型设定中，以独资企业为参照；b. 以农林生产或加工业为参照；c. 以非中共党员为参照；d 和 e 均是以合作性维权方式为参照。$+p < 0.1$，$*p < 0.05$，$**p < 0.01$，$***p < 0.001$。

从表 4–35 可以看到，只有维权方式和制度两个因素对私营企业主遭受媒体侵权后的维权效果有一定解释力。表 4–35 显示，跟合作性维权方式相比，激烈型对抗性维权方式的维权效果更好，后者的维权效果较前者提高了 32.4%（$e^{0.281}-1$）。也就是说，遭受媒体侵权后，私营企业主选择“法律诉讼”的效果要比“沉默忍受”和“私下协商”都好。

表 4–35 还显示，政府保护企业权益程度越高，私营企业主遭受媒体侵权后的维权效果也越好。具体来说，政府保护企业权益程度每增加 1，私营企业主遭受媒体侵权后的维权效果则提高 16.9%（$e^{0.156}-1$）。

四、市场力量与私营企业主间权益关系的实证检验

作为市场力量的企业同行、客户和员工与私营企业主之间是一种平等的市场关系，但这种平等是法律地位上的，而其现实关系则有多种表现。同行和客户与私营企业主之间的地位关系由双方的实力决定，而员工与企业主之间在实力上则是不对等的，但其间的侵权－维权关系则由各种现实的经济社会关系而复杂化。下面，我们具体描述和检验上述三种市场力量与私营企业主之间的侵权－维权关系。

（一）企业同行与私营企业主间权益关系的实证检验

1. 企业同行的侵权行为

（1）私营企业主遭受企业同行侵权的表现

私营企业主与企业同行之间的关系首先是一种市场关系，其间的侵权与维权关系则是由以竞争为内核的市场关系演化或衍生出来的。私营企业主面临企业同行的侵权已由之前的数据分析结果所验证：73.6% 的被访私营企业主遭受过企业同行的侵害。然而，私营企业主又是怎样遭受企业同行的侵害的呢？换句话说，私营企业主从企业同行那里遭受的最主要的侵害是什么？通过对部分私营企业主的个案访谈和文献查阅，我们初步了解

到私营企业主遭受企业同行的侵害主要表现在串货、假冒、恶意压价、损害名誉、侵犯知识产权等方面，并据此设计了相应的问卷题目访问被访私营企业主，所得结果见表 4-36。

表 4-36 私营企业主遭受企业同行侵权的具体表现

	企业同行的侵权行为					
	串货	假冒	恶意压价	损害名誉	侵犯知识产权	合计
观察值	31	57	225	56	25	394
百分比（%）	7.9	14.5	57.1	14.2	6.3	100

表 4-36 显示，在回答该题项的 394 位被访私营企业主中，有 57.1% 认为其所遭受的最主要的同行侵害是“恶意压价”或“低价倾销”，分别有 14.5% 和 14.2% 的人认为“假冒”和“损害名誉”是最主要的同行侵害，另有 7.9% 和 6.3% 的人认为“串货”和“侵犯知识产权”是最主要的同行侵害。由此可见，企业同行侵权多起因于同行之间为争夺更多市场份额而展开的不正当竞争甚或非法竞争，其手段目前还多限于“低价倾销”（更通俗的说法是“恶意压价”）之类的较“直观”的侵权行为。需经特定机构利用一定技术才能鉴定和识别的“假冒”是私营企业主遭受的第二大同行侵权行为。如果考虑到“假冒”也是“侵犯知识产权”的特定形式，而将两者合并，统称为“侵犯知识产权”，那将有 20.8% 的被访私营企业主认为它是最主要的同行侵害。也就是说，包含“假冒”在内的“侵犯知识产权”成为私营企业主遭受的第二大同行侵权行为。

（2）私营企业主遭受企业同行侵权的影响因素分析

为了进一步考察私营企业主遭受企业同行侵权的影响因素及其机制，我们以私营企业主是否遭受企业同行侵权为因变量，以制度、企业特征、私营企业主的政治关系和人力资本为解释变量，建立 logit 模型，所得结果见表 4-37。

表 4–37　私营企业主遭受企业同行侵害的 logistic 回归分析结果

	模型 1		模型 2		模型 3	
	系数	标准误	系数	标准误	系数	标准误
人力资本变量						
年龄	0.071	0.090	0.095	0.111	−0.032	0.124
年龄的平方	−0.001	0.001	−0.001	0.001	−0.001	0.001
受教育年限	−0.023	0.043	−0.054	0.056	−0.028	0.062
企业特征变量						
企业年龄	0.011	0.022	0.009	0.031	−0.010	0.034
企业类型[a]						
合伙企业	−0.155	0.371	−0.071	0.513	−0.386	0.538
私营有限责任公司	−0.594*	0.300	−0.869*	0.412	−1.015*	0.343
股份有限公司	−0.534	0.393	−1.089*	0.521	−1.441*	0.565
企业所属行业[b]						
工业、采矿与建筑业	0.727+	0.406	1.434*	0.581	0.899	0.626
销售业	0.883*	0.429	2.096**	0.617	1.764**	0.664
服务业	0.713+	0.444	1.811**	0.633	1.321*	0.675
企业规模	0.096	0.086	0.184	0.130	0.238*	0.138
政治关系变量						
企业捐款			−0.184*	0.072	−0.237**	0.078
中共党员[c]			0.327	0.361	0.201	0.383
企业党组织[d]			−0.017	0.417	0.240	0.437
人大代表[e]			1.299*	0.477	1.616**	0.518
政府朋友 / 亲戚[f]			0.161	0.310	0.358	0.328
制度变量						
地方制度健全程度					0.147*	0.065
政府保护企业权益					−0.281	0.179
常数	−0.200	2.077	−0.045	2.610	2.105	2.900
对数似然率	−255.1		−152.8		−140.3	
Pseudo R^2	0.029		0.117		0.149	
N	459		304		291	

注：a. 企业类型是虚拟变量，在模型设定中，以独资企业为参照；b. 以农林生产或加工业为参照；c. 以非中共党员为参照；d. 以没企业党组织为参照；e. 以不是人大代表为参照；f. 以没有政府朋友或亲戚为参照。$+p < 0.1$，$*p < 0.05$，$**p < 0.01$，$***p < 0.001$。

由表 4–37 中的嵌套模型可以看到，企业特征变量中企业类型、企业所属行业和企业规模、政治关系变量中的企业捐款和人大代表、制度变量中地区制度发育指数等变量对私营企业主是否遭受企业同行侵权有较稳定的、独立的显著性影响。

模型 3 显示，制度变量对私营企业主是否遭受企业同行侵权有显著性正向影响，即制度健全程度越高，私营企业主遭受企业同行侵权的概率也越高。具体来说，地方制度发育指数每增加 1，私营企业主遭受企业同行侵权的概率增加 15.8%（$e^{0.147}-1$）。从逻辑上说，制度越规范健全，私营企业主遭受侵权的概率也应该越小。然而，统计结果却与这一逻辑推论相悖。但如果我们能考虑到中国私营经济发展与地方制度发展之间的现实关联和中国制度发展的总体水平，那这一貌似的悖论也就可以成立了。首先，在中国社会转型期，私营经济发展与地方制度发展之间存在一致性的关联。地方制度发育指数越高的地区，即制度相对越规范健全的地区，也是私营经济越发达的地区。私营经济越发达，企业之间的竞争也越激烈，而激烈的竞争自然会给每一个企业造成巨大的生存压力，这种巨大而残酷的压力会使一部分企业铤而走险：选择一些不为法律所容许的竞争手段，尤其是选择一些必须经专门机构动用特定技术才能鉴定、识别和定性的非法的竞争手段，如低价倾销、假冒、侵犯知识产权等，从而侵害同行的合法权益。其次，尽管私营经济越发达的地区，有关经济行为的行政管理制度也越规范健全，但在转型期中国社会，所有地区经济制度的发育水平都还不是很高，制度发育水平远跟不上经济发展的现实，不断出现的新的经济行为往往缺乏相应的制度予以规定和约束。何况有些经济行为，如低价倾销、假冒、侵犯知识产权，要对其进行准确定性也很不容易。因此，在转型期经济行政制度发育总体水平不高的情况下，因市场竞争引发的企业同行之间的诸多侵权行为很难得到有效的规定和约束。由此而推演出的一个逻辑结论是：在转型期经济行政制度总体水平不高的前提下，地方制度越规范健全，私营经济越发达，企业间相互侵权的现象也越多。

模型 3 也显示，捐款越多的私营企业主遭受企业同行侵害的可能性越小。企业捐款每增加 1 万元，企业主遭受同行侵害的概率减少 21.1%（$1-e^{-0.237}$）。其原因可能存在两个方面：一方面是捐款越多的私营企业主的公益精神和慈善意识也越强，也相对没那么在意同行不正当竞争所造成的侵害，从而低报被侵害的经历；另一方面是企业同行对那些热心公益事业的私营企业主抱有好感和敬意，在生意场上也多几分谦让和克制，不忍通过低价倾销、假冒和损害名誉等方式挤压其市场，侵害其权益。另外，模型3也显示，人大代表身份不仅无助于减少企业同行的侵害，反而加剧了同行侵害。具体来看，跟非人大代表私营企业主相比，人大代表私营企业主遭受企业同行侵害的概率高4倍（$e^{1.616}-1$）。为什么人大代表这种政治身份非但不能维护自己的权益，反而加剧了同行的侵害呢？对于私营企业主来说，人大代表不仅只是一种政治身份，更是一种有助于资源获得的资质性信号（胡旭阳，2006），甚至还具有一定法律豁免权。因此，人大代表已成为私营企业主竞相争夺的稀缺资源。在中国现行的政治体制中，人大代表名额是按地区和行业分配的。这意味着，人大代表名额是在相同行业中竞争，也由此引发了企业同行之间政治席位竞争的扩大化，即非人大代表同行以超出法律允许范围的方式挤压和中伤人大代表私营企业主。

模型3还显示，跟独资企业相比，私营有限责任公司投资人遭受企业同行侵害的概率（遭受侵害与没遭受侵害之比）低63.8%（$1-e^{-1.015}$），股份有限公司投资人遭受侵害的概率则低76.3%（$1-e^{-1.441}$）。也就是说，股份有限公司和私营有限责任公司遭受的同行侵害比独资企业少。这可能与相对损失感有关。独资企业只有一个投资人，且由其承担无限责任；私营有限责任公司也只有一个投资人，但只承担有限责任；股份有限公司则有多个投资人，且承担有限责任。显然，遭受同等侵害，独资企业投资人的相对损失感将会更大。也正因为如此，独资企业投资人可能比私营有限责任公司和股份有限公司投资人报告更多的同行侵权经历。另外，模型3也显示，销售业和服务业私营企业主比农林生产或加工业私营企业主遭受更多的同行侵害。跟农林生产或加工业私营企业主相比，销售业私营企业主遭受同行侵害的概率高4.8倍（$e^{1.764}-1$），而服务业私营企业主遭受侵害的概率高2.7倍（$e^{1.321}-1$）。其原因可能是，相对而言，串货、假冒和侵犯知识产权等同行侵权行为更多发生在销售行业，假冒、侵犯知识产权和损害名誉等同行侵害则更多发生在包括教育、咨询和医疗等在内的服务行业，而这类同行侵害在农林生产或加工行业则相对较少。由模型 3 还可看到，企业规模对私营企业主遭受同行侵害也有显著性正向影响。企业雇工人数每增加 1 人，私营企业主遭受同行侵害的概率增大 26.9%（$e^{0.238}-1$）。这是因为，一方面，企业规模越大，知名度也相对越大，品牌创造能力也相对越强，产品销路也自然越顺畅；另一方面，也正是这样的企业更可能遭受串货、假冒、侵犯知识产权等同行侵害。假冒肯定假冒品牌产品，串货也是串有品牌且适销对路的货，而这些通常都与企业规模有关。

2. 私营企业主遭受企业同行侵权之后的维权方式选择

（1）私营企业主遭受企业同行侵权之后的维权行为表现

面对企业同行的侵权，私营企业主又是以什么样的方式来维护自己的权益的呢？为此，我们设计了相应的问卷题目访问被访私营企业主，所得结果见表 4–38。

表 4–38　遭受企业同行侵害之后，私营企业主的维权方式选择

	私营企业主的维权方式					
	沉默忍受	私下协商	求助政府职能部门	法律诉讼	求助工商联或私协	合计
观察值	26	180	72	49	53	380
百分比（%）	6.8	47.4	19.0	12.9	13.9	100

表 4–38 显示，在遭受企业同行侵害之后，被私营企业主选择最多的维权方式是“私下协商”，在回答了该题项的 380 位被访私营企业主中，选择该维权方式的有 47.4%；其次是“求助政府职能部门”和“求助工商联或私企协会”，分别有 19% 和 13.9% 的被访私营企业主选择了这两种维权方式。值得注意的是，有高达 12.9% 的被访私营企业主选择了“法律诉讼”这种激烈式对抗性维权方式，选择“沉默忍受”这种退让式合作性维权方式的被访者最少，只有 6.8%。这些简单的数据依然呈现出了私营企业主在遭受企业同行侵权之后的维权方式选择趋向：合作式维权（包括“私下协商”和“沉默忍受”，合计被选率为 54.2%）是最主要的维权方式，其次是温和式对抗性维权（包括“求助政府职能部门”和“求助工商联或私企

协会”，合计被选率为32.9%），最后才是激烈式对抗性维权（“法律诉讼”，被选率为12.9%）。上述私营企业主遭受企业同行侵害之后的维权方式选择与假设推演部分有关企业同行与私营企业主之间侵权－维权关系的总体推定基本一致。

（3）私营企业主遭受企业同行侵害之后维权方式选择的影响因素分析

为了进一步考察私营企业主遭受企业同行侵害之后维权方式选择的影响因素及其机制，我们以私营企业主的维权方式选择为因变量，以制度、私营企业主的政治关系和与侵权交易成本有关联的企业特征为自变量，控制私营企业主的人力资本变量，建立多项logit模型，所得结果见表4–39。

表4–39　遭受同行侵权之后，私营企业主维权方式选择多项logistic回归分析结果

	模型1（私下协商/沉默忍受）		模型2（求助政府/沉默忍受）		模型3（法律诉讼/沉默忍受）	
	系数	标准误	系数	标准误	系数	标准误
人力资本变量						
年龄	–0.004	0.035	0.002	0.037	–0.001	0.041
受教育年限	0.312**	0.113	0.211+	0.116	0.136	0.125
企业特征变量						
企业类型[a]						
合伙企业	0.809	0.839	0.619	0.868	0.916	1.023
私营有限责任公司	0.394	0.672	–0.040	0.698	1.513+	0.428
股份有限公司	0.569	1.012	–0.142	1.068	1.428	1.149
企业所属行业[b]						
工业、采矿与建筑业	0.570	1.212	–0.754	1.201	–0.502	1.268
销售业	1.107	1.248	0.518	1.235	–0.322	1.323
服务业	1.020	1.291	–0.779	1.304	–0.739	1.375
企业规模	0.228	0.222	0.467*	0.227	0.324	0.239
政治关系变量						
中共党员[c]	0.447	0.615	0.600	0.643	0.385	0.684
人大代表[d]	0.731	0.653	1.084	0.695	0.790	0.734
政府朋友/亲戚[e]	0.940+	0.281	0.920+	0.562	0.473	0.598
制度变量						
地方制度发育指数	0.319*	0.144	0.237	0.152	0.132	0.162

续表

	模型 1（私下协商 / 沉默忍受）		模型 2（求助政府 / 沉默忍受）		模型 3（法律诉讼 / 沉默忍受）	
	系数	标准误	系数	标准误	系数	标准误
政府保护企业权益	−0.034	0.321	0.602^{+}	0.338	0.484	0.359
常数	7.153^{**}	2.571	5.196^{+}	2.651	2.407	2.869
对数似然率	−300.8					
Pseudo R^2	0.108					
N	286					

注：a. 企业类型是虚拟变量，在模型设定中，以独资企业为参照；b. 以农林生产或加工业为参照；c. 以非中共党员为参照；d. 以不是人大代表为参照；e. 以没有政府朋友或亲戚为参照。$+p < 0.1$，$*p < 0.05$，$**p < 0.01$，$***p < 0.001$。

制度与私营企业主遭受企业同行侵害之后的维权方式选择。由表 4–39 可以看到，私营企业主遭受企业同行侵权之后的维权方式选择存在制度性差异。模型 1 显示，地方制度发育指数对私营企业主遭受同行侵害之后选择“私下协商”（选择“私下协商”与选择“沉默忍受”之比）这种维权方式进行维权有显著性影响，地方制度发育指数每增加 1，私营企业主选择“私下协商”（同上）的概率增加 37.6%（$e^{0.319}-1$）。模型 2 显示，政府保护企业权益程度对私营企业主遭受同行侵害之后选择“求助政府”（选择“求助政府”与选择“沉默忍受”之比）这种维权方式进行维权也有显著性影响。政府保护企业权益程度每增加 1，私营企业主选择“求助政府”（同上）的概率增加 82.6%（$e^{0.602}-1$）。综合模型 1 和模型 2 的分析结果可以看到，地方制度健全程度越高，私营企业主遭受企业同行侵害之后选择“求助政府”和“私下协商”等主动型维权方式进行维权的可能性越大，而其中选择“求助政府”这种制度化维权方式进行维权的可能性更大。假设 3–1a 得到支持。

政治关系与私营企业主遭受企业同行侵权之后的维权方式选择。由表 4–39 可以看到，政治关系对私营企业主遭受同行侵权之后的维权方式选择有一定影响。模型 1 显示，在政府部门是否有朋友或亲戚对私营企业主选择“私下协商”（选择“私下协商”与选择“沉默忍受”之比）这种较为主动的合作性维权方式进行维权有较显著影响。从具体数据看，跟在政府部门没有朋友或亲戚的私营企业主相比，那些在政府部门有朋友或亲戚的私营企业主选择“私下协商”（同上）的概率高 1.6 倍（$e^{0.940}-1$）。模型 2 显示，在政府部门是否有朋友或亲戚对私营企业主遭受同行侵权之后选择“求助政府”（选择“求助政府”与选择“沉默忍受”相比）这种制度化维权方式（温和式对抗性维权方式）进行维权也有较显著影响。从具体数据看，跟在政府部门没有朋友或亲戚的私营企业主相比，那些在政府部门有朋友或亲戚的私营企业主选择“求助政府”（同上）的概率高 1.5 倍（$e^{0.920}-1$）。尽管“私下协商”是一种合作性维权方式，而“求助政府”是一种温和式对抗性维权方式（也可看作是一种制度化维权方式），但两者之间的这种差异也不能掩盖其间的共同点，即都属于与“沉默忍受”这种退让型维权方式相对的主动型维权方式。因此，综合模型 1 和模型 2 的分析结果可以看到，跟没有政治关系的私营企业主相比，借助政府部门的朋友或亲戚与地方政府建立了非正式政治关系的私营企业主更可能选择“私下协商”和“求助政府”等主动型维权方式进行维权。假设 3–1b 得到支持。

交易成本与私营企业主遭受同行侵权之后的维权方式选择。由表 4–39 可以看到，企业同行侵权引发的交易成本对私营企业主的维权方式选择有一定影响。模型 2 显示，企业规模越大，私营企业主越倾向于选择“求助政府”（选择“求助政府”与选择“沉默忍受”相比）这种制度化维权方式进行维权。具体数据显示，企业雇工人数每增加 1 人，私营企业主选择“求助政府”（同上）的概率增加 59.5%（$e^{0.467}-1$）。而模型 3 显示，私营有限责任公司投资人遭受同行侵权之后选择“法律诉讼”进行维权的概率（选择“法律诉讼”与选择“沉默忍受”相比）是独资企业投资人的 4.6 倍。前面的分析已经指出，企业规模越大，私营企业主遭受侵权所造成的相对损失或机会损失（侵权交易成本）也越大；侵权给独资企业造成相对损失或机会损失（侵权交易成本）比私营有限责任公司大。

而“求助政府”和“法律诉讼”都属于制度化维权方式。综上分析可以发现，在同行侵权交易成本与私营企业主选择制度化维权方式不存在一种简单的对应关系，也就是说，不存在同行交易成本增加或减少，私营企业主选择制度化维权方式的概率也相应增加或减少这样一种对应关系。假设 3-1c 被否定或有待进一步检验。

另外，由表 4-39 还可看到，受教育程度越高，私营企业主遭受同行侵权之后越倾向于选择“私下协商”和“求助政府”这些主动的但对抗性不强的维权方式进行维权。

3. 私营企业主维权方式选择的效果

遭受同行侵权之后，私营企业主的维权效果见表 4-40。

表 4-40 显示，在回答该道题的 367 位私营企业主中，有 81.7% 表示其维权行为达到了一定效果，其中表示“经过维权后，同行侵权停止了”的有近 20%；而表示“同行侵权行为没有改变”的也不少，有 16.7%；另有 1.6% 的私营企业主则表示“经过维权后，同行侵权行为更为严重了”。

表 4-40　基于同行侵权的私营企业主维权方式选择的效果

	侵权行为更为严重	侵权行为没有改变	侵权方减少了侵害	侵权方停止了侵害	合计
频数	6	61	231	69	367
百分比（%）	1.6	16.7	62.9	18.8	100

为了进一步了解私营企业主上述维权效果的决定因素，我们以维权效果为因变量，以企业主年龄、受教育年限、企业类型、企业所属行业、企业规模、企业是否设立中共党组织、企业主是否是中共党员、是否担任人大代表、是否担任政协委员、在政府部门是否有亲戚或朋友、地方制度发育指数、政府保护企业权益、维权方式为解释变量，建立多元线性回归方程，所得结果见表 4-41。

从表 4-41 可以看到，只有维权方式和个别企业特征变量对私营企业主遭受同行侵权后的维权方式选择效果有一定解释力。表 4-41 显示，跟合作性维权方式相比，私营企业主遭受同行侵权后选择温和型对抗性维权方式和激烈型对抗性维权方式进行维权的效果更好，后者的维权效果较前者分别提高了 31.1%（$e^{0.271}-1$）和 51.9%（$e^{0.418}-1$）。表 4–41 也显示，股份有限公司遭受同行侵权后的维权效果比独资企业差，前者的维权效果较后者小 24.9%（$1-e^{-0.286}$）。

表 4–41　私营企业主维权方式选择的效果的决定因素分析

变量	维权效果	
	回归系数	标准误
企业主变量		
年龄	–0.002	0.006
受教育年限	–0.015	0.017
企业特征变量		
企业年龄	–0.013	0.008
企业类型 [a]		
合伙企业	–0.179	0.123
私营有限责任公司	–0.175	0.110
股份有限公司	–0.286+	0.164
企业所属行业 [b]		
工业、采矿与建筑业	–0.013	0.170
销售业	–0.029	0.177
服务业	–0.167	0.189
企业规模	–0.019	0.034
政治关系变量		
中共党员 [c]	–0.071	0.102
企业党组织 [d]	0.094	0.124
人大代表 [e]	–0.038	0.114
政协委员 [f]	0.010	0.134
政府朋友 / 亲戚 [g]	–0.107	0.087
制度变量		
地方制度发育指数	0.013	0.014
政府保护企业权益	–0.039	0.046
维权方式		
温和型对抗性维权方式 [h]	0.271**	0.097
激烈型对抗性维权方式 [i]	0.418**	0.124
常数	3.425***	0.367
$Adj-R^2$	0.062	
N	240	

注：a. 企业类型是虚拟变量，在模型设定中，以独资企业为参照；b. 以农林生产或加工业为参照；c. 以非中共党员为参照；d. 以没企业党组织为参照；e. 以不是人大代表为参照；f. 以不担任政协委员为参照；g. 没有政府朋友或亲戚为参照；h 和 i 均以

合作性维权方式为参照。$+p < 0.1$，$*p < 0.05$，$**p < 0.01$，$***p < 0.001$。

（二）企业客户与私营企业主间权益关系的实证检验

1. 客户的侵权行为

（1）私营企业主遭受客户侵权的表现

私营企业主与客户的关系也是平等的市场关系，他们在利益合作、交换的同时也存在利益冲突和矛盾，也因此而不断引发私营企业主遭受客户侵权的现象。前面的数据分析已经表明，有 70.5% 的被访私营企业主遭受过客户的侵权。为进一步了解私营企业主遭受客户侵权的具体情况，我们在个案访谈和文献查阅的基础上设计了相关问卷题目，并以之访问了被访私营企业主，所得结果见表 4–42。

表 4–42　私营企业主遭受客户侵权的具体表现

	客户侵权行为				
	拖欠货款	故意挑产品 / 服务质量的刺	破坏产品后故意找麻烦	其他	合计
观察值	225	119	34	8	394
百分比（%）	58.3	30.8	8.8	2.1	100

由表 4–42 可看到，“拖欠货款”和“故意挑产品或服务质量的刺”是私营企业主所遭受的主要客户侵权行为。在回答该题项的 394 位被访私营企业主中，有高达 58.3% 认为“拖欠货款”是最主要的客户侵权行为，这标示拖欠货款已的确成为“当前经济的一大毒瘤”（冯春，2000），已严重地影响到了私营企业主的基本权益（樊纲，1996；张杰、冯俊新，2011）。另有近 31% 的被访私营企业主认为“故意挑产品或服务质量的刺”是最主要的客户侵权行为，这也基本反映了市场领域“顾客至上”或“消费者保护主义”等制度化理念所导致的非预期的结果。在个案访谈中，一位经营酒店式公寓的老板跟笔者讲，一个顾客因没有正确使用客房热水器而被烫伤，要求赔偿损失。尽管跟顾客讲道理、讲法律，但他仍坚持自己的无理要求。之后为息事宁人，还是适当给了对方一些补偿。类似的故事

并不少见。此外，其他客户侵权行为相对较少，总计也不到 11%。

（2）私营企业主遭受客户侵权的影响因素分析

为了更进一步分析私营企业主遭受客户侵权的影响因素及其机制，我们以私营企业主是否遭受过客户侵权为因变量，以制度、企业特征、企业主的人力资本和政治关系为自变量，建立了一组嵌套 logit 模型，所得结果见表 4–43。

由表 4–43 中的嵌套模型可以看出，企业特征变量中的企业所在行业和企业类型、企业主的年龄等变量对私营企业主遭受客户侵权有独立的显著性影响。模型 3 显示，地方制度越健全规范，所在地区私营企业主遭受客户侵权的可能性越小，但不显著。这表明，私营企业主是否遭受客户侵权在制度上不存在显著差异。这也许有两方面的原因：一是与客户侵权有关的制度规制在地区间的差异并不大；二是“拖欠货款”和由“顾客至上”或“消费者保护主义”理念所主导的“故意挑产品或服务质量的刺”等客户侵权行为可能已成为中国转型经济中的一种广为接受的制度性行为，这可从“拖欠货款”已成为企业尤其是中小私营企业融资的一种非正式制度安排和企业间关系的“普遍”事实中看到踪迹。

模型 3 显示，跟农林生产或加工业私营企业主相比，销售业私营企业主遭受客户侵权（遭受客户侵权与没遭受客户侵权相比）的概率高 1.96 倍（$e^{1.085}-1$），或者说，销售业私营企业主遭受客户侵权的概率是农林生产或加工业的 2.96 倍。在销售行业中，商家为扩大销售量、抢占市场份额，在大件商品批发业务中多采取赊账销售模式。对于生客户来说，肯定是货到付款；但对于长期客户尤其是政府单位之类的客户来说，货到付款模式可能会失效，他们通常采取“能拖则拖”的策略，货主为稳定客户源通常也不会因为客户拖欠货款就不再与之做生意，也因此不得不“接受”客户的侵害。

表 4-43 私营企业主遭受客户侵权的 logistic 回归分析结果

	模型 1		模型 2		模型 3	
	系数	标准误	系数	标准误	系数	标准误
人力资本变量						
年龄	0.194*	0.092	0.264*	0.115	0.254*	0.118
年龄的平方	–0.003*	0.001	–0.003*	0.001	–0.003*	0.001
受教育年限	0.008	0.043	0.059	0.056	0.043	0.059
企业特征变量						
企业年龄	0.045*	0.022	0.021	0.029	0.023	0.031
企业类型 [a]						
合伙企业	–0.110	0.372	0.108	0.521	0.019	0.532
私营有限责任公司	–0.665*	0.298	–0.944*	0.401	–0.906*	0.408
股份有限公司	–0.599	0.382	–0.847+	0.513	–0.952+	0.542
企业所属行业 [b]						
工业、采矿与建筑业	0.391	0.421	0.984+	0.571	0.608	0.609
销售业	0.521	0.443	1.497*	0.607	1.085+	0.643
服务业	0.329	0.457	0.794	0.604	0.559	0.646
企业规模	–0.069	0.083	–0.043	0.123	–0.038	0.127
政治关系变量						
企业捐款			–0.074	0.063	–0.063	0.063
中共党员 [c]			–0.187	0.344	–0.145	0.371
企业党组织 [d]			0.450	0.407	0.658	0.425
人大代表 [e]			0.309	0.398	0.139	0.413
政府朋友 / 亲戚 [f]			0.259	0.306	0.387	0.321
制度变量						
地方制度发育指数					–0.005	0.053
政府保护企业权益					–0.179	0.169
常数	–2.309	2.074	–4.598+	2.582	3.880	2.726
对数似然率	–261.4		–158.2		–150.2	
Pseudo R^2	0.048		0.080		0.084	
N	459		304		291	

注：a. 企业类型是虚拟变量，在模型设定中，以独资企业为参照；b. 以农林生产或加工业为参照；c. 以非中共党员为参照；d. 以没企业党组织为参照；e. 以不是人大代表为参照；f. 以没有政府朋友或亲戚为参照。$+p < 0.1$，$*p < 0.05$，$**p < 0.01$，$***p < 0.001$。

模型 3 也显示，跟独资企业投资人相比，私营有限责任公司投资人遭受客户侵权（遭受客户侵权与没遭受客户侵权之比）的概率低 59.6%（$1-e^{-0.906}$），股份有限公司投资人遭受客户侵权（同上）的概率低 61.4%（$1-e^{-0.952}$）。这可能与企业管理机制有关。就拖欠货款来说，同样采取赊账销

倍（$e^{0.903}-1$）。也就是说，制度越健全规范的地区，私营企业主越倾向于选择“私下协商”（同上）这种维权方式进行维权。模型 2 显示，政府保护企业权益程度每增加 1，私营企业主遭受客户侵权之后选择“求助政府”（选择“求助政府”与选择“沉默忍受”之比）进行维权的概率增加 2.8 倍（$e^{1.364}-1$）。也就是说，政府保护企业权益的制度越健全，私营企业主越倾向于选择“求助政府”（同上）这种维权方式进行维权。模型 3 也显示，政府保护企业权益程度每增加 1，私营企业主遭受客户侵权之后选择“法律诉讼”（选择“法律诉讼”与选择“沉默忍受”之比）进行维权的概率增加 2.7 倍（$e^{1.314}-1$）；企业对客户的信任度每增加 1，私营企业主选择“法律诉讼”（同上）进行维权的概率增加 1.9 倍（$e^{1.07}-1$）。也就是说，制度越健全规范的地区，私营企业主越倾向于选择“法律诉讼”（同上）这种维权方式进行维权。综合上述 3 个模型的分析结果可以得出如下结论：制度越健全规范的地区，私营企业主选择“私下协商”“求助政府”和“法律诉讼”（跟“沉默忍受”相比）等积极主动性维权方式进行维权的可能性越大。假设 3–2a 得到支持。

政治关系与私营企业主遭受客户侵权之后的维权方式选择。由表 4–45 可以看到，政治关系变量对私营企业主遭受客户侵权之后的维权方式选择也存在显著性影响。模型 1 显示，跟在政府部门没朋友或亲戚的私营企业主相比，在政府部门有朋友或亲戚的私营企业主选择“私下协商”（选择“私下协商”与选择“沉默忍受”之比）进行维权的概率大 6.6 倍（$e^{2.028}-1$）；模型 2 显示，跟非中共党员私营企业主相比，中共党员私营企业主选择“求助政府”（选择“求助政府”与选择“沉默忍受”相比）进行维权的概率大 3 倍（$e^{1.387}-1$）。综合模型 1 和模型 2 的分析结果，可得出如下结论：跟没有政治关系的私营企业主相比，通过中共党员身份或政府部门的朋友或亲戚与地方政府建立了正式的或非正式政治关系的私营企业主更倾向于选择“私下协商”和“求助政府”这种积极主动性维权方式进行维权，尤其是更倾向于选择“私下协商”这种主动合作性维权方式维权。假设 3–2b 得到支持。

表 4–45　遭受客户侵权之后，私营企业主维权方式选择的多项 logistic 回归分析结果

	模型 1 私下协商 / 沉默忍受		模型 2 求助政府 / 沉默忍受		模型 3 法律诉讼 / 沉默忍受	
	系数	标准误	系数	标准误	系数	标准误
人力资本变量						
年龄	–0.052	0.062	–0.061	0.065	–0.071	0.065
受教育年限	0.222	0.206	0.198	0.212	0.326	0.125
企业特征变量						
企业类型 [a]						
合伙企业	–1.540	1.728	–1.612	1.765	–1.388	1.787
私营有限责任公司	–2.115	1.362	–2.528^{+}	1.393	–2.219	1.421
股份有限公司	–2.833^{+}	1.649	–3.239^{+}	1.715	–2.592	1.725
企业所属行业 [b]						
工业、采矿与建筑业	–15.329**	5.028	–16.187**	5.047	–14.190**	4.942
销售业	–14.850**	4.769	–15.049**	4.787	–14.609**	4.699
服务业	–18.242***	5.122	–18.253***	5.142	–16.934**	5.060
企业规模	0.768^{+}	0457	1.032*	0.467	1.091*	0.470
政治关系变量						
中共党员 [c]	1.735	1.099	2.052^{+}	1.148	1.088	1.134
政府朋友 / 亲戚 [d]	2.028*	0.968	1.387	1.003	1.322	1.009
制度变量						
地方制度发育指数	0.200	0.144	0.196	0.219	0.062	0.222
政府保护企业权益	1.026*	0.467	1.364**	0.496	1.314**	0.504
企业对客户的信任度	0.903^{+}	0.510	0.643	0.532	1.070*	0.540
常数	21.047***	2.016	19.976***	2.325	15.494***	2.869
对数似然率	–262.3					
Pseudo R^2	0.137					
N	307					

注：a. 企业类型是虚拟变量，在模型设定中，以独资企业为参照；b. 以农林生产或加工业为参照；c. 以非中共党员为参照；d. 以没有政府朋友或亲戚为参照。$+p < 0.1$，$*p < 0.05$，$**p < 0.01$，$***p < 0.001$。

交易成本与私营企业主遭受客户侵权之后的维权方式选择。由表 4–45 还可以看到，客户侵权给私营企业主造成的相对损失或机会损失（侵权交易成本）对私营企业主的维权方式选择有一定的影响。模型 1、模型 2 和模型 3 都显示，企业规模越大，私营企业主遭受客户侵权之后越倾向于选择“私下协商”“求助政府”和“法律诉讼”（跟“沉默忍受”相比）之

类的主动型维权方式进行维权；模型 1 还显示，独资企业投资人比股份有限公司投资人更倾向于选择“私下协商”（同上）这种维权方式进行维权；模型 2 也显示，独资企业投资人比私营有限责任公司和股份有限公司投资人更倾向于选择“求助政府”（同上）进行维权。前面的分析已经表明，侵权给独资企业造成的相对损失比给其他类型企业造成的相对损失更大，侵权给规模越大的企业造成的相对损失或机会损失也越大，也就是说，侵权给独资企业和规模越大的企业造成的交易成本更大。由此可以得出如下结论：客户侵权引发的交易成本越大，私营企业主遭受客户侵权之后越（或更）倾向于选择“私下协商”“求助政府”或“法律诉讼”（跟“沉默忍受”相比）等主动性维权方式进行维权。但表 4–45 中 3 个模型又显示，企业所属行业变量与私营企业主遭受客户侵权之后的维权方式选择的关系则与上述关系相左。因此，假设 3–2c 是否成立还需进一步检验。

综合上述两节的数据分析结果可以看到，假设 3–1c 和假设 3–2c 都未得到有力的支持，即市场侵权所引发的交易成本与私营企业主维权方式选择之间的关系比较复杂，很难下一个简单的结论。

3. 私营企业主维权方式选择的效果

遭受客户侵权之后，私营企业主维权方式选择的效果见表 4–46。

表 4–46 显示，在回答该道题的 375 位私营企业主中，仅有 11% 表示达到了一定效果，且表示“经过维权后，客户侵权停止了”的只有 0.8%；有近高达 71% 的私营企业主表示“经过维权后，客户侵权没有改变”；另有高达 18.1% 的被访私营企业主表示“经过维权后，客户侵权更严重了”。

表 4–46　基于客户侵权的私营企业主维权方式选择的效果

	侵权行为更为严重	侵权行为没有改变	侵权方减少了侵害	侵权方停止了侵害	合计
频数	68	266	38	3	375
百分比（%）	18.1	70.9	10.2	0.8	100

为了更进一步考察私营企业主遭受客户侵权后的维权方式选择为什么呈现出上述效果，我们以维权效果为因变量，企业主年龄、受教育年限、

企业年龄、企业类型、企业所属行业、企业规模、企业主是否为中共党员、地方制度发育指数、政府保护企业权益和维权方式为解释变量，建立多元线性回归方程，所得结果见表 4-47。

从表 4-47 可以看到，只有制度变量对私营企业主遭受客户侵权后的维权方式选择效果有一定解释力。政府保护企业权益程度越高，私营企业主遭受客户侵权后的维权效果越好。政府保护企业权益程度每增加 1，私营企业主遭受客户侵权后的维权效果则提高 14.3%（$e^{0.134}-1$）。

表 4-47　基于客户侵权的私营企业主维权方式选择的效果决定因素的回归分析结果

变量	维权效果	
	回归系数	标准误
企业主变量		
年龄	–0.002	0.004
受教育年限	0.010	0.013
企业特征变量		
企业年龄	0.009	0.006
企业类型 [a]		
合伙企业	0.060	0.094
私营有限责任公司	0.108	0.080
股份有限公司	0.055	0.119
企业所属行业 [b]		
工业、采矿与建筑业	–0.110	0.125
销售业	–0.067	0.129
服务业	–0.123	0.136
企业规模	–0.016	0.026
政治关系变量		
中共党员 [c]	–0.021	0.074
制度变量		
地方制度发育指数	0.005	0.011
政府保护企业权益	0.134***	0.036
维权方式		
温和型对抗性维权方式 [d]	0.057	0.085
激烈型对抗性维权方式 [e]	0.112	0.089
常数	3.104***	0.285
$Adj\text{-}R^2$	0.031	
N	294	

注：a. 企业类型是虚拟变量，在模型设定中，以独资企业为参照；b. 以农林生产或加工业为参照；c. 以非中共党员为参照；d 和 e 均以合作性维权方式为参照。$+p < 0.1$，$*p < 0.05$，$**p < 0.01$，$***p < 0.001$。

（三）企业员工与私营企业主间权益关系的实证检验

1. 员工的侵权行为

（1）私营企业主遭受员工侵权的表现

本章第一节的数据分析已表明，企业员工也是私营企业主权益遭受侵害的不容忽视的重要来源，高达 57.5% 的被访私营企业主报告遭受过员工侵权。接下来的问题是，员工是怎样侵害私营企业主的合法权益的？或者说，员工侵害私营企业主的具体表现是什么？基于文献查阅和个案访谈，我们获悉员工侵害私营企业主的方式主要有恶意损坏生产设备或产品、串通社会闲杂人员损坏生产现场、提出过高的工资福利要求、人身侵犯或威胁、擅自离职、泄露企业商业秘密和私拿货单等方面。我们针对这些方面访问了私营企业主，所得结果见表 4–48。

表 4–48　私营企业主遭受企业员工侵权的具体表现

	是否遭受员工侵权			企业员工侵权方式								
	否	是	合计	恶意损坏生产设备/产品	串通社会闲杂人员损坏生产现场	提出过高的工资福利要求	人身侵犯或威胁	擅自离职	泄露企业商业秘密	私拿企业货单	其他	合计
观察值	232	314	546	19	38	65	17	97	49	17	12	314
百分比（%）	42.5	57.5	100	6.0	12.1	20.6	5.4	30.8	15.6	5.4	4.1	100

表 4–48 显示，被访私营企业主遭受员工侵权的最主要的表现是“擅自离职”，即未按合同要求提前告知企业或企业主，也未正式办理离职手续，就离开单位，从而给原企业的人事安排和生产管理造成负面影响，遭受过该类员工侵权的私营企业主占了近三成（30.8%）；其次是“提出过高的工资福利要求”，以要挟企业来达到自己目的，从而损害企业利益，遭受过该类员工侵权的私营企业主达到了 20.6%；再次是“泄露企业商业秘密”，有 15.6% 的被访私营企业主遭受过该类员工侵害，媒体报道的员工侵权案例也多与泄露企业商业秘密有关；尔后依次是“串通社会闲杂人

员损坏生产现场”（12.1%）、“恶意损坏生产设备或产品”（6.0%）、“人身侵犯或威胁”和“私拿货单”（各占 5.4%）、“其他”（4.1%）。如果进一步整合上述员工侵权方式，可将“擅自离职”“提出过高的工资福利要求”“泄露企业商业秘密”和“私拿货单”归为经济性侵权，而“串通社会闲杂人员损坏生产现场”“恶意损坏生产设备或产品”和“人身侵犯或威胁”则可归为社会性侵权。由此可以看到，私营企业主所遭受的员工经济性侵权占 71.6%，遭受的员工社会性侵权为 23.5%。

（2）私营企业主遭受员工侵权的影响因素分析

为什么有的私营企业主遭受了员工的侵权，而有一些则没有呢？是哪些因素在影响私营企业主遭受员工的侵权？为此，我们以私营企业主是否遭受过员工侵权为因变量，以制度、政治关系、人力资本和企业特征等维度共 12 个变量为解释变量，建立嵌套 logit 模型，所得结果见表 4–49。

从表 4–49 中的三个模型可以看到，只有地方制度发育指数和年龄对私营企业主是否遭受员工的侵权有较稳定的显著影响。模型 3 显示，地方制度发育指数越高，私营企业主遭受员工侵权的概率也越高。具体来说，地方制度发育指数每增加 1，私营企业主遭受员工侵权的概率增加 9.9%（$e^{0.094}-1$）。这一有违常识的发现可能是之前已经分析过的两个因素共同作用的结果。一是不同地区的制度发育水平尽管存在差异，但总体水平都不是很高；即使东部地区的制度发育水平比较高，但其依然很不完善，尤其是有关员工与企业关系的法律制度仍不足以很好地约束员工的行为。二是私营经济发达的地区也几乎正是制度发育水平比较高的地区，而私营经济的发达则正好为员工侵权提供了更多的机会。

表 4–49　私营企业主遭受员工侵权的 logistic 回归分析结果

变量	模型 1		模型 2		模型 3	
	系数	标准误	系数	标准误	系数	标准误
人力资本变量						
年龄	–0.035**	0.013	–0.044**	0.014	–0.046**	0.015
受教育年限	–0.009	0.038	–0.001	0.043	0.029	0.046
企业特征变量						

续表

变量	模型 1		模型 2		模型 3	
	系数	标准误	系数	标准误	系数	标准误
企业年龄	0.018	0.019	0.004	0.022	–0.012	0.023
企业类型[a]						
合伙企业	0.115	0.312	0.034	0.341	0.002	0.350
私营有限责任公司	–0.059	0.251	–0.179	0.280	–0.160	0.290
股份有限公司	0.163	0.337	0.065	0.380	–0.056	0.409
企业所属行业[b]						
工业、采矿与建筑业	0.451	0.384	0.337	0.424	0.312	0.442
销售业	0.418	0.402	0.426	0.446	0.476	0.468
服务业	0.658	0.422	0.521	0.467	0.568	0.485
企业规模	0.0001	0.0002	0.0002	0.0003	0.0005	0.0006
政治关系变量						
中共党员[c]			0.132	0.268	0.203	0.285
企业党组织[d]			0.182	0.308	0.255	0.328
人大代表[e]			0.173	0.315	0.232	0.336
政府朋友 / 亲戚[f]			0.047	0.225	0.167	0.234
制度变量						
地方制度发育指数					0.094*	0.041
政府保护企业权益					0.155	0.123
常数	1.303	0.806	1.703^{+}	0.928	0.909	1.008
对数似然率	–304.4	–256.2	–240.7			
Pseudo R^2	0.02		0.03		0.05	
N	459		391		376	

注：a. 企业类型是虚拟变量，在模型设定中，以独资企业为参照；b. 以农林生产或加工业为参照；c. 以非中共党员为参照；d. 以没企业党组织为参照；e. 以不是人大代表为参照；f. 以没有政府朋友或亲戚为参照。$+p < 0.1$，$*p < 0.05$，$**p < 0.01$，$***p < 0.001$。

模型 3 还显示，私营企业主的年龄越大，其遭受员工侵权的概率越低。具体来看，私营企业主的年龄每增大 1 岁，其遭受员工侵权的概率就降低 4.5%($1-e^{-0.045}$)。这可能是年龄越大的私营企业主防范员工侵权的意识越强、相关防范措施越严密，相关经验(例如，善于有针对性地处理与员工的关系) 也越丰富的结果。

另外，从该模型看，只有两个变量对私营企业主是否遭受员工侵权有较显著的影响，且模型解释力也不是很大，这提示我们在今后的研究中可能需纳入新的变量，如有关企业管理方面的变量。

2. 私营企业主的维权方式选择

（1）私营企业主维权方式选择的表现

面对员工的侵权，私营企业主又有何应对之策呢？为此我们设计了相应的问卷题目，访问被访私营企业主，所得结果见表 4–50。

表 4–50　遭受企业员工侵权后，私营企业主的维权方式选择

	私营企业主的维权方式						
	沉默忍受	私下协商	求助政府职能部门	法律诉讼	求助工商联或私协	其他	合计
观察值	17	193	34	37	11	15	307
百分比（%）	5.5	62.9	11.1	12.1	3.6	4.8	100

表 4–50 显示，在回答该题的 307 位被访私营企业主中，有高达 62.9% 选择了“私下协商”这种积极型的非制度化（合作性）维权方式进行维权；其次是“法律诉讼”，有 12.1% 的私营企业主选择了这种制度化的、激烈型对抗性的维权方式；再次是“求助政府职能部门”，有 11.1% 的私营企业主选择了该种制度化的维权方式；尔后依次是“沉默忍受”（5.5%）、“其他”（4.8%）和“求助工商联或私协”（3.6%）。简单整合一下上述维权方式选择后可以发现，私营企业主遭受员工侵权后选择制度化（对抗性）维权方式进行维权的只有 26.8%，而选择非制度化（合作性）维权方式的高达 68.4%，且其中绝大多数选择了积极型合作性维权方式（私下协商）。可见，这些数据发现与之前有关员工与私营企业主之间侵权 – 维权关系的总体性推定基本一致。

（2）私营企业主维权方式选择的影响因素分析

为了进一步考察了私营企业主遭受员工侵权之后维权方式选择的影响因素和机制，我们分别以选择制度化维权方式还是非制度化维权方式、选择激烈型对抗性维权方式、温和型对抗性维权方式还是合作性维权方式为因变量，以制度、政治关系和与交易成本相关的企业特征等维度共 8 个变量为自变量，控制企业主人力资本变量，建立 logit 模型和 mlogit 模型，所

得结果见表 4–51。

制度与私营企业主遭受员工侵权后的维权方式选择。从表 4–51 中各模型可看到，私营企业主遭受员工侵权后的维权方式选择存在较显著的制度差异。模型 1 显示，政府保护企业权益程度越高，私营企业主选择制度化维权方式进行维权的概率越大：政府保护企业权益程度每增加 1，私营企业主遭受员工侵权后选择制度化维权方式的概率增加 50.9%（$e^{0.412}-1$）；模型 2 显示，政府保护企业权益程度每增加 1，私营企业主遭受员工侵权后选择作为制度化维权方式的温和型对抗性维权方式的概率增加 49.5%（$e^{0.402}-1$）。可见，假设 3–3a 得到支持。

表 4–51　遭受企业员工侵权之后，私营企业主维权方式选择的 logistic 回归分析结果

变量	模型 1		模型 2			
	制度化维权方式[e]		温和型对抗性维权方式[f]		激烈型对抗性维权方式[g]	
	系数	标准误	系数	标准误	系数	标准误
人力资本变量						
年龄	–0.225	0.023	–0.019	0.024	–0.068	0.067
受教育年限	0.098	0.066	0.092	0.069	0.249	0.198
企业特征变量						
企业年龄	0.049	0.030	0.058⁺	0.031	0.070	0.089
企业类型						
合伙企业[a]	1.016⁺	0.537	0.937⁺	0.554	2.076***	0.412
私营有限责任公司	0.656	0.466	0.576	0.475	2.026***	0.434
股份有限公司	1.364*	0.568	0.848	0.613	2.324***	0.433
企业所属行业[b]						
工业、采矿与建筑业	–0.207	0.687	0.015	0.752	–2.442	1.734
销售业	–0.746	0.729	–0.882	0.812	–0.183	1.380
服务业	–0.712	0.744	–0.691	0.821	–1.131	1.450
企业规模	0.0002	0.0002	0.003	0.0002	–0.003	0.005
政治关系变量						
中共党员[c]	0.355	0.371	0.390	0.392	0.612	0.902
政府朋友 / 亲戚[d]	0.680*	0.335	0.815*	0.354	–0.160	0.926
制度变量						
地方制度发育程度指数	0.042	0.053	0.068	0.055	–0.242	0.303
政府保护企业权益	0.412*	0.177	0.402*	0.187	0.721	0.511

续表

<table>
<tr><td rowspan="3">变量</td><td colspan="2">模型 1</td><td colspan="4">模型 2</td></tr>
<tr><td colspan="2">制度化维权方式 [e]</td><td colspan="2">温和型对抗性维权方式 [f]</td><td colspan="2">激烈型对抗性维权方式 [g]</td></tr>
<tr><td>系数</td><td>标准误</td><td>系数</td><td>标准误</td><td>系数</td><td>标准误</td></tr>
<tr><td>常数</td><td>–2.799⁺</td><td>1.638</td><td>–3.235⁺</td><td>1.735</td><td>–2.328</td><td>1.986</td></tr>
<tr><td>对数似然率</td><td colspan="3">–123.7</td><td colspan="3">–137.1</td></tr>
<tr><td>*Pseudo* R^2</td><td colspan="3">0.113</td><td colspan="3">0.162</td></tr>
<tr><td>*N*</td><td colspan="3">241</td><td colspan="3">241</td></tr>
</table>

注：a. 企业类型是虚拟变量，在模型设定中，以独资企业为参照；b. 以农林生产或加工业为参照；c. 以非中共党员为参照；d. 以没有政府朋友或亲戚为参照；e. 以非制度化维权方式为参照；f 和 g 均是以合作性维权方式为参照。$+p < 0.1$，$*p < 0.05$，$**p < 0.01$，$***p < 0.001$。

政治关系与私营企业主遭受员工侵权之后的维权方式选择。从表 4–51 中各模型可以看到，政治关系对私营企业主遭受员工侵权后的维权方式选择有较显著的影响。模型 1 显示，跟在政府机关没有朋友或亲戚的私营企业主相比，在政府机关有朋友或亲戚的私营企业主遭受员工侵权后更可能选择制度化维权方式进行维权：后者选择制度化维权方式进行维权的概率是前者的 1.97 倍（$e^{0.680}$）；模型 2 显示，跟在政府机关没有朋友或亲戚的私营企业主相比，在政府机关有朋友或亲戚的私营企业主遭受员工侵权后更可能选择作为制度化维权方式的温和型对抗性维权方式进行维权：后者选择温和型对抗性维权方式进行维权的概率是前者的 2.26 倍（$e^{0.815}$）。假设 3–3b 得到支持。

交易成本与私营企业主遭受员工侵权之后的维权方式选择。从表4–51 中各模型可以看到，与交易成本有关的企业特征变量对私营企业主遭受员工侵权后的维权方式选择也有较显著的影响。模型 1 显示，跟独资企业相比，合伙企业和股份有限公司遭受员工侵权后选择制度化维权方式的概率都更高：合伙企业和股份有限公司遭受员工侵权后选择制度化维权方式的概率分别是独资企业的 2.76 倍（$e^{1.016}$）和 3.91 倍（$e^{1.364}$）；模型 2 显示，合伙企业主遭受员工侵权后选择作为制度化维权方式的温和型对抗性维权方式的概率是独资企业的 2.55 倍（$e^{0.937}$），合伙企业、私营有限责任公司和股份有限公司遭受员工侵权后也都比独资企业更可能选择作为制度化维权方式的激烈型对抗性维权方式进行维权。可见，私营企业主遭受员工侵权后的维权方式选择遵循的是交易成本最小化的原则。假设 3-3c 得到支持。

3. 私营企业主维权方式选择的效果

为了考察私营企业主遭受员工侵权后的维权方式选择效果，我们设计了“经过维权后，您达到了预期的效果吗”这样一道题目访问私营企业主，所得结果见表 4-52。

表 4-52　基于员工侵权的私营企业主维权方式选择的效果

	侵权行为更为严重	侵权行为没有改变	侵权方减少了侵害	侵权方停止了侵害	合计
频数	3	33	196	69	301
百分比（%）	1.0	11.0	65.1	22.9	100

表 4-52 显示，在回答该道题的 301 位私营企业主中，有 88% 表示维权达到了一定效果，且其中有近 23% 的被访私营企业主表示“经过维权后，员工侵权停止了”；有 11% 的被访私营企业主表示“经过维权后，员工侵权没有改变”，另有 1% 的私营企业主表示“经过维权后，员工侵权更为严重了”。

本打算进一步考察私营企业主遭受员工侵权后维权方式选择效果的决定因素，但模型拟合效果较差，这说明我们的模型选择值得进一步斟酌。

五、私营企业主维权方式选择之比较

综合前面三部分数据分析的结果，将私营企业主遭受不同侵权之后的维权方式选择进行比较，所得结果见表 4-53。

在表 4-53 中，横行表示的是私营企业主的维权方式：沉默忍受、私下协商、求助工商联或私企协会、求助相关政府部门、找公安机关、诉诸法律、自发联合起来解决和向媒体反映，可将其归纳为退让式合作性维权方式（沉默忍受）、主动式合作性维权方式或庇护式维权方式（私下协商）、温和式对抗性维权方式（求助工商联或私企协会、求助相关政府部门）和激烈式对抗性维权方式（找公安机关、诉诸法律、自发联合起来解决和向媒体反映）等维权类型，还可进一步简化为合作性维权方式和对抗性维权方式两种维权类型。按照横行从走至右的方向，维权方式是由合作到对抗，且对抗程度逐渐由弱变强。

表 4–53 私营企业主遭受不同侵权时的维权方式选择之比较

		私营企业主的维权方式							
		沉默忍受	私下协商	求助工商联或私协	求助相关政府部门	找公安机关	诉诸法律	自发联合起来解决	向媒体反映
侵权方	地方政府	24.9 （70）	51.0 （143）	4.9 （14）	13.5 （38）	—	2.5 （7）	2.5 （7）	0.7 （2）
	黑恶势力	11.2 （27）	52.9 （128）	2.5 （6）	16.5 （40）	16.9 （41）	—	—	—
	新闻媒体	8.4 （13）	30.4 （47）	14.8 （23）	16.8 （26）		27.7 （43）		
	企业同行	6.8 （26）	47.4 （180）	13.9 （53）	19.0 （72）	—	12.9 （49）	—	—
	企业客户	3.9 （15）	63.1 （244）	6.9 （27）	11.6 （45）	—	14.5 （56）	—	—
	企业员工	5.5 （17）	62.9 （193）	3.6 （11）	11.1 （34）		12.1 （37）		

注：表中每格有两行数据，括号内数据为私营企业主遭受相应侵权之后选择相应维权方式的人数（观察值），括号外数据均为选择相应维权方式的私营企业主在样本中所占的比例（%）。

表 4–53 显示，遭受地方政府侵权之后，私营企业主选择合作性维权方式进行维权的占 75.9%，选择温和式对抗性维权方式的占 18.4%，而选择激烈式对抗性维权方式的仅占 5.7%。也就是说，维权方式的对抗性程度越高，被遭受地方政府侵权的私营企业主选择的越少。遭受地方政府侵权之后，选择合作性维权的私营企业主是选择对抗性维权的私营企业主的 3.15 倍。

表 4–53 显示，遭受黑恶势力侵权之后，私营企业主选择合作性维权方式进行维权的占 64.1%，选择温和式对抗性维权的占 19%，而选择激烈

式对抗性维权的占16.9%。可见，维权方式的对抗性程度越高，被私营企业主选择的也越少。选择合作性维权的私营企业主是选择对抗性维权的私营企业主的1.79倍。

表4–53显示，遭受新闻媒体侵权之后，私营企业主选择合作性维权方式进行维权的占38.8%，选择温和式对抗性维权方式的占31.6%，而选择激烈式对抗性维权方式的占27.7%。可见，维权方式的对抗性程度越高，被私营企业主选择的也越少。但面对新闻媒体的侵权，私营企业主选择对抗性维权方式的更多。

表4–53也显示，遭受企业同行侵权之后，私营企业主选择合作性维权方式、温和式对抗性维权方式和激烈式对抗性维权方式进行维权的分别为54.2%、32.9%和12.9%。选择合作性维权方式的私营企业主是选择对抗性维权方式的1.18倍。

表4–53还显示，遭受客户侵权之后，私营企业主选择合作性维权方式、温和式对抗性维权方式和激烈式对抗性维权方式进行维权的分别为67.0%、18.5%和14.5%。选择合作性维权方式的私营企业主是选择对抗性维权方式的2.03倍。

表4–53还显示，遭受员工侵权之后，私营企业主选择合作性维权方式、温和式对抗性维权方式和激烈式对抗性维权方式进行维权的分别为68.4%、14.7%和12.1%。选择合作性维权方式的私营企业主是选择对抗性维权方式的2.55倍。

综合上述数据分析结果可得出如下结论：除新闻媒体侵权外，不管是遭受地方政府、黑恶势力、企业同行、企业客户还是企业员工的侵权，私营企业主更倾向于选择合作性维权方式进行维权，而且维权方式随着对抗性程度的提高，其被选择的概率逐渐减少。这是私营企业主“和为贵”维权取向的直接体现，不到合作维权希望破灭之前，私营企业主不愿轻易走向对抗性维权之路。

在表4–53中，纵列表示的是侵权主体：地方政府、黑恶势力、新闻媒体、企业同行、企业客户和企业员工，依次代表的是政府、社会（黑恶势力和新闻媒体）和市场（企业同行、企业客户和企业员工）三种力量（或因素）。按照纵列由上到下的方向，相对被侵权私营企业主来说，力量是由强变弱，或其与被侵权私营企业主的关系是由绝对强势逐渐走向相对平等甚至相对弱势，或由等级式转向市场。表 4–53 显示，遭受地方政府、黑恶势力、新闻媒体、企业同行、企业客户和企业员工侵权之后，私营企业主选择对抗性维权方式进行维权的比例分别为 24.1%、35.9%、59.3%、45.8%、33.0% 和 26.2%，如果将新闻媒体侵权除外，且将三种市场力量选择对抗性维权方式的比例取平均值，即可发现随侵权方与被侵权私营企业主的关系由等级式转向市场，私营企业主选择对抗性维权方式进行维权的倾向越强。由此可初步得出如下结论：随侵权方与被侵权私营企业主的关系由等级式转向市场，私营企业主选择对抗性维权方式进行维权的倾向呈逐渐增强的趋势。由表 4–53 还可看到，遭受政府、社会和市场力量侵权之后，私营企业主选择合作性维权方式进行维权的比例分别为 75.9%、64.1%、63.2%（新闻媒体侵权除外），即随侵权方与被侵权私营企业主的关系由等级式转向市场，私营企业主选择合作性维权方式进行维权的倾向呈明显的递减趋势。综合上述两方面的分析，可以得出如下拓展性结论：私营企业主“和为贵”的维权取向不是绝对的，因侵权方与维权方之间关系结构的不同而存在有限度的差异。

由表 4–53 可非常直观地看到，不管是遭受政府、社会还是市场力量的侵权，私下协商不管是作为庇护式维权方式（在与政府和社会的侵权 – 维权关系中）还是主动式合作性维权方式（在与新闻媒体、企业同行、企业客户和企业员工等市场力量的侵权 – 维权关系中），都是私营企业主首选的或主导性的维权方式。当然，其选择背后有如之前分析的那样不同的逻辑和机制。另外，值得特别关注的是，不管是遭受政府、社会还是市场力量的侵权，私营企业主都较少向相关政府部门和工商联或私企协会寻求帮助。由表 4–53 可看到，不管遭受哪方力量的侵权，私营企业主向相关政府部门求助的都低于 20%，最低的只有 11.6%（遭受客户侵权）和 11.1%（遭受员工侵权）。这从一个侧面表明，私营企业主不是很信任相关政府部门在侵权纠纷（尤其是涉及地方政府的侵权纠纷）仲裁中的中立性和公正性，及其调解侵权纠纷的效率和能力。由表 4–53 还可看到，也不管遭受哪方侵权，私营企业主向工商联或私企协会求助的大多低于 10%，最低的只有 2.9%（遭受黑恶势力侵权）。这突出地表明，作为私营企业利益代表组织的工商联和私企协会还远未能维护私营企业主的合法权益。其原因可能有二：一是作为准政府组织的工商联是中国共产党联系私营经济的桥梁和纽带，直属各级党委统战部，直接对党委统战部负责，而不是对私营企业主负责的真正意义上的民间商会；私营企业主协会则隶属于工商行政管理局，也不可能真正对私营企业主负责。二是真正意义上的民间商会发育还很不成熟，远未形成能代表和维护私营企业主利益的力量，也远不足以影响工商联和私企协会革除组织的行政依附性而更好地代表和维护私营企业主的利益，而是一经成立，即为现有的工商联和私企协会所俘获和统辖。

第五章　私营企业主与各利益相关方权益关系的新近变化

自 2010 年 7–8 月初做私营企业主问卷调查以来，时间已过近九年。这九年来，尤其是最近几年来，国内的政治、经济环境已发生了巨大变化：习近平总书记铁腕推行的“群众路线”和“反腐风暴”涤荡了中国官场的不少浊气，使政府代理人的权力行为大为收敛；李克强总理力推“简政放权”和“大众创业、万众创新”，为市场主体创业、创新腾出空间，搭建舞台。“反腐”是直接惩治权力的违规、违法和违纪使用行为，而“简政放权”则是约束权力的行使，规定和限制权力行使的空间。这两项政治举措均有助于企业所面临的政府环境的优化及与之相关的社会环境和市场环境的改善，从而有利于企业的生成（创建）和发展。因此，我们预期，私营企业主遭遇的侵权行为将有所减少，而相应的维权方式也将有所变化。

一、调查方法及样本分布

为了检验上述预期，我们于 2015 年 7—8 月份又组织课题组成员在长沙、株洲、邵阳、郴州、温州、盐城和泰州等地调查了近 200 位私营企业主。由于私营企业主的难接近性，这第二阶段调查采取的抽样方法依然是非概率抽样法：通过亲戚、朋友、熟人和特定的行政关系，联系愿意接受访问的私营企业主；资料收集工具是2010年采用的问卷；资料收集方式是面访式调查：笔者和笔者的研究生及高年级本科生面对面、一对一地访问企业主，以确保调查对象是私营企业主本人（而不是企业任何其他人员），同时也力争使企业主在对问卷有较准确理解的前提下回答相关问题。最后获得有效样本194份，样本分布及其与2010年样本的比较，见表5-1。

表5-1 样本分布情况（%）

变量	2010年	2015年	变量	2010年	2015年
性别			**企业类型**		
男	80.2	88.1	独资企业	23.3	21.2
女	19.8	11.9	合伙企业	16.5	16.4
观察值	702	194	私营有限责任公司	45.9	43.9
年龄（岁）			股份有限公司	14.3	18.5
21—30	11.6	10.9	观察值	678	189
31—35	13.0	8.9	**企业所属行业**		
36—40	23.5	9.4	农林产品生产或加工	7.7	10.1
41—45	21.5	20.8	工业品加工制造	30.1	39.0
46—50	18.7	21.4	采矿	3.9	7.5
51—63	11.7	28.6	建筑工程与房地产	9.9	6.4
观察值	684	192	销售	28.2	19.3
平均年龄（岁）	40.9	44.4	交通、物流与运输	2.5	1.1
受教育程度			酒店、餐饮与娱乐	5.0	1.6
小学	1.3	2.0	中介服务与管理咨询	3.1	5.4
初中	10.4	13.9	文化教育与培训	1.9	0.5
高中/中专/技校	33.3	33.5	图文、印刷与广告	2.8	1.1
大专	29.8	35.1	医疗卫生与居家服务	4.2	8.0
本科	19.3	13.9	观察值	674	187
研究生	5.9	1.6	**企业规模（人）**		
观察值	705	194	10人以下	23.2	24.9
平均受教育年限（年）	13.7		11～30	27.4	22.2
政治面貌			31～100	28.5	31.9
中共党员	28.6	34.6	101～300	14.2	17.8
非中共党员	71.4	65.4	301～1000	4.9	3.2
观察值	681	188	1000人以上	1.8	–
人大代表			观察值	679	185
是	14.8	10.0	**企业员工平均人数**	147	74.2
乡镇一级	3.6	1.6	**企业平均年龄（年）**	7.9	8.2
县区一级	5.9	5.2	观察值	673	186
地市一级	4.1	2.6	**企业公益事业年捐款数**		
省级	1.0	0.6	未捐过款	14.4	33.1
全国	0.2	–	1000元以下	26.7	11.5

续表

变量	2010 年	2015 年	变量	2010 年	2015 年
不是	85.2	90.0	1001 ～ 10000	28.0	25.5
观察值	670	191	10001 ～ 100000	26.6	22.3
政协委员			100000 元以上	4.3	7.6
是	14.8	10.5	观察值	632	157
乡镇一级	0.9	0.5	**企业年均捐款数**	45385	46981
县区一级	9.1	7.9	**地区**		
地市一级	4.0	1.6	广东	6.3	–
省级	0.8	0.5	浙江	3.9	18.6
不是	85.2	89.5	江苏	0.7	8.8
观察值	647	190	湖南	79.0	72.6
政府朋友 / 亲戚			湖北	3.6	–
有	58.1	65.8	重庆	2.3	–
没有	41.9	34.2	黑龙江	4.2	–
观察值	687	187	观察值	694	194

表 5–1 显示，在 2015 年调查的 194 位私营企业主中，男性占 88.1%，女性占 11.9%。女性企业主占比较 2010 年调查低近 8 个百分点，但比较接近 2014 年中国私营企业调查的结果（13.9%）。这也表明，私营企业主仍然是以男性为主的社会群体。他们的平均年龄为 44.4 岁，高出 2010 年调查 4 岁，但只较 2014 年全国调查高 1 岁（43.4 岁）。样本私营企业主中，大专以上文化程度的占 50.6%，较 2010 年调查低 4.6 个百分点，但较 2014 年全国调查仅低 1.2 个百分点；初中和小学及以下文化程度者为 15.9%，较 2010 年调查高 4.2 个百分点，但较 2014 年全国调查仅高 1.3 个百分点。在 2015 年调查样本中，中共党员企业主占 34.6%，较 2010 年调查高 6 个百分点，但较 2014 年全国调查仅高 0.7 个百分点。从上述人口特征看，2015 年调查样本的分布非常接近 2014 年全国调查，有较高的代表性。

从私营企业主的政治资源看，在 2015 调查样本中，担任人大代表的私营企业主占 10%，且主要分布在地市及以下，比例也略低于 2010 年调查；政协委员占 10.5%，多分布在县（区）一级，比例也略低于 2010 年调查；在政府部门有朋友或亲戚的企业主占 65.8%，高于 2010 年调查 7.7 个百分点。有被访私营企业主直言，在中国做生意，政府部门没几个朋友是不行的。另外，在 2015 年调查样本中，66.9% 的私营企业主以不同形式捐过款，较

2010 年调查低 18.7 个百分点，但与 2014 年全国调查（63.6%）非常接近。

从企业特征看，在 2015 年调查样本中，私营有限责任公司居多，占 43.9%，且各类型企业所占比例与 2010 年调查相差非常小。从行业分布看，农林生产加工企业占 10.1%，工业、采矿与建筑业企业占 52.9%，销售企业占 19.3%，服务企业占 17.7%。很明显，样本中第二产业企业比例过高，高出 2010 年调查 9 个百分点。从企业规模看，2015 年调查的企业平均雇工人数是 74 人，且多在 300 人以下。尽管这次调查的企业平均雇工人数小于 2010 年调查，但两次调查的企业雇工总体分布结构则基本一致。另外，2015 年调查企业的平均年龄为 8.2 年，与 2010 年调查非常接近。

2015 年调查只涉及湖南、浙江和江苏三个省，由于条件所限，样本多分布在湖南省（72.6%）。

二、私营企业主遭受侵权的概况之变化

私营企业主遭受侵权的总体情况及其变化，见表 5-2。

表 5-2　企业权益遭受侵害的情况（%）

年份	遭受过	没遭受过	观察值
2015	71.2	28.8	191
2010	77.2	22.8	706

表 5-2 显示，在 2015 年调查的 191 位私营企业主中，有 71.2% 遭受过权益侵害，较 2010 年调查低 6 个百分点。尽管这个数字还是比较保守的，但至少表明私营企业主面临的经营环境有一定的改善。

但私营企业主遭受侵害的具体来源又是怎样的？其间的分布、结构如何？具体调查结果见表 5-3。

表 5-3 显示，在 2015 年样本中，有 41.7% 的私营企业主遭受过地方政府的侵害，较 2010 年调查低 22.6 个百分点；32.3% 遭受过地方黑恶势力的侵害，较 2010 年调查低了 17.8 个百分点；另分别有 18.1%、47.2%、66.1% 和 54.0% 的私营企业主遭受过新闻媒体、企业同行、客户和企业员工的侵害，较 2010 年调查分别低了 11.8、26.4、4.4 和 3.5 个百分点。可见，

这五年来，私营企业主遭受每种侵害来源的侵害都减少了。

表 5–3　企业权益的侵害来源（%）

	侵害来源											
	地方政府		地方黑恶势力		新闻媒体		企业同行		客户		企业员工	
	2010	2015	2010	2015	2010	2015	2010	2015	2010	2015	2010	2015
遭受过	64.2	41.7	50.1	32.3	29.9	18.1	73.6	47.2	70.5	66.1	57.5	54.0
没遭受过	35.8	58.3	49.9	67.7	70.1	81.9	26.4	52.8	29.5	33.9	42.5	46.0
观察值	547	127	547	127	546	127	546	127	546	127	546	126

如果将侵害来源分为地方政府、社会力量和市场力量，我们可以看到，来自地方政府的侵害减少了 22.6%，来自社会力量的侵害减少了 14.8%（将两种社会力量的侵害取平均值，然后前后两年的平均值相减），而来自市场力量的侵害则只减少了 11.4%（计算方法同前）。由此可见，来自地方政府的侵害减少最多，而来自市场力量的侵害则减少最少，而尤其是来自客户和员工这两种市场力量的侵害减少甚微（仅减少了 4% 左右）。这可能是习近平的“反腐风暴”和“群众路线”教育及李克强“简政放权”的政府改革直接导致的结果。调查过程中的一些访谈资料也从另一侧面支持了上述推测性解释。例如，有不少私营企业主很明确地跟笔者讲：最近一两年来，特别习近平“反腐”以来，来自地方政府的侵害确实少多了，政府官员也很少来企业，只要我们按时交税，遵纪守法就没什么问题。一位地方税务员也跟我提到，他们有规定，不能随便到企业去，以避免“骚扰”企业的嫌疑。选取调查对象时，笔者找一位官员朋友帮忙，想请他帮笔者联系一些私营企业主接受访问，他直接跟笔者说：“简政放权”改革以来，不少审批权被取消或下放了，政府部门的权力缩减了，很多企业老板现在也不买他们的账了。

获悉了私营企业主遭受侵害来源的总体情况之后，我们还进一步了解了“对私营企业主来说，最主要的侵害来源是什么？”，所得结果见表 5–4。

表 5–4　企业权益最主要的侵害来源（%）

年份	侵害来源							观察值
	地方政府	地方黑恶势力	新闻媒体	企业同行	客户	员工	其他	
2015	25.0	8.3	4.2	23.6	31.9	5.6	1.4	72
2010	31.9	19.9	2.1	30.1	11.4	3.5	1.9	482

表 5–4 显示，在 2015 年调查中，有 31.9% 的私营企业主表示客户是最主要的侵害来源，较 2010 年调查提高了 20.5 个百分点；25.0% 的私营企业主表示地方政府是最主要的侵害来源，较 2010 年调查降低了 6.9 个百分点；23.6% 的私营企业主表示企业同行是最主要的侵害来源，较 2010 年调查降低了 6.9 个百分点；有 8.3% 的私营企业主表示地方黑恶势力是最主要的侵害来源，较 2010 年调查降低了 11.6 个百分点。由此可见，在 2015 年调查中，对私营企业主侵害最大的三大来源依次是客户、地方政府和企业同行，而 2010 年调查则依次是地方政府、企业同行和地方黑恶势力。这再次表明，地方政府的侵权减少了，而市场力量的侵权则得到了凸显。这也让我们看到，地方政府的侵权行为可在铁腕政策的约束下得到迅速而明显地收敛，而市场力量的侵权行为尽管也有所减少，但根本性收敛则需要一个较长期的过程。当然，我们也看到，地方政府的侵权行为尽管已大为减少，但其仍然是私营企业主面临的第二大侵权来源，这一点不容乐观。

三、地方政府与私营企业主间权益关系的变化

（一）地方政府的侵权行为及其变化

上述分析已经表明，地方政府的侵权行为尽管已大大收敛（遭受过地方政府侵权的私营企业主较五年前已减少 22.6%），但其仍然是私营企业主遭遇的第二大侵权来源。私营企业主遭受地方政府侵害的具体情形及其变化又是怎么样的？调查结果见表 5–5。

表 5-5　私营企业主遭受地方政府侵害的具体情况（%）

	地方政府的具体侵害行为											
	乱收费		乱摊派		乱罚款		吃拿要		故意刁难		无端干预	
	2010	2015	2010	2015	2010	2015	2010	2015	2010	2015	2010	2015
遭受过	50.8	40.8	31.4	28.9	34.4	34.7	35.6	26.7	46.3	37.3	32.5	31.1
没遭受过	49.2	59.2	68.6	71.1	65.6	65.3	64.5	73.3	53.7	62.7	67.5	68.9
观察值	351	76	344	76	346	75	346	75	348	75	326	74

表 5-5 显示，在 2015 年调查中，私营企业主遭受地方政府乱收费、乱摊派、乱罚款、吃拿要、故意刁难和无端干预六个方面的侵害，其中分别有 40.8%、28.9%、26.7%、37.3% 和 31.1% 遭受过乱收费、乱摊派、吃拿要、故意刁难和无端干预，但较 2010 年调查分别减少了 10.0、2.5、8.9、9.0 和 1.4 个百分点。其中，减少最多的是乱收费，其次是故意刁难和吃拿要等。可见，尽管还存在上述六种地方政府侵权行为，但除其中一种（乱罚款）几乎没变化外，其余五种都有一定程度的减少，尤其是乱收费、故意刁难和吃拿要等较为显性的侵权行为，这可能与该类侵权行为易于受到监控有关。

在上述六种地方政府侵权中，对私营企业主侵害最大的是哪一种呢？调查所得结果见表 5-6。

从表 5-6 可以看到，在 2015 年调查中，有 31.3% 的私营企业主表示乱收费是最主要的地方政府侵权行为，另分别有 27.1% 和 16.7% 的私营企业主表示故意刁难和无端干预是最主要的地方政府侵权行为。也就是说，对私营企业主侵害最大的前三种地方政府侵权行为依次是乱收费、故意刁难和无端干预，前两种侵权行为与 2010 年调查完全相同，只是无端干预取代了吃拿要成了第三种最主要的侵权行为。吃拿要退出前三种侵权行为的位子，与我们的访谈观察也是一致的。例如，有不少企业主反映：现在政府官员也很少来企业要吃要喝了，再说，吃个饭现在也很正常，也不算什么侵权。

表 5–6 对私营企业主侵害最大的地方政府侵权行为（%）

年份	地方政府侵权行为							
	乱收费	乱摊派	乱罚款	吃拿要	故意刁难	无端干预	其他	观察值
2015	31.3	2.1	10.4	6.3	27.1	16.7	6.3	48
2010	23.6	11.5	12.1	15.1	21.6	10.5	5.6	305

（二）私营企业主遭受地方政府侵权之后的维权方式选择之变化

遭受地方政府侵权之后，私营企业主必然做出直接或间接的反映，以维护自己的合法权益。他们通常采取的维权方式主要有私下协商、求助相关政府部门、诉诸法律、求助工商联或私企协会、向新闻媒体反映、自发联合起来和沉默忍受等，具体调查结果见表 5–7。

表 5–7 遭受地方政府侵害之后，私营企业主的维权方式选择（%）

	私营企业主的维权方式													
	沉默忍受		私下协商		求助相关政府部门		诉诸法律		求助工商联或私协		自发联合起来		向新闻媒体反映	
	2010	2015	2010	2015	2010	2015	2010	2015	2010	2015	2010	2015	2010	2015
采取过	44.9	37.4	62.3	51.8	42.2	42.2	11.7	6.0	22.7	6.0	12.5	7.2	6.4	2.4
没采取过	55.1	62.5	34.7	48.2	57.8	57.8	88.3	94.0	77.3	94.0	87.5	92.8	93.6	97.6
观察值	361	83	360	83	360	83	360	83	361	83	360	83	360	83

表 5–7 显示，在 2015 年调查中，私营企业主选择最多的维权方式是“私下协商”，有 51.8% 的被访者遭受地方政府侵权后选择过该种维权方式，较 2010 年调查降低了 10.5 个百分点；其次是“求助相关政府部门”（42.2%），与 2010 年调查完全一样；再次是“沉默忍受”（37.4%），较 2010 年调查低了 7.5 个百分点；尔后依次是“自发联合起来”（7.2%）、“诉诸法律”（6.0%）、“求助工商联或私协”（6.0%）和“向新闻媒体反映”（2.4%），较 2010 年分别低了 5.3、5.7、16.7 和 4.0 个百分点。

总体来看，私营企业主 2015 年遭受地方政府侵权之后较 2010 年显得更无助了，更不愿求助某种或某些维权方式进行维权了，其中缘由值得进一步考察。稍加细究可以发现，私营企业主选择最多的三种维权方式不管是 2015 年还是 2010 年都是“私下协商”“求助相关政府部门”和“沉默忍受”，其间的不同是“求助相关政府部门”由 2010 年的第三大维权方式转变成了 2015 年的第二大维权方式，而“沉默忍受”在五年间做了相反的调换。这种微妙的变化折射出了一种信息：私营企业主更信任政府部门了，更愿意选择制度化维权方式进行维权了。之所以有上述转变，可能还是归因于以习近平总书记为核心的新一届政府的政府治理改革及其展现出的信心和魄力。

遭受地方政府侵权之后，私营企业主的维权方式选择是一个复杂的过程，他们可能有过多次选择，而不是简单的一次性选择。为了展现私营企业主遭受地方政府侵权之后维权方式选择的过程性或多阶段性，我们将其维权方式选择简化为三个阶段：首先选择什么、其次选择什么、最后选择什么。具体调查结果见表 5–8、表 5–9 和表 5–10。

表 5–8　遭受地方政府侵害之后，私营企业主的首选维权方式分布情况（%）

年份	私营企业主的首选维权方式							
	沉默忍受	私下协商	求助相关政府部门	诉诸法律	求助工商联或私协	自发联合起来	向媒体反映	观察值
2015	19.5	46.3	26.8	4.9	–	2.5	–	41
2010	24.9	51.0	13.5	2.5	4.9	2.5	0.7	281

表 5–8 显示，在 2015 年调查中，遭受地方政府侵权之后，被私营企业主选择最多的首选维权方式是“私下协商”，有 46.3% 的企业主选择了该种维权方式，较 2010 年降低了 4.7 个百分点；其次是“求助相关政府部门”（26.8%），较 2010 年提高了 13.3 个百分点；再次是“沉默忍受”（19.5%），较 2010 年降低了 5.4 个百分点；尔后是“诉诸法律”（4.9%），较 2010 年提高了 2.4 个百分点；最后是“自发联合起来”（2.5%），与 2010 年持平。令人惊讶的是，没有被访私营企业主选择“求助工商联或私协”作为其首选维权方式。五年间一个较明显的变化是，有更多的私营企业主遭受地方政府侵权之后选择“求助相关政部门”，这与上面的发现基本一致。

表 5-9 遭受地方政府侵害之后，私营企业主的次选维权方式分布情况（%）

年份	私营企业主的次选维权方式							
	沉默忍受	私下协商	求助相关政府部门	诉诸法律	求助工商联或私协	自发联合起来	向媒体反映	观察值
2015	21.2	27.3	33.4	3.0	3.0	9.1	3.0	33
2010	9.6	23.1	32.7	7.2	14.9	9.6	2.9	208

表 5-9 显示，在 2015 年调查中，被私营企业主选择最多的次选维权方式是“求助相关政府部门”，有 33.4% 的企业主选择了该种维权方式；其次是“私下协商”（27.3%），再次是“沉默忍受”（21.2%），尔后依次是“自发联合起来”（9.1%）、“诉诸法律”（3.0%）、“求助工商联或私协”（3.0%）和“向媒体反映”（3.0%）。与首选维权方式相比较，可以发现，在首选维权方式阶段选择“私下协商”的私营企业主在次选维权方式阶段转变为了选择“求助相关政府部门”“沉默忍受”和其他方式。从五年间两个阶段维权方式选择的变化，我们可以隐隐地看到，私营企业主面对地方政府的侵权显得更为无奈了，较五年前更多的私营企业主将“沉默忍受”作为次选维权方式了。

表 5-10 遭受地方政府侵害之后，私营企业主的第三选维权方式分布情况（%）

年份	私营企业主的第三选维权方式							
	沉默忍受	私下协商	求助相关政府部门	诉诸法律	求助工商联或私协	自发联合起来	向媒体反映	观察值
2015	36.4	22.7	22.7	9.1	4.6	4.5	–	22
2010	22.0	4.9	17.7	24.8	12.1	5.7	12.8	141

从表 5-10 可看到，在 2015 年调查中，经过前两个阶段的维权失败后，有 36.4% 的私营企业主将“沉默忍受”作为其最后的维权方式选择，较 2010 年高了 14.4 个百分点；其次是“求助相关政府部门”（22.7%）和“私下协商”（22.7%），尔后依次是“诉诸法律”（9.1%）、“求助工商联或私协”（4.6%）和“自发联合起来”（4.5%）。五年间的根本性变化是，2015 年被私营企业主作为最主要的最后的维权方式是“沉默忍受”，而 2010 年则是“诉诸法律”。这表明，私营企业主面对地方政府侵权时较五年前更无奈和理性了。他们更清楚地知道，与地方政府“对簿公堂”

只会使自己陷于更为不利的困境，因此他们只能在“沉默忍受”“私下协商”和“求助相关政府部门”之间徘徊。

（三）私营企业主基于地方政府侵权之维权效果的变化

遭受地方政府侵权之后，私营企业主维权方式选择的效果，见表5–11。

表5–11　基于地方政府侵权的私营企业主维权方式选择的效果（%）

年份	侵权行为更为严重	侵权行为没有改变	侵权方减少了侵害	侵权方停止了侵害	观察值
2015	6.5	24.1	53.3	16.1	62
2010	3.4	16.9	66.2	13.5	296

表5–11显示，在2015年调查中，面对地方政府的侵权，私营企业主选择某种/些维权方式后，“侵害减少了”的有69.4%，较2010年降低了10.3个百分点，其中“侵害停止了”的有16.1%，较2010年调查高了2.6个百分点；“没有改变”的占24.1%，较2010年调查高了7.2个百分点；“侵害更为严重了”的占6.5%，较2010年高了3.1个百分点。可见，总体而言，2015年调查显示的维权效果比2010年的维权效果更差。这可能与近年来地方政府的侵权行为较五年前更为隐晦有关。面对地方政府隐晦的侵权行为，私营企业主是很难维权的，即使选择了某些维权方式，效果也不会很理想。

四、社会力量与私营企业主间权益关系的变化

地方黑恶势力和新闻媒体是私营企业主在经营企业过程面对的两种主要社会力量。因此，该部分主要描述和分析地方黑恶势力和新闻媒体与私营企业主之间侵权–维权关系的变化。

（一）地方黑恶势力与私营企业主间权益关系的变化

1. 地方黑恶势力侵权行为的变化

前面的分析已经表明，地方黑恶势力的侵权行为尽管因政府治理改革的加强而有很大的收敛，但仍然有1/3的私营企业主遭受过地方黑恶势力

的侵权。那么，私营企业主遭受的地方黑恶势力侵害有何具体表现呢？调查所得结果见表 5–12。

表 5–12　私营企业主遭受地方黑恶势力侵害的具体表现（%）

	地方黑恶势力的具体侵权行为									
	恶意干扰		索要财物		收取保护费		强要股份		其他	
	2010	2015	2010	2015	2010	2015	2010	2015	2010	2015
遭受过	64.0	42.2	49.7	32.4	37.9	7.4	7.6	1.5	3.5	18.3
没遭受过	36.0	47.8	50.3	67.6	62.1	92.6	92.4	98.5	96.5	81.7
观察值	283	69	282	68	277	68	275	68	230	71

表 5–12 显示，在 2015 年调查中，有 42.2% 的私营企业主遭受过地方黑恶势力的“恶意干扰”，较 2010 年降低了 22.2 个百分点；遭受过“索取财物”的企业主有 32.4%，较 2010 年降低了 17.3 个百分点；分别只有 7.4% 和 3.5% 的企业主遭受过“收取保护费”和“强要股份”，较 2010 年分别降低了 30.5 和 6.1 个百分点；遭受过地方黑恶势力“其他”侵害（例如，要求承揽企业的工程、安排就业等）的企业主有 18.3%，较 2010 年高了 14.8 个百分点。总体来看，私营企业主遭受地方黑恶势力的多项侵害行为均较五年前有较大减少。如果再细加分析，我们还可发现，地方黑恶势力那些更为粗暴强制、显性恶劣的黑社会性质的侵害行为（例如，“收取保护费”和“强要股份”①）较五年前减少得更多，这显然也是近年来政策改革的结果。

在私营企业主眼中，上述哪一种侵权行为是最主要的？调查所得结果见表 5–13。

表 5–13　私营企业主眼中最主要的黑恶势力侵权行为（%）

年份	地方黑恶势力的侵权行为					
	恶意干扰	索要财物	收取保护费	强要股份	其他	观察值
2015	45.5	39.4	–	–	15.1	33
2010	44.9	29.7	21.1	2.1	2.1	236

① 从表面的百分数看，遭受过“强要股份”的企业主只减少了 6.1 个百分点；但从减少量在原遭受侵害的总量中所占比重看，遭受过该种侵害的企业主减少了 8.3%。这一减少量已经非常大了。

表 5-13 显示，在 2015 年调查中，有 45.5% 的私营企业主将“恶意干扰”视为来自地方黑恶势力的最主要的侵害，较 2010 年高了 0.6 个百分点；其次是“索取财物”（39.4%），较 2010 年高了 9.7 个百分点；最后是“其他”侵害（15.1%），较 2010 年高了 13 个百分点。在回答该道题的 33 位私营企业主中，没有人将“收取保护费”和“强要股份”视为来自地方黑恶势力的最主要侵权行为。在这一点上，这五年最大的变化是“收取保护费”这一侵权行为的大幅度减少，被根本性地扭转了其在 2010 年被视为“第三大侵害”的地位；另外，地方黑恶势力“其他”侵害的地位得以凸显，这可能与 2015 年调查了过多的制造业企业主有关。因为这些企业通常需要较多的厂房，因而需要征地建房、雇用较多员工，而这也给当地的黑恶势力提供了侵权的“机会”，例如，强制性地要求承包工程、要求安排就业岗位，甚至强买强卖某些建设或生产用材料等。

2. 私营企业主基于地方黑恶势力侵权的维权方式选择之变化

遭受地方黑恶势力侵权之后，私营企业主通常会采取一定行为以维护自己应有的权益，而“私下协商”“找公安机关”“求助当地政府部门”“求助工商联或私协”和“沉默忍受”等是其较常选择的维权方式。具体调查结果见表 5-14。

表 5-14　遭受地方黑恶势力侵权之后，私营企业主的维权方式选择（%）

	私营企业主的维权方式											
	沉默忍受		私下协商		求助当地政府部门		找公安机关		求助工商联或私协		其他	
	2010	2015	2010	2015	2010	2015	2010	2015	2010	2015	2010	2015
采取过	24.0	19.7	67.4	44.4	54.3	41.7	62.9	52.8	19.5	2.8	0.8	_
没采取过	76.0	80.3	32.6	55.6	45.7	58.3	37.1	47.2	80.5	97.2	99.2	_
观察值	267	71	267	72	267	72	267	72	267	72	255	_

表 5-14 显示，在 2015 年调查中，遭受地方黑恶势力侵权之后，有 52.8% 的私营企业主选择“找公安机关”来进行维权，较 2010 年低了 10.1

个百分点；其次是选择“私下协商”（44.4%），较2010年低了23个百分点；再次是选择“求助当地政府部门”（41.7%），较2010年低了12.6个百分点；尔后依次是“沉默忍受”（19.7%）和“求助工商联”（2.8%），分别较2010年低了4.3和16.7个百分点。总体来看，2015年私营企业主在所有维权方式的选择上都低于2010年，是因为2015年有更多的私营企业主遭受地方黑恶势力侵害后没有采取任何维权行动，这可能是他们在非法强权面前五年来更为无助和无奈的表现。另外，我们也可看到，2015年被私营企业主选择最多的是“找公安机关”，而2010年则是“私下协商”。这同时也表明，2015年私营企业主在维权方式选择上较2010年开始表现出更强的制度化倾向。

为了考察私营企业主遭受地方黑恶势力侵权之后维权方式选择的复杂性和过程性，我们将其维权方式选择简化为三个阶段：首选维权方式、次选维权方式和最后选择的维权方式，其具体选择情况见表5–15、表5–16和表5–17。

表5–15　遭受地方黑恶势力侵权之后，私营企业主的首选维权方式选择（%）

年份	私营企业主的首选维权方式					
	沉默忍受	私下协商	求助当地政府部门	找公安机关	求助工商联或私协	观察值
2015	7.3	46.3	14.7	31.7	–	41
2010	11.2	52.9	16.5	16.9	2.5	281

从表5–15可以看到，在2015年调查中，遭受地方黑恶势力侵权之后，有46.3%的私营企业主将“私下协商”作为首选维权方式，较2010年低了6.6个百分点；其次是“找公安机关”（31.7%），较2010年高14.4个百分点；再次是“求助当地政府部门”（14.7%），较2010年低了1.8个百分点；最后是“沉默忍受”（7.3%），较2010年低了3.9个百分点。另外，在回答了该道题的41位私营企业主中，没有人选择“求助工商联或私协”。比较两年的数据可看到，尽管被选择最多的三种首选维权方式在2010年和2015年是一样的，都依次是“私下协商”“找公安机关”和“求助当地政府部门”，但这三种首选维权方式在这两个年份被私营企业主选

择的比例是不一样的：2015 年私营企业主较 2010 年更倾向于首选“找公安机关”和“求助当地政府部门”等制度化维权方式。

表 5–16　遭受地方黑恶势力侵权之后，私营企业主的次选维权方式选择（%）

年份	私营企业主的次选维权方式					
	沉默忍受	私下协商	求助当地政府部门	找公安机关	求助工商联或私协	观察值
2015	3.0	12.1	57.6	27.3	–	33
2010	3.2	19.2	38.5	28.3	10.7	187

表 5–16 显示，在 2015 年调查中，有 57.6% 的私营企业主将“求助当地政府部门”作为次选维权方式，较 2010 年高出 19.1 个百分点；其次是“找公安机关”（27.3%），较 2010 年低了 1 个百分点；再次是“私下协商”（12.1%），较 2010 年低了 7.1 个百分点；最后是“沉默忍受”（3.0%），较 2010 年仅低 0.2 个百分点；也没有私营企业主将“求助工商联或私协”作为次选维权方式。被选择最多的三种次选维权方式在 2010 年和 2015 年还是一样，都依次是“求助当地政府部门”“找公安机关”和“私下协商”，但这三种次选维权方式在两年间被私营企业主选择的比例却是不一样的：2015 年私营企业主较 2010 年更倾向于选择“求助当地政府部门”和“找公安机关”等制度化维权方式。

表 5–17　遭受地方黑恶势力侵权之后，私营企业主的第三选维权方式选择（%）

年份	私营企业主的第三选维权方式					
	沉默忍受	私下协商	求助当地政府部门	找公安机关	求助工商联或私协	观察值
2015	16.7	16.7	25.0	33.3	8.3	24
2010	5.9	10.3	23.5	47.1	13.2	136

表 5–17 显示，在 2015 年的调查中，有 33.3% 的私营企业主将“找公安机关”作为最后的维权方式，较 2010 年低了 13.8 个百分点；其次是“求助当地政府部门”（25.0%），较 2010 年高 1.5 个百分点；再次是“私下协商”（16.7%）和“沉默忍受”（16.7%），分别较 2010 年高 6.4 和 10.8 个百分点；最后是“求助工商联或私协”（8.3%），较 2010 年低 4.9 个百分点。被选择最多的两种最后的维权方式在 2010 年和 2015 年是一样的，但第三

大最后的维权方式则不一样：2015 年私营企业主将“私下协商”和“沉默忍受”作为第三大最后的维权方式，而 2010 年则是将“求助工商联或私协”作为第三大最后的维权方式。这种差异表明，2015 年私营企业主在多次维权受挫后较 2010 年显得更为无助和无奈。

3. 私营企业主基于地方黑恶势力侵权之维权效果的变化

遭受地方黑恶侵害之后，私营企业主维权方式选择的效果，见表 5–18。

表 5–18　基于地方黑恶势力侵权的私营企业主维权方式选择的效果（%）

年份	侵权行为更为严重	侵权行为没有改变	侵权方减少了侵害	侵权方停止了侵害	观察值
2015	–	21.7	48.3	30.0	60
2010	1.2	10.6	72.4	15.5	254

从表 5–18 可以看到，在 2015 年调查中，遭受过地方黑恶势力侵害的私营企业主经过维权后，“侵害减少了”的有 78.3%，较 2010 年低了 9.6 个百分点，其中“侵害停止了”的有 30.0%，较 2010 年高 14.5 个百分点；“侵害没有改变”的有 21.7%，较 2010 年高 11.1 个百分点；没有私营企业主反映“侵害更为严重了”。总体而言，2015 年遭受地方黑恶势力侵害的私营企业主的维权效果不如 2010 年那么理想，尽管在“侵害停止了”之类的个别项目上较 2010 年要好。这种较为混杂的状况基于如下两个方面：一是前面的分析已经指出的，即地方黑恶势力那些比较野蛮、粗暴、显性的侵害行为已大为减少，其侵害行为变得越来越隐晦，或越来越以貌似合法的形式表现出来，而这给私营企业主的维权带来了很大的困难，因其求助的“仲裁方”（如当地政府部门、公安机关和工商联或私协）也很难在清晰判断的基础上做出准确、公平的裁决；二是近年来，政府治理，尤其是对官员的治理的力度是空前的，在强有力的制度和法纪的约束下，地方政府相关部门及工作人员也加强了对地方黑恶势力的监管和惩治，至少是在要求其出面惩治的时候已不再那么无所作为了。

（二）新闻媒体与私营企业主间权益关系的变化

1. 新闻媒体侵权行为的变化

尽管私营企业主遭受的来自新闻媒体的侵权较 2010 年已有较大程度的减少，但仍有近 1/5（18.1%）的私营企业主反映遭受过其侵权。那么，私营企业主遭受新闻媒体的侵权又有何具体表现呢？其在具体方面较 2010 年又有何变化呢？调查所得结果见表 5–19。

表 5–19　私营企业主遭受新闻媒体侵权的具体表现（%）

年份	媒体侵权行为				
	不实报道	恶意中伤	索要财物	其他	观察值
2015	30.3	18.2	36.4	15.1	33
2010	60.6	11.9	21.3	6.2	160

表 5–19 显示，在 2015 年调查中，有 36.4% 的私营企业主遭受过新闻媒体的“索要财物”，较 2010 年高了 14.1 个百分点；有 30.3% 的企业主遭受过“不实报道”，较 2010 年低了 30.3 个百分点；还有 18.2% 的企业主遭受过“恶意中伤”，较 2010 年高了 6.3 个百分点；另有 15.1% 遭受过新闻媒体的“其他”侵权，较 2010 年高了 8.9 个百分点。

在“不实报道”“恶意中伤”和“索要财物”三种主要的媒体侵权行为中，“不实报道”是一种比较低劣、易于识别的侵权行为，而“索要财物”和“恶意中伤”则更为隐蔽，甚至带有貌似合法的、等价交换的色彩。例如，有不少私营企业主反映：偶有媒体找上门来，要我提供点经费，他们就给我（或我的企业）做个正面报道；这言外之意就是，如果我不给他们钱，就不做正面报道，甚至可能做一些负面报道，从而给我的企业造成伤害。这貌似为一种等价交换，但这种“等价交换”已违背了新闻媒体客观公正、服务大众的职业操守，尤其是这种“等价交换”中还隐含着一种威胁，甚至是敲诈，使其侵权性质变得确定无疑。从上述数据分析中可以看到，低劣粗糙的媒体行为五年来已有大量减少，而隐蔽的、貌似合法的媒体侵权行为则有显著增加。这可能是整个社会的法律意识和权利意识得到提高的结果，也与近年来新一届政府针对政治整饬的严厉行动有关。

2. 私营企业主基于媒体侵权的维权方式选择之变化

遭受媒体侵权之后，私营企业主通常也会有所反应，以维护自己应有的合法权益，调查结果见表 5-20。

表 5-20　遭受媒体侵权之后，私营企业主的维权方式选择（%）

年份	私营企业主的维权方式						
	沉默忍受	私下协商	求助政府部门	法律诉讼	求助工商联或私协	其他	观察值
2015	25.0	37.5	25.0	9.4	–	3.1	32
2010	8.4	30.4	16.8	27.7	14.8	1.9	155

表 5-20 显示，在 2015 年调查中，被遭受过媒体侵权的私营企业主选择最多的维权方式是“私下协商”，选择该种维权方式的企业主有 37.5%，较 2010 年高了 7.1 个百分点；其次是“求助政府部门”（25.0%）和“沉默忍受”（25.0%），分别较 2010 年高 8.2 和 16.6 个百分点；再次是“法律诉讼”（9.4%），较 2010 年低 18.3 个百分点；最后是“其他”维权方式（3.1%），较 2010 年高 1.2 个百分点；没有企业主选择“求助工商联或私协”这一维权方式。

上述五种维权方式可分为两类：制度化维权方式（求助政府部门、求助工商联或私协和法律诉讼）和非制度化维权方式。而从数据分析可看到，2015 年私营企业主较 2010 年更倾向于选择非制度化维权方式。这可能与媒体侵权方式的变化：由低劣粗糙型侵权向高级隐蔽型侵权转变有关。因为对于那些隐蔽的、貌似合法的媒体侵权，制度化维权手段在相关甄别技术和监控水平没有根本性提高的条件下也难以达到理想的效果，但其选择成本又很高，从而使得追求成本最小的私营企业主舍弃高成本的制度化维权方式，而选择灵活的、相对成本低的非制度化维权方式。

3. 私营企业主基于媒体侵权之维权效果的变化

遭受媒体侵权之后，私营企业主维权方式选择的效果，见表 5-21。

表 5–21 基于新闻媒体侵权的私营企业主维权方式选择的效果（%）

年份	侵权行为更为严重	侵权行为没有改变	侵权方减少了侵害	侵权方停止了侵害	观察值
2015	–	22.6	41.9	35.5	31
2010	1.4	9.0	50.3	39.3	145

表 5–21 显示，在 2015 年调查中，遭受过媒体侵权的私营企业主经过维权后，有 77.4% 表示“侵害减少或停止了”，较 2010 年低了 12.2 个百分点，其中表示“侵害停止了”的有 35.5%，较 2010 年低了 3.8 个百分点；还有 22.6% 表示“侵害没有改变”，较 2010 年高了 13.6 个百分点；另外，没有人反映“侵害更为严重了”。从上述简单的数据比较看，遭受过媒体侵权的私营企业主 2015 年的维权效果明显较五年前差。其根本原因可能还是与媒体侵权方式的转变有关。媒体侵权方式已在由低劣粗糙型侵权方式向隐蔽精微型侵权方式转变，这给遭受侵害的私营企业主的维权造成了困难：一是取证难，二是判决难，从而也使其维权效果不如 2010 年那么理想。当然，这并不否定遭受过媒体侵权的 3/4 以上的私营企业主能达到一定的维权效果。

五、市场力量与私营企业主间权益关系的变化

企业同行、客户和员工是私营企业主在企业经济过程要面对的三种重要市场力量，因利益的共享与竞争难以避免引发相互间的侵权 – 维权关系。这三种市场力量与私营企业主之间的侵权 – 维权关系现在是怎样的？相较于五年前有无变化？这是下面要加以描述和分析的。

（一）企业同行与私营企业主间权益关系的变化

1. 企业同行侵权的变化

前面的分析已经表明，2015 年私营企业主遭受的同行侵权较五年前已大为减少，遭受过该类侵权的企业主减少了 26.4%，但仍有近一半（47.2%）

的企业主遭受过同行侵权。那么，私营企业主遭受同行侵权的具体表现是什么？近五年来有无变化？所得调查结果见表 5-22。

表 5-22　私营企业主遭受企业同行侵权的具体表现（%）

年份	企业同行的侵权行为					
	串货	假冒	恶意压价	损害名誉	侵犯知识产权	观察值
2015	10.5	13.2	55.2	14.5	6.6	76
2010	7.9	14.5	57.1	14.2	6.3	394

表 5-22 显示，在 2015 年调查中，私营企业主遭受最多的同行侵权是“恶意压价”，有 55.2% 的被访者遭受过该种侵权，较 2010 年低了 1.9 个百分点；其次是“损害名誉”（14.5%），较 2010 年高 0.3 个百分点；再次是“假冒”（13.2%），较 2010 年低了 1.3 个百分点；尔后是“侵犯知识产权”（6.6%），较 2010 年高 0.3 个百分点；最后是“串货”（10.5%），较 2010 年高 2.6 个百分点。上述五种同行侵权行为可合并为两类：精神性侵权（包括假冒、侵犯知识产权和损害名誉）和实体性侵权（包括串货和恶意压价）。基于这种分类，我们可以发现，2015 年私营企业主遭受的同行“精神性侵权”较 2010 年略少（少 0.7 个百分点），而其遭受的同行“实体性侵权”则较 2010 年多 0.7%。这微弱的差异可能是抽样误差导致。

2. 私营企业主基于同行侵权的维权方式选择之变化

遭受同行侵权之后，私营企业主通常也会有其应对之策，以维护自己的合法权益。所得调查结果见表 5-23。

表 5-23　遭受同行侵权之后，私营企业主的维权方式选择（%）

年份	私营企业主的维权方式选择						
	沉默忍受	私下协商	求助政府职能部门	法律诉讼	求助工商联或私协	其他	观察值
2015	18.2	45.4	5.2	18.2	2.6	10.4	77
2010	6.8	47.4	19.0	12.9	13.9	–	380

表 5-23 显示，在 2015 年调查中，遭受同行侵权的私营企业主选择最多的维权方式是“私下协商”，有 45.4% 的企业主选择了该种维权方式，较 2010 年低了 2.0 个百分点；其次是“法律诉讼”（18.2%）和“沉默忍受”

（18.2%），较 2010 年分别高了 5.3 和 11.4 个百分点；再次是“其他”维权方式（10.4%），“以牙还牙”是遭受同行侵权的私营企业主常采用的维权方式，例如，你压价，我也压价；你损毁我的名誉，我也搞臭你。这是 2010 年调查没有获得的信息。另分别有 5.2% 和 2.6% 的私营企业主选择了“求助政府职能部门”和“求助工商联或私协”，较 2010 年分别低了 13.8 和 11.3 个百分点。

如果将上述维权方式分为制度化维权方式（包括求助政府职能部门、求助工商联或私协和法律诉讼）和非制度化维权方式（包括私下协商、沉默忍受和其他），我们可发现，2015 年私营企业主遭受同行侵权之后较 2010 年更倾向于选择非制度化维权方式进行维权；而如果将这些维权方式分为合作性维权方式（包括私下协商、沉默忍受和其他）、温和型对抗性维权方式（包括求助政府职能部门和求助工商联或私协）和激烈型对抗性维权方式（法律诉讼），我们可发现，2015 年私营企业主遭受同行侵权后的维权方式选择较 2010 年有更为极端化的迹象，更倾向于选择合作性维权方式和激烈型对抗性维权方式，分别较 2010 年高 18.8 和 5.3 个百分点。这表明，遭受过同行侵权的私营企业主在维权方式的选择上越来越理性了，他们可能发现政府职能部门和行业组织在打击和制裁同行侵权方面显得软弱无力。既然如此，他们自然不会求助于政府和行业组织，而依靠自己的力量，如私下协商、法律诉讼或“以牙还牙”，或干脆沉默忍受、自认倒霉。然而，我们也应该清醒地意识到，私营企业主与同行间报复性的“以牙还牙”只会恶化市场秩序，使市场行动者陷入“霍布斯式丛林”中。

3. 私营企业主基于同行侵权之维权效果的变化

遭受同行侵权之后，私营企业主维权方式选择的效果，见表 5–24。

表 5–24　基于同行侵权的私营企业主维权方式选择的效果（%）

年份	侵权行为更为严重	侵权行为没有改变	侵权方减少了侵害	侵权方停止了侵害	观察值
2015	1.4	31.1	48.6	18.9	74
2010	1.6	16.7	62.9	18.8	367

表 5–24 显示，在 2015 年调查中， 遭受过同行侵权的私营企业主经过维权后，有 67.5% 表示“侵害减少或停止了”，较 2010 年低了 14.2 个百分点，其中表示“侵害停止了”的被访企业主比例五年间几乎没有变化；有 31.1% 的企业主表示“侵害没有改变”，较 2010 年高了 14.4 个百分点；另有 1.4% 的企业主甚至表示“侵害更为严重了”，跟 2010 年差不多，仅低了 0.2 个百分点。显然，遭受同行侵权的私营企业主的维权效果较 2010 年差，这可能与同行侵权方式的变化有一定关系。因为同行实体性侵权略有增加，而这类侵权本身是很难界定的，甚至被认为是一种正常的商业竞争行为，从而给被侵权的企业主的维权也带来了困难。

（二）企业客户与私营企业主间权益关系的变化

1. 客户侵权行为的变化

前面的分析表明，客户侵权在五年间变化不大，仅降低了 4.4 个百分点，现仍有 66.1% 的被访私营企业主遭受过客户的侵权。那么，客户侵权又有何具体表现呢？相较五年前有无新的变化？所得调查结果见表 5–25。

表 5–25　私营企业主遭受客户侵权的具体表现（%）

年份	客户侵权行为				
	拖欠货款	故意挑产品或服务的刺	破坏产品后故意找麻烦	其他	观察值
2015	86.1	12.1	0.9	0.9	108
2010	58.3	30.8	8.8	2.1	394

表 5–25 显示，在 2015 年调查中，私营企业主遭受最多的客户侵权方式是“拖欠货款”，有高达 86.1% 的被访企业主遭受过该种同行侵权，较 2010 年高了 27.8 个百分点；其次是“故意挑产品或服务的刺”（12.1%），较 2010 年低了 18.7 个百分点；最后是“破坏产品后故意找麻烦”（0.9%）和“其他”（0.9%），较 2010 年分别低了 7.9 和 1.2 个百分点。可见，五年来，来自客户的低级、原始的侵权行为（例如，故意挑产品或服务的刺和破坏产品后故意找麻烦）已大大减少，而拖欠货款之类的隐性侵权行

为[①]则增加了很多。拖欠货款的增加可能源于两个因素：一是最近全国金融市场的不景气，如股票波动不定；二是2015年调查的企业规模较2010年的小，小企业融资困难也几乎是一个市场常识。融资困难加剧了企业间相互拖欠货款，也恶化了市场诚信文化。

2. 私营企业主基于客户侵权的维权方式选择之变化

遭受客户侵权之后，私营企业主通常也会有自己的应对之策，以维护企业的合法权益。那么，遭受客户侵权的私营企业主的具体维权策略又是什么？相较五年前有无变化？调查结果见表5–26。

表5–26　遭受客户侵权之后，私营企业主的维权方式选择（%）

年份	私营企业主的维权方式选择						
	沉默忍受	私下协商	求助政府职能部门	法律诉讼	求助工商联或私协	其他	观察值
2015	13.9	60.2	4.6	15.7	0.9	4.6	108
2010	3.9	63.1	11.6	14.5	6.9	–	380

表5–26显示，在2015年调查中，遭受过客户侵权的私营企业主选择最多的维权方式是“私下协商”，有60.2%的被访企业主选择该种维权方式，较2010年低了2.9个百分点；其次是“法律诉讼”（15.7%），较2010年高1.2个百分点；再次是“沉默忍受”（13.9%），较2010年高10.0个百分点；尔后依次是“求助政府职能部门”（4.6%）和“求助工商联或私协”（0.9%），较2010年分别低了7.0和6.0个百分点。另外，还有4.6%的被访企业主选择“其他”维权方式，如针对拖欠货款，企业主与客户之间往往会形成一种“拖欠链”，以此缓解自己的资金危机，这是2010年调查没有了解的。由上面简单的数据分析，我们可以看到，选择“沉默忍受”和“法律诉讼”的私营企业主较2010年均有一定程度的增加，尤以“沉默忍受”增加比

① 有不少私营企业主并不认为客户拖欠货款是一种侵权行为，在调查过程中，如果不是调查提醒，有相当多的被访企业主都不会在“客户侵权”选项上打勾。在他们看来，拖欠货款几乎是每个企业主都经历过的行为，你拖欠我的货款，我拖欠你或他的货款，似乎已成为一种“市场规则”。因此，笔者在此处称之为“隐性侵权行为”。

例较大。这可能是“拖欠货款”这种客户侵权方式五年来有较大幅度的增多所导致的结果。面对客户“拖欠货款”，私营企业主应对的方式主要是两种：一是“私下协商”，尽量催促对方尽早交付货款；二是对簿公堂，即“法律诉讼”，但这种方式耗时长、成本高，不到迫不得已（“私下协商”没有任何希望的情况下），私营企业主通常不会选择该种维权方式；三是“沉默忍受”，这也几乎是最后的选择了。面对客户“拖欠货款”行为的增加，私营企业主在融资困难、拖欠货款已几乎成为一种市场文化痼疾的条件下更多的只能选择“沉默忍受、自认倒霉”了。

3. 私营企业主基于客户侵权之维权效果的变化

遭受客户侵权之后，私营企业主维权方式选择的效果见表 5-27。

表 5-27 基于客户侵权的私营企业主维权方式选择的效果（%）

年份	侵权行为更为严重	侵权行为没有改变	侵权方减少了侵害	侵权方停止了侵害	观察值
2015	0.9	29.6	55.6	13.9	108
2010	18.1	70.9	10.2	0.8	375

表 5-27 显示，在 2015 年调查中，遭受过客户侵权的私营企业主经过维权后，有 69.5% 表示“侵害减少或停止了”，较 2010 年高了 58.5 个百分点，其中表示“侵害停止了”的企业主也有 13.9%，较 2010 年高了 13.1 个百分点；表示“侵害没有改变”的企业主有 29.6%，较 2010 年低了 41.3 个百分点；而表示“侵害更为严重了”的为 0.9%，较 2010 年低了 17.2 个百分点。可见，遭受客户侵权的私营企业主的维权效果较五年前有了相当大的提高。但我们对这一发现持保守态度，因为选择“法律诉讼”这种维权方式的增加可能会提高一定的效果，但效果也很难提高如此之高，况且选择“法律诉讼”的比例提高幅度也很小。

（三）企业员工与私营企业主间权益关系的变化

1. 员工侵权行为的变化

前面的分析已经表明，员工侵权在过去五年间变化很少，仅减少了

3.5%，现仍有 54.0% 的私营企业主遭受过员工的侵权。那么，员工侵权又有何具体表现呢？相较五年前有无新的变化？所得调查结果见表 5-28。

从表 5-28 可以看到，在 2015 年调查中，私营企业主遭受最多的员工侵权行为是“擅自离职”，有 42.7% 的被访企业主遭受该种侵权，较 2010 年高了 11.9 个百分点；其次是“提出过高的工资福利要求”（15.7%），较 2010 年低了 4.9 个百分点；再次是“泄露企业商业秘密”（12.4%），较 2010 年低了 3.6 个百分点；尔后是“恶意损坏生产设备或产品”（10.1%），较 2010 年高了 4.1 个百分点；后面依次是“串通社会闲杂人员破坏生产现场”（7.9%）、“其他”（9.7%）、“私拿货单”（4.5%）和“人身侵犯或威胁”（1.1%），除“其他”侵权外，另外三种员工侵权行为均较 2010 年有所减少。

表 5-28　私营企业主遭受员工侵权的具体表现（%）

年份	员工侵权方式								
	恶意损坏生产设备/产品	串通社会闲杂人员破坏生产现场	提出过高的工资福利要求	人身侵犯或威胁	擅自离职	泄露企业商业秘密	私拿企业货单	其他	观察值
2015	10.1	7.9	15.7	1.1	42.7	12.4	4.5	5.6	89
2010	6.0	12.1	20.6	5.4	30.8	15.6	5.4	4.1	314

综合上述数据分析可以发现，排前三位的员工侵权行为在两次调查中均依次是“擅自离职”“提出过高工资福利要求”和“泄露企业商业秘密”，但其中“擅自离职”行为增多了，而“提出过高的工资福利要求”和“泄露企业商业秘密”等行为则减少了。“擅自离职”行为的增多可能是近年来市场发育程度的提高、就业机会的增多和因有关聘用关系的法律不健全而导致的对员工擅自离职行为的约束之困难等因素综合作用的结果。“提出过高的工资福利要求”“泄露企业商业秘密”“串通社会闲杂人员破坏生产现场”“私拿货单”和“人身侵犯或威胁”等较显性的员工侵权行为五年来都有不同程度的减少，这是市场规则不断完善和员工规则意识逐渐提高的结果。

2. 私营企业主基于员工侵权的维权方式选择之变化

遭受员工侵权之后，私营企业主的应对之策又是什么呢？所得调查结果见表 5–29。

表 5–29 遭受企业员工侵权之后，私营企业主的维权方式选择（%）

年份	私营企业主的维权方式						
	沉默忍受	私下协商	求助政府职能部门	法律诉讼	求助工商联或私协	其他	观察值
2015	22.6	40.8	11.8	15.1	–	9.7	93
2010	5.5	62.9	11.1	12.1	3.6	4.8	307

表 5–29 显示，在 2015 年调查中，遭受过员工侵权的私营企业主选择最多的维权方式是“私下协商”，有 40.8% 的被访企业主选择该种维权方式，较 2010 年低了 22.1 个百分点；其次是“沉默忍受”（22.6%），较 2010 年高了 17.1 个百分点；再次是“法律诉讼”（15.1%），较 2010 年高了 3.0 个百分点；尔后依次是“求助政府职能部门”（11.8%）和“其他”（9.7%），较 2010 年分别高了 0.7 和 4.9 个百分点；没有被访者选择“求助工商联或私协”。从上面对数据所做的简要分析中可发现，私营企业主遭受员工侵权后，选择“私下协商”的有了明显减少，而选择“沉默忍受”和“法律诉讼”的则有明显的增加，而尤以“沉默忍受”增加为甚。这可能与员工侵权方式的变化：“擅自离职”行为的显著增加有直接关系。擅自离职涉及两类：一是员工携带原企业的商业秘密或核心技术跳槽或自营竞争性业务，从而损害原企业的技术或管理竞争力；另一类是不涉原企业商业秘密或核心技术的员工跳槽或另立门户，从而给企业的正常运转造成影响。企业主对第一类擅自离职的员工可能采取“私下协商”和“法律诉讼”的方式进行应对，而对第二类擅自离职的员工在“私下协商”不成的条件下则只能“沉默忍受”了。也正是因为这样，2015 年选择“私下协商”的私营企业主减少了，而选择“沉默忍受”和“法律诉讼”的增加了，且尤以“沉默忍受”的增加为多。

3. 私营企业主基于员工侵权之维权效果的变化

遭受员工侵权之后，私营企业主维权方式选择的效果见表 5–30。

表 5–30　基于员工侵权的私营企业主维权方式选择的效果（%）

年份	侵权行为更为严重	侵权行为没有改变	侵权方减少了侵害	侵权方停止了侵害	观察值
2015	1.1	24.7	46.2	28.0	93
2010	1.0	11.0	65.1	22.9	301

表 5–30 显示，在 2015 年调查中，遭受过员工侵权的私营企业主经过维权之后，有 74.0% 的表示“侵害减少或停止了”，较 2010 年低了 14.0 个百分点，其中表示“侵害停止了”的有 28.0%，较 2010 年高了 5.1 个百分点；表示“侵害没改变”的有 24.7%，较 2010 年高了 13.7 个百分点；而表示“侵害更为严重了”的只有 1.1%，与 2010 年基本持平。总体来看，五年来，遭受过员工侵权的私营企业主的维权效果略有下降。这也可能是由员工侵权方式中“擅自离职”增加而引发企业主维权方式中“沉默忍受”相应增加所导致的。通常来说，“沉默忍受”是很难达到减少“侵害”的目的的。另外，表示“侵害停止了”的企业主的增加则可能与其维权方式中“法律诉讼”被选择的增多及政府治理方式的革新有关。

六、私营企业主维权方式选择之变化：2010—2015 年

为了更清楚、直接地从总体上比较私营企业主遭受不同侵权之后的维权方式选择，我们将上述相关数据汇总为表 5–31。

如果将私营企业主遭受侵权之后的维权方式合并为合作性维权方式和对抗性维权方式，我们可从表 5–31 中发现，不管遭受地方政府、社会力量还是市场力量的侵权，也不管是在 2010 年还是在 2015 年，私营企业主都更倾向于选择合作性维权方式进行维权，或者说，随着维权方式对抗性的增强，其被选择的概率则相应下降。合作而非对抗主导私营企业主遭受不同侵权之后的维权方式选择。

如果略为调整有关侵权方原有的划分方式：地方政府、社会力量和市场关系，而根据其与私营企业主之间的关系，将原有的六对关系合并为等级式或准等级式关系（地方政府和地方黑恶势力）和市场关系（新闻媒体、

企业同行、企业客户和企业员工），我们从表 5-31 中可发现，在等级式或准等级式关系中，私营企业主五年来选择合作性 / 非制度化维权方式的概率略有下降，选择制度化维权方式的概率则有所提升；在市场关系中，私营企业主五年来选择合作性 / 非制度化维权方式的概率则略有上升。其原因可能与不同领域制度演进速度的不平衡性有关。通常来说，政府治理领域的制度改革及其演进相对比较快速，在中国式威权型国家中，其改革与演进甚至内嵌在权力中心的更换过程中，有时还带有运动式色彩。等级式或准等级式的侵权 - 维权关系对政府治理领域的制度变革比较敏感，能较迅速地做出反应。近年来，“反腐风暴”“群众路线”教育及“简政放权”的行政改革，在短期内较有效地约束和优化了政府管理行为，在大大消解地方政府和地方黑恶势力侵权行为的同时，也强有力地激励了遭受过这两种力量侵权的私营企业主选择制度化维权方式（如“求助政府部门”和“找公安机关”等）进行维权。市场领域的制度演进相对缓慢：有时是直接起源于市场关系的变化，而有时则可能是源于政府治理领域的制度改革。相对于政府治理领域的制度改革，市场领域的制度演进具有一定的滞后性。因此，在相同时间段，市场领域的制度对基于市场的侵权 - 维权关系的约束就相对乏力，而随市场力量对私营企业主的侵权趋于隐蔽化后，市场领域的制度对市场力量侵权的约束将进一步弱化，从而激励被市场力量侵权的私营企业主更多地选择非制度化维权方式进行维权。

同样作为制度化维权方式，“求助工商联或私协”“求助相关政府部门”“找公安机关”和“诉诸法律”之间是存在差异的：前三种的制度化程度较第四种低。在该种区分下，我们从表 5-31 中的相应列可以发现，在基于等级式或准等级式的侵权 - 维权关系中，私营企业主对程度相对较低的制度化维权方式的选择这五年来有所提高，而在基于市场的侵权 - 维权关系中，私营企业主对该类维权方式的选择则有明显下降，其中对“求助工商联或私协”这种维权方式的选择下降最为显著，甚至变得几乎不被企业主选择；另外，不管是遭受地方政府还是市场力量侵权，私营企业主对“诉诸法律”这种程度相对较高的制度化维权方式的选择这五年来都有

表 5-31　私营企业主遭受不同侵权后维权方式选择之变化：2010—2015 年

		私营企业主的维权方式																	
		沉默忍受		私下协商		求助工商联或私协		求助相关政府部门		找公安机关		诉诸法律		自发联合起来解决		向媒体反映		其他	
		2010	2015	2010	2015	2010	2015	2010	2015	2010	2015	2010	2015	2010	2015	2010	2015	2010	2015
侵权方	地方政府	24.9（70）	19.5（8）	51.0（143）	46.3（19）	4.9（14）	—	13.5（38）	—	—	26.5（11）	2.5（7）	4.9（2）	2.5（7）	2.5（1）	0.7（2）	—	—	—
	黑恶势力	11.2（27）	7.3（3）	52.9（128）	46.3（19）	2.5（6）	—	16.5（40）	14.7（6）	16.9（41）	31.7（13）	—	—	—	—	—	—	—	—
	新闻媒体	8.4（13）	25.0（8）	30.4（47）	37.5（12）	14.8（23）	—	16.8（26）	25.0（8）	—	—	27.7（43）	9.4（3）	—	—	—	—	1.9（3）	3.1（1）
	企业同行	6.8（26）	18.2（14）	47.4（180）	45.4（35）	13.9（53）	2.6（2）	19.0（72）	5.2（4）	-	—	12.9（49）	18.2（4）	—	—	—	—	—	10.4（8）
	企业客户	3.9（15）	13.9（15）	63.1（244）	60.2（65）	6.9（29）	0.9（1）	11.6（45）	4.6（5）	—	—	14.5（56）	15.7（17）	—	—	—	—	—	4.6（5）
	企业员工	5.5（17）	22.6（21）	62.9（193）	40.8（38）	3.6（11）	—	11.1（34）	11.8（11）	—	—	12.1（37）	15.1（14）	—	—	—	—	—	9.7（9）

注：表中每格有两行数据，括号内数据为私营企业主遭受相应侵权之后选择相应维权方式的人数（观察值），括号外数据均为选择相应维权方式的私营企业主在样本中所占的比例。

微弱的增多。私营企业主上述维权方式选择的复杂变化很难以一种简单线性的方式加以解释，需要在制度变革的背景下联系各具体侵权方侵权行为的变化才能做出较合理的解释（可见前面几节的具体分析）。具体分析与通则性概括之间本身即存在一定的张力。

第六章　结论与讨论

一、结论

基于2010年和2015年两个年度对湖南、湖北、广东、浙江、江苏、重庆和黑龙江7省市近1000位私营企业主的问卷调查，本研究考察了私营企业主被侵权与维权的状况及其变化，并基于2010年的数据实证考察了私营企业主被侵权－维权行为背后的逻辑[①]，主要发现和结论如下。

（一）多数私营企业主的权益遭受过侵害，但近年来已大有好转

2010年有77.2%的被访私营企业主遭受过侵权，2015年遭受过侵权

---

① 为完成本项课题研究，我们组织课题组成员在七个省市前后做了两次调查，时间跨度差不多五年（第一阶段调查是2010年7—10月，第二阶段调查是2015年7—8月），其间横跨两届政府，经历了以习近平为核心的新一届政府铁腕推行的政府治理改革。因此，我们预期，私营企业主的被侵权与维权行为也将发生相应的变化，并借两阶段调查数据来呈现侵权来源与私营企业主之间侵权－维权关系的变化。但第二阶段调查因时间和成本的限制只访问到了194位符合条件的私营企业主，因此我们难以对其做多元回归分析，而只是对这194位私营企业主的样本做了描述性分析，以与前一次调查所获样本进行比较，并在此基础上做一些探索性解释；另外，由于时间实在有点紧，我们也来不及合并两个数据，将原有的研究推倒重来。其实，我们也相信，私营企业主被侵权和维权行为背后的根本性逻辑不会有太大变化。正是基于这一认识，我们仍沿用了基于2010年调查数据所做的有关私营企业主被侵权与维权行为逻辑的多元回归分析结果。

的企业主则只有 71.2%，五年内下降了 6 个百分点。私营企业主是否遭受权益侵害受到制度、企业特征、企业主的政治关系和人力资本等因素的显著影响：地方制度越健全规范、政府保护企业权益越有力，所在地私营企业主遭受权益侵害的可能性越小；跟独资企业投资人相比，股份有限公司投资人遭受权益侵害的可能性更小；跟农林生产或加工业私营企业主相比，销售业私营企业主遭受权益侵害的可能性更大；规模越大的企业主遭受权益侵害的概率也越大；跟没有政治关系的私营企业主相比，通过在企业成立中共党组织或在政府部门的朋友或亲戚与地方政府建立了正式或非正式政治关系的私营企业主遭受权益侵害的可能性更小；受教育年限越长的私营企业主遭受侵权侵害的可能性也越小。

（二）侵害私营企业主权益的来源是多方面的，其最主要侵害来源已开始由地方政府转变为企业客户

私营企业主的权益遭受到地方政府、地方黑恶势力、新闻媒体、企业同行、客户和企业员工等政府、社会和市场力量的侵害，但其侵权来源的结构不是固化的，近年来，尤其是习近平主政以来，私营企业主遭遇的最主要的侵权来源开始由地方政府转变为企业客户。

遭受过地方政府侵权的私营企业主近年来尽管已有较大幅度的减少（减少了 22.6%），但其比例仍有 41.7%。地方政府主要以乱收费、乱摊派、乱罚款、吃拿要、故意刁难和无端干预等方式侵害私营企业主的合法权益，其中以乱收费和故意刁难最为严重、危害最大。私营企业主是否遭受地方政府侵害受到制度、企业类型和企业主的政治关系等因素的显著影响：地方制度发育水平越高、政府保护企业权益越有力，所在地私营企业主遭受地方政府侵害的可能性越小；跟独资企业投资人相比，合伙企业投资人遭受地方政府侵害的可能性更大；跟没有政治关系的私营企业主相比，通过在政府部门的朋友或亲戚与地方政府建立了非正式政治关系的私营企业主遭受地方政府权益侵害的可能性更小。

遭受过地方黑恶势力侵权的私营企业主近年来也有较大幅度减少（减

少了 17.8%），但其比例仍有 32.3%。地方黑恶势力主要以恶意干扰、索要财物、收取保护费和强要股份等方式侵害私营企业主的合法权益，其中以恶意干扰最为严重。私营企业主是否遭受黑恶势力侵害受到制度、企业规模和企业主受教育年限等因素的显著影响：地方制度越健全规范、政府保护企业权益越有力，所在地私营企业主遭受黑恶势力侵害的可能性越小；企业规模越大，企业主遭受黑恶势力侵害的可能性越大；受教育年限越长的私营企业主遭受黑恶势力侵害的可能性越小。

遭受过新闻媒体侵权的私营企业主这几年来也有一定数量的减少（减少了 11.8%），但仍有近 1/5 的被访者遭受过媒体侵权。新闻媒体通常以不实报道、恶意中伤和索要费用等方式侵害私营企业主的合法权益。私营企业主是否遭受新闻媒体的侵害受到制度、企业特征、企业主的政治关系和人力资本等因素的显著影响：地方制度发育指数越高，所在地私营企业主遭受新闻媒体侵害的可能性越大；跟在政府机关没有朋友或亲戚的私营企业主相比，在政府机关有朋友或亲戚的私营企业主遭受媒体侵害可能性更大；跟独资企业相比，私营有限责任公司遭受新闻媒体侵害的可能性更小。

遭受过企业同行侵权的私营企业主近年来减少最多（减少了 26.4%），但仍有近一半（47.2%）的被访者遭受过同行侵权。企业同行通常以串货、恶意压价、假冒、损害名誉和侵犯知识产权等方式侵害私营企业主的合法权益。私营企业主是否遭受企业同行侵害受到制度、企业特征和企业主的政治关系等因素的显著影响：地方制度发育水平越高，所在地私营企业主遭受企业同行侵害的可能性越大；跟非人大代表私营企业主相比，人大代表私营企业主遭受企业同行侵害的可能性更大；企业捐款越多，企业主遭受企业同行侵害的可能性越小；企业规模越大，企业主遭受企业同行侵害的可能性越大；跟农林生产或加工业私营企业主相比，销售业和服务业私营企业主遭受企业同行侵害的可能性更大；跟独资企业相比，私营有限责任公司和股份有限公司投资人遭受企业同行侵害的可能性更小。

遭受过企业客户侵权的私营企业主近年来只有少量减少（仅减少了4.4%），还有高达66.1%的被访者遭受过客户侵权。客户通常以拖欠货款、故意挑产品或服务质量的刺、破坏产品后故意找麻烦等方式侵害私营企业主的合法权益，其中尤以拖欠货款为最。私营企业主是否遭受客户侵害受到企业所属行业、企业类型和企业主年龄等因素的显著影响：跟农林生产或加工业私营企业主相比，销售业私营企业主遭受客户侵害的可能性更大；跟独资企业相比，私营有限责任公司和股份有限公司投资人遭受客户侵害的可能性更小；私营企业主是否遭受客户侵害与企业主年龄呈“倒U形”关系。

遭受过企业员工侵权的私营企业主近年来仅有微弱的减少（仅减少了3.5%），仍有一半以上（54%）的被访者遭受过员工侵权。员工通常以恶意损坏生产设备或产品、串通社会闲杂人员损坏生产现场、提出过高的工资福利要求、人身侵犯或威胁、擅自离职、泄露企业商业秘密和私拿货单等方式侵害私营企业主的合法权益，其中尤以擅自离职为最。私营企业主是否遭受员工侵害受到制度和企业主年龄等因素的影响：地方制度发育指数越高，私营企业主遭受员工侵害的可能性越大；私营企业主的年龄越大，其遭受员工侵害的可能性则越小。

（三）遭受侵权之后，私营企业主多以合作性维权方式进行维权

私营企业主依具体的侵权－维权关系进行维权方式选择：侵权来源不同，其维权方式选择也不同，但不管侵权来源是地方政府、社会力量还是市场力量，私营企业主均多以合作性或非制度化维权方式进行维权。

在地方政府与私营企业主的侵权－维权关系中，私营企业主通常以沉默忍受、私下协商、求助工商联或私企协会、求助相关政府部门、诉诸法律、自发联合起来解决、向媒体反映等方式进行维权，其中，“私下协商”是私营企业主选择最多的、也是其首选的维权方式。私营企业主遵循合法性、人情和效率三种机制选择维权方式。地方制度发育水平越高，私营企业主

越可能选择庇护式维权方式（“私下协商”）进行维权；跟没有政治关系的私营企业主相比，通过担任人大代表、在企业成立中共党组织或在政府部门的朋友或亲戚等方式与地方政府建立了正式或非正式政治关系的私营企业主更可能选择“沉默忍受”“私下协商”或“求助工商联或私企协会”等协商合作性维权方式进行维权；规模越大的企业主选择“沉默忍受”这种退让式合作性维权方式进行维权的可能性也越小，销售业私营企业主比农林生产或加工业私营企业主更可能选择庇护式维权方式（“私下协商”）进行维权，独资企业投资人比合伙企业或股份有限公司投资人也更可能选择“私下协商”或“求助工商联 / 私企协会”这种协商庇护式维权方式进行维权，即侵权引发的交易成本越大，私营企业主越可能选择庇护式维权方式进行维权。

在地方黑恶势力与私营企业主的侵权 – 维权关系中，私营企业主通常以沉默忍受、私下协商、求助当地政府、找公安机关和求助工商联或私企协会等方式进行维权，其中，“私下协商”是私营企业主选择最多、也是其首选的维权方式。私营企业主遭受地方黑恶势力侵害之后的维权方式选择也可为新制度主义、网络理论和交易成本理论的逻辑所解释。地方政府保护企业权益的制度越完善、执行越有力，私营企业主越可能选择“求助当地政府”这种温和型对抗性维权方式（制度化维权方式）进行维权；跟没有政治关系的私营企业主相比，那些通过企业捐款或加入中共党组织等方式与地方政府建立了正式政治关系的私营企业主更信任地方政府，也更可能选择“求助当地政府”这种温和型对抗性维权方式进行维权；企业年龄越长，即侵权引发的交易成本越大，私营企业主越不可能选择“沉默忍受”或“私下协商”等合作性维权方式（不管是退让式的还是庇护式的）进行维权；跟农林生产或加工业私营企业主相比，服务业私营企业主更不可能选择“求助当地政府”进行维权，即越是在灰色地带从业的私营企业主越是不可能选择“求助当地政府”这种制度化的维权方式（温和型对抗性维权方式）进行维权。

在新闻媒体与私营企业主之间的侵权 – 维权关系中，私营企业主通常

以沉默忍受、私下协商、求助工商联或私企协会、求助政府职能部门和法律诉讼等方式进行维权，其中，“私下协商”是私营企业主选择最多的维权方式。私营企业主遭受新闻媒体侵害之后的维权方式选择主要受到制度和交易成本的制约。制度发育水平越高，私营企业主遭受媒体侵权后越可能选择制度化的维权方式进行维权，不管是温和型对抗性维权方式还是激烈型对抗性维权方式。与交易成本有关的企业特征变量对私营企业主遭受媒体侵权后的维权方式选择有一定解释力：合伙企业和股份有限公司较独资企业更倾向于选择制度化维权方式进行维权，也更倾向于选择作为制度化方式的温和型对抗性维权方式进行维权，股份有限公司还较独资企业更倾向于选择作为制度化方式的激烈型对抗性维权方式进行维权；服务业企业主较农林产品生产加工企业主更少选择制度化维权方式，不管是温和型对抗性维权方式还是激烈型对抗性维权方式。政治关系对私营企业主遭受媒体侵权后的维权方式没有解释力。

在企业同行与私营企业主的侵权－维权关系中，私营企业主通常以沉默忍受、私下协商、求助工商联或私企协会、求助政府职能部门和法律诉讼等方式进行维权，其中，“私下协商”是私营企业主选择最多的维权方式。私营企业主遭受企业同行侵害之后的维权方式选择也受到制度、网络和交易成本的制约。地方制度发育水平越高、政府保护企业权益越有力，私营企业主越可能选择“私下协商”或“求助地方政府”（与沉默忍受相比）等主动型维权方式进行维权；跟没有政治关系的私营企业主相比，通过在政府部门的朋友或亲戚与地方政府建立了非正式政治关系的私营企业主更可能选择“求助政府”或“私下协商”（与沉默忍受相比）等主动型维权方式进行维权；企业规模（侵权交易成本）越大，私营企业主越可能选择“求助政府”进行维权；私营有限责任公司投资人比独资企业投资人（侵权交易成本较前者更大）更倾向于选择“法律诉讼”进行维权。也就是说，侵权交易成本与私营企业主遭受同行侵权之后选择“求助政府”和“法律诉讼”等制度化维权方式之间可能不是一种简单的相依关系。

在客户与私营企业主的侵权－维权关系中，私营企业主也通常以沉默忍受、私下协商、求助工商联或私企协会、求助政府职能部门和法律诉讼等方式进行维权，其中，“私下协商”也是私营企业主选择最多的维权方式。私营企业主遭受客户侵权之后的维权方式选择也基本上能为新制度主义、网络理论和交易成本理论所解释。地方政府保护企业权益的制度越完善、执行越有力、企业对客户的信任度越高，私营企业主越倾向于选择“私下协商”“求助政府”或“法律诉讼”等主动型维权方式（与沉默忍受相比）进行维权；跟没有政治关系的私营企业主相比，通过加入中共党组织或在政府部门的朋友/亲戚等方式与地方政府建立了正式或非正式政治关系的私营企业主更倾向于选择“私下协商”和“求助政府”等主动型维权方式进行维权，而非消极退让的沉默忍受；规模越大的企业主越倾向于选择“私下协商”“求助政府”或“法律诉讼”等主动型维权方式（与沉默忍受相比）进行维权；独资企业的企业主比私营有限责任公司和股份有限公司投资人更倾向于选择“私下协商”或“求助政府”等主动型维权方式（与沉默忍受相比）进行维权；但农林生产或加工业私营企业主比其他行业的私营企业主更倾向于选择“私下协商”“求助政府”或“法律诉讼”等主动型维权方式（与沉默忍受相比）进行维权。也就是说，侵权交易成本与私营企业主遭受客户侵权之后选择主动型维权方式之间的关系还有待进一步检验。

在员工与私营企业主的侵权-维权关系中，私营企业主也通常以沉默忍受、私下协商、求助工商联或私企协会、求助政府职能部门和法律诉讼等方式进行维权，其中，“私下协商”也是私营企业主选择最多的维权方式。私营企业主遭受客户侵权之后的维权方式选择也基本上能为新制度主义、网络理论和交易成本理论所解释。地方制度发育水平越高，私营企业主遭受员工侵权后越可能选择制度化维权方式进行维权，也越可能选择作为制度化维权方式的温和型对抗性维权方式进行维权；与在政府机关没有朋友或亲戚的私营企业主相比，在政府机关有朋友或亲戚的私营企业主更可能选择制度化维权方式进行维权；合伙企业和股份有限公司较独资企业更倾向于选择制度化维权方式进行维权，不管是作为其表现的温和型对抗性维权方式还是激烈型对抗性维权方式。

综上分析，本文可得出如下结论：

私营企业主的合法权益已经或正在遭受侵害，但近年来（尤其是习近平主政以来）已有明显好转；地方政府、地方黑恶势力、新闻媒体、企业同行、企业客户和企业员工是私营企业主面对的主要侵权来源，但其结构仍处于变动之中：最主要的侵权来源开始由地方政府转变为企业客户。

不管是遭受地方政府、黑恶势力、新闻媒体，还是企业同行、客户和员工的侵权，私营企业主多以合作性/非制度化维权方式进行维权。然而，私营企业主遭受侵权后具体选择合作性维权方式还是对抗性维权方式，或是选择制度化维权方式还是非制度化维权方式，也因侵权方与私营企业主之间的关系差异而存在微妙的不同，且随时间或制度环境的变化而变化。

在等级式或准等级式关系中，私营企业主近年来对合作性/非制度化维权方式的选择已略有减少，对制度化维权方式的选择则有所增多；在市场关系中，私营企业主近年来对合作性/非制度化维权方式的选择则略有增多。在基于等级式或准等级式的侵权–维权关系中，私营企业主对程度相对较低的制度化维权方式的选择近年来有所提高，而在基于市场的侵权–维权关系中，私营企业主对该类维权方式的选择则有明显下降；另外，不管是遭受地方政府还是市场力量的侵权，私营企业主对“诉诸法律”这种程度相对较高的制度化维权方式的选择近年来都有微弱的增多。

“和谐共处、互利共赢”是私营企业主的基本维权取向，不到合作维权希望破灭之前，其不会走向对抗性维权之路；私营企业主的合作性维权不是绝对的，因侵权方与维权方之间关系结构的不同而存在有限度的差异。私营企业主在被侵权与维权关系结构中是选择合作性维权还是对抗性维权，又是其在转型经济的制度框架下动用政治关系网络进行理性选择的结果。

二、讨论

（一）私营企业主与其他社会群体维权行为的比较

中国农民有着久远的维权抗争历史：从日常抵抗（Scott，1985）到武装革命，已绵延数千年。在中国共产党执政的计划经济时期，农民与地方政府相处较为和谐，即使有冲突和对抗也是不公开的。市场化改革以来，农民与地方政府之间的矛盾有显性化之迹象。中国工人的维权抗争则是近百年的事，以上海罢工（裴宜理，2001）最为学界所知。在1956年国有企业制度已基本形成后的三十多年中，工人与作为政府之一部分的国有企业及其管理人员之间的关系是一种庇护关系（Walder，1986）。20世纪90年代政府推行“下岗分流、减员增效”的国有企业改革政策之后，工人与企业和政府之间的关系开始发生变化，集体维权抗争的现象急剧增加。肇始于20世纪90年代中期的住房市场化改革终结了城市住房由政府和单位免费向职工分配的历史：住房分配职能由政府转交给市场化的房地产公司承担，城市居民需通过市场从房地产公司购买住房，各种新式的封闭式小区（gated communities）自此开始形成，城市居民也由原来的住房免费使用者转变成住房产权所有人（业主）。小区业主与由房地产商、物业公司和相关政府部门组成的实力强大的房地产利益集团（张磊，2005）之间的力量不对等关系，使房地产利益集团侵害业主合法权益的行为在制度不完备条件下成为一种必然，业主维权运动也频繁进入公众的视野。私营企业主是在由市场化改革引发的社会结构变迁中新生的一个社会群体，转型经济的制度特点使其面临权益被侵害的风险，私营企业主权益被侵害及其应对行为也偶见报端。

农民、国有企业工人和被视为城市中产阶级的业主的维权行动早已引起了学术界较广泛、深入的关注。笔者将本书中对私营企业主维权行为的研究结果（包括其他相关研究成果）与最近十年主要发表在国内《社会学研究》和国外重要英文期刊上有关中国农民、工人（限于国企工人和与国企存在利益关系的下岗失业工人）及业主维权行为的重要研究文献进行了比较，结果见表 6–1。

表 6–1　私营企业主与其他社会群体维权行为之比较

	农民维权	国企工人维权	业主维权	私营企业主维权
侵权主体	县、乡、村三级政府组织及其代理人	国有企业制度改革及其直接推手：企业或地方政府	涉及房产商、物业公司和相关政府部门的房地产利益集团（张磊，2005；Cai，2005）	地方政府、黑恶势力、企业同行及其他力量（下面供比较分析的限于地方政府侵权）
维权主体	农民	国企工人、与国有企业有利益关系的下岗工人	房产业主：公务员、私营企业主、专业技术人员及其他高收入群体	私营企业主
侵害表现	非法征税、收费，克扣征地、拆迁补偿款，兴建危害农民生存的企业、工程，强制性或非法执法	专制工厂体制的形成（Lee，1998）；企业改制引发的劳工利益的系统性侵蚀（Chen，2003）、生存危机、管理腐败（Chen，2000；游正林，2006；佟新，2006）	住房面积不足、住房质量差、随意改变建设计划、房屋损坏、小区居住环境受到影响等（Cai，2005）	乱收费、乱摊派、乱罚款、吃拿要、故意刁难、无端干预及其他侵害行为；不承担赔偿责任（吴毅，2007）
维权方式	日常抵抗［沉默和不公开的反抗（Scott，1985；斯科特，2007:35）］；私下抱怨、倔强对抗、依法抗争（个体的或集体的上访和就地抗争）三者并存，以前者为众（Li、O’Brien，1996），以法抗争（于建嵘，2004）；集体上访、某些集团诉讼、某些就地抗争（应星，2007）	集体懈怠：偷懒、自发停工、准静坐示威、旷工、热衷于兼职搞第二职业等（Lee，1998）；服从、退出和个人倾诉（刘爱玉，2003）；公开对抗性维权：上街抗议、集体请愿、集体“护厂”：（Chen，2000，2003；佟新，2006）；集体上访、静坐（游正林，2006）	沉默忍受（张磊，2005）；在制度允许的框架内进行集体维权（Cai，2005；Tomba，2005）：法律诉讼（张磊，2005；陈映芳，2006；徐琴，2007）、请新闻媒体报道、求助政府部门（张磊，2005；孟伟，2005）、上访（张磊，2005）；动用关系网络（石发勇，2005）	沉默忍受（24.9%）、私下协商（51.0%）、求助工商联或私企协会（4.9%）、求助相关政府部门（13.5%）、法律诉讼（2.5%）、自发联合起来解决（2.5%）、向媒体反映（0.7%）；协商－集体上访－协商（吴毅，2007）；庇护式协商（孙立平，2004）
维权性质	政治上的模糊性（应星，2007）；抗争性政治（于建嵘，2004，2009）	道德经济取向的抗争：防御性的和恢复性的（Chen，2003）	寻求正当经济权益的合法化（张磊，2005）	经济利益维护性的

续表

	农民维权	国企工人维权	业主维权	私营企业主维权
维权机制	抗争领袖的动员（Li、O'Brien，2008）；草根动员（应星，2007）	制度结构诱发的政治机会（Chen，2000，2003；Cai，2002）；组织者的产生（Cai，2002）；社会主义的传统和阶级经验（Lee，1998；Chen，2003；佟新，2006）	政治机会（Cai，2005）；对居住空间的认同（Tomba，2005）；资源动员（张磊，2005）	制度约束（合法性机制）、关系网络（人情机制）、交易成本最小化（效率机制）；权力－利益结构之网（吴毅，2007）

表6–1显示，私营企业主和农民、国企工人、业主[①]面对了一个共同的侵权主体，即地方政府，只是在不同的侵权－维权关系中，地方政府以不同的形式出现。农民面对的是县乡村三级基层政府或准政府组织，国企工人面对的是作为政府组织之一部分的国有企业及直接管辖它的地方政府，业主面对的是地方政府已成为其重要组成部分的房地产利益集团，地方政府也是私营企业主面对的最主要的侵权主体。[②]也正是因为有地方政府这样一个共同的侵权来源，私营企业主和农民、国企工人、业主之维权行为的比较才具有了前提和基础。在私营企业主、农民、国企工人、业主与地方政府（或国有企业、房地产利益集团）的关系中，前者处于绝对的弱势地位。国企工人遭受的是由政府推动的企业改制所引发的生存机会或与之相关的职业、工资和福利机会的丧失，即遭受的是事关生存的根本性的伤害和打击，而私营企业主、农民和业主遭受的则更多是生存和发展机会的部分丧失，由此也致使他们在采取维权行动时可能有所差异。

① 跟作为地位群体的私营企业主、国企业主和农民不同，业主是基于共同的消费而聚集于同一居住空间的住房消费群体，可能拥有不同的职业地位和身份象征（Tomba，2005）。作为一个消费群体，业主具体包括了政府公务员、商人（私营企业主）、专业技术人员和其他收入较高的群体，即业主是囊括了多种职业群体的混合群体，与私营企业主存在包含与被包含的关系。

② 私营企业主除可能遭受地方政府的侵害之外，地方黑恶势力、同行和客户也是其重要的侵权来源。此处为比较之方便，只列出了私营企业主与地方政府之间侵权－维权关系的部分结果。

从维权方式上看，不管是私营企业主还是农民、国企工人和业主，个体性的合作式维权都是“主流”的维权方式。农民在遭受基层政府侵害时大多是沉默和私下抱怨（Scott，1985；Li、O’Brien，1996）；国企工人在专制工厂体制下也多表现为集体懈怠[①]［collective inaction（Lee，1998）］和服从、退出与个人倾诉（刘爱玉，2003）等个体性的退让式合作或不公开的抵抗；国内新建小区业主被侵权的现象比较普遍，但被组织起来进行维权的并不是特别多（张磊，2005），即遭受有地方政府支持的房地产商侵权之后，业主大多还是保持沉默，而非组织声势浩大的维权运动。遭受地方政府侵权之后，75.9% 的私营企业主选择个体性的合作式维权方式进行维权，选择非集体性维权方式的私营企业主高达 97.5%，即只有 2.5% 的私营企业主走上了集体的对抗性维权之路。表 6-1 中所列有关农民、国企工人和业主维权行为的研究都是个案研究，而非基于大样本的问卷调查的定量研究，从而使得这种比较在逻辑上存在一定问题，但上述通过“朴素”比较所得到的结论性认识在大体上是可靠的，也是可信的。

但有关农民、国企工人和业主的维权研究文献呈现的更多是集体对抗性维权的个案。在针对农民的维权研究中，李连江和欧博文（1996，2008）在个案分析的基础上提出了农民“依法抗争”或“以政策为依据的抗争”（policy-based resistance）的维权模式，并特别关注了抗争领袖在集体性的“依法抗争”中的作用；于建嵘（2004，2007，2009）在李连江和欧博文所提农民“依法抗争”的基础上提出了更具对抗性政治色彩的农民“以法抗争”的维权模式，以标示农民已超越集体具体利益而步入抽象的“合法权益”或“公民权利”进行有组织的政治性抗争阶段；应星（2007）基于 4 个农民集体维权的个案比较分析了作为农民群体利益表达机制的草根动员的运作逻辑。在针对国企工人和下岗工人的维权研究中，陈锋（Chen，2000，2003）研究了中国国有企业改制过程中工人的集体维权抗争，分析了企业改制引发的劳工利益的系统性侵蚀、生存危机和管理腐败是如何激

① 将 collective inaction 译为“集体懈怠”，可参阅游正林（2005）的论文。

发国企工人的集体抗争的，尤其分析了现有的制度结构、社会主义传统和阶级经验在诱发和动员工人进行集体抗争（例如，堵马路、聚集政府大楼门口进行集体请愿、集体“护厂”、针对管理人员的报复行为等）中的机制和作用；佟新（2006）基于某国有企业工人反对兼并的集体行为的个案，描述和分析了社会主义文化传统动员工人集体抗争的机制；游正林（2006）基于一起国企工人集体上访、静坐的事件，从集体不公正感的角度分析了集体行为何以可能的机制；Cai（2002）则从一般意义上分析了下岗工人集体抗争的逻辑与机制：工人集体行动是工人与政府及工人内部互动的结果。目前有关国内业主维权的研究，关注的几乎都是集体维权运动，只是不同研究关注的角度各不相同而已（Cai，2005；Tomba，2005；张磊，2005；陈映芳，2006）。有关私营企业主维权的个别研究也呈现了集体抗争的图像。例如，吴毅（2007）描述了某采石场业主遭受区镇政府侵害之后采取集体协商－集体上访－松散妥协进行维权的过程，并分析了“权力－利益的结构之网”对采石场业主维权行动的制约。

上述集体维权抗争有三个共同特点：一是维权抗争的利益恢复性，即恢复本属于自己的合法权益，且多为经济性的，而非政治性的；二是维权抗争的合法性，即都是在制度允许的框架内进行维权，且都是在认可中央权威的前提下利用中央的政策、制度和法律或意识形态抗拒地方政府或与地方政府连为一体的组织或集团的非法侵害；三是维权抗争的界域性，即维权行动尽管都是集体性的，但都局限于一定的组织场域或地理空间中，例如，农民的集体维权抗争很少超越村镇这一组织场域[①]（应星，2007；Li、O' Brien，2008），工人的维权抗争多局限于工厂范围内（Chen，2000，2003），小区业主的维权运动则都限于小区，仅有的私营企业主集体维权案例则限于采石场。也就是说，现阶段，中国尚未出现跨村镇、工厂、小区或特定经营场域的大联盟式的集体维权行动。

---

① 尽管于建嵘（2004）所调查的湖南衡山县的农民集体维权行动可能实现了跨越村镇的联盟，但这在全国其他地区还是很少见的。

相对来说，私营企业主很少采取集体性的方式进行维权：仅检索到一项有关私营企业主集体维权的研究个案，[①] 本研究发现也只有 2.5% 的私营企业主曾选择过集体维权方式。有关私营企业主与农民、工人和小区业主集体维权研究的差异性结果可能表明，农民、工人和小区业主比私营企业主更倾向于也更可能采取集体式对抗性维权方式进行维权。其根本原因是，私营企业主对地方政府的依赖性更大。斯廷奇科姆（1965：180–185）指出，组织依赖是下属在一个组织中相对于上级的制度性地位，其取决于下属的需要从组织中得到满足的比例、满足这些需要的替代性资源的可获得性、下属集体抵抗上级要求的能力三方面的因素。下属的需要从组织中得到满足的比例越大，其组织依赖性越强；下属满足这些需要的替代性资源越少，其组织依赖性越大；下属集体抵抗上级要求的能力越弱，其组织依赖性也越大。沃尔德（1983）在分析计划经济时期中国工厂中的组织依赖与权威文化时进一步指出，上述因素使下属处于依赖地位的程度越高，上级控制下属需求满足及将这种需求满足作为惩罚手段的能力则越强。在这种制度中，上级操纵奖惩的能力越大，下属对其上级的人际依赖也越大。更重要的是，这种组织依赖形构了权威关系的结构，即所谓“权威的制度文化”。下属的组织依赖越大，其仪式性顺从周围权威关系的情形越多，直接表达要求和目的的可能性则越小。在这样的敌对环境中，集体行动是困难的，个体抗争是不明智的，因此个体更可能追求一种迂回的路径来与上级培植人际关系，以达致维护或提高其地位的目的。市场化改革以来，农民从地方政府那里获得的需求满足已越来越少；国企改制无情地终结了工人对企业的“家长制”依赖，通过市场方式获取资源已成为国企工人必须面对的现实；小区业主中的机关、事业单位工作人员尽管仍从政府或准政府组织中获得一些关键性生存和发展资源（陈映芳，2006），但作为资源替代获取方式的市场所扮演的角色已越来越大。不过可以肯定的是，作

① 有关私营企业主集体维权的研究尽管只检索到了一项，肯定不止一项，但至少说明这方面的研究不多。

为一个整体的小区业主对地方政府的依赖比农民和国企工人对地方政府的依赖要大，也正是因为这样，小区业主在维权行动上也没有农民和工人那么激进（Cai，2005），相对较为温和、低调和保守（Cai，2005；张磊，2005）。私营企业主是中国市场化改革的直接产物，也理应通过市场方式获取资源。然而，中国政府仍然控制着重要的社会经济资源，尤其是与私营企业主直接相关的项目审批权、产品质量检验审核权、工商税务权等权力资源，更为关键的是，地方政府在行使上述权力时的自由裁量权既可以使私营企业主获得发展的众多机会，也可以剥夺其发展机会、挤压其生存空间，甚至可使其被贴上违法犯罪的标签而倾家荡产、身败名裂。因此，相对农民、国企工人和小区业主来说，私营企业主对地方政府的依赖程度更高，从而也致使其既如沃尔德（1983，1986）所描述的中国计划体制下国企工人那样表现出高度的组织（国有企业、地方政府）依附性，但又与计划体制下的工人－政府间的庇护关系不完全一样，而是与地方政府间形成了一种"共生庇护"关系（Wank，1996，2001），具体表现为遭受地方政府侵害之后更多地选择合作性的或庇护式的维权策略，而非对抗性的，尤其是集体性的维权行动。

另外，私营企业主的原子化程度也更高，不利于其选择集体维权运动的方式进行维权。之前的比较分析表明，农民、工人和小区业主的集体维权行动都发生在具体有限的地理空间或组织场域之内。从某种意义上说，也正是这种有限的具体可感的地理空间或组织场域（村镇、工厂和居民小区）为集体维权行动的动员和发生提供了有利条件（Zhao，1998，2000；任焰、潘毅，2006；蔡禾等，2009）。在具体有限的地理空间或组织场域内，同一时间遭受同一侵权来源的同一侵害，容易唤起和积聚被侵权人的权益剥夺感，再加上信息沟通的空间便捷性和情绪的易感染性，被侵权人的权益被剥夺感和愤怒感一旦与"积极分子"的动员相结合，集体维权行为自然成为现实（Gurr，1970）。私营企业（主）不像国企工人那样工作在同一个工厂、也大多生活在同一工厂的生活小区（或宿舍），也不像小区业主那样聚集生活在同一个封闭的居住小区，同样不像农民那样互为邻里地生活在同一村庄，而大多是相对分散地布局在不同的街道（乡镇）或同一街道（乡镇）的不同位置，面对的侵害也各不相同，且侵害多在不同的时间发生在各自相对隐蔽独立的经营组织中。这种场域空间的断裂和利益的相互分割使私营企业（主）处于一种极度的原子化状态，很不利于组织集体行动来抵抗地方政府的侵害。是故，私营企业主很少如农民、国企工人和小区业主那样组织轰轰烈烈的集体维权运动，[①] 而是各显神通、私下与地方政府及其代理人建立庇护关系，以维护和争取自己的权益。

从上述有关不同群体的维权行为研究的比较中可得出两点结论：一是，在中国社会转型期，不管是私营企业主还是农民、国企工人和小区业主，个体性的合作式维权（沉默、顺从、不公开的抵抗）都是其首选的“主流”维权方式；二是，跟私营企业主相比，农民、国企工人和小区业主更倾向于也更有条件地选择集体性的对抗式维权方式进行维权。然而，以往有关中国不同社会群体维权行为的研究呈现出了一个与维权的现实情境不完全相符的特点：维权研究者过于关注集体性的对抗式维权运动，个体性的合作式维权行动则很少被纳入研究的视野。尽管有研究者指出，“对大多数人来说，没有参加集体行动应该是他们的社会生活的常态，探讨人们为什么保持这种常态远不如探讨人们为什么没有保持这种常态那样有意义”（游正林，2005），也尽管集体的对抗性维权运动确实因饱含战斗激情和显著的新闻价值而易进入公众和研究者的视线，对其表现出不寻常的兴趣和崇拜对于揭示这些“非常态”行为“何以可能”背后的动员机制及其对行为研究的贡献确实有不容忽视的意义和价值，但这种“集体行动崇拜”容易给公众和学界造成一种误识：以为集体维权运动才是维权行动的主流，或以为我们的社会已进入了一个充满革命激情的对抗性政治新阶段。显然，这种集体行动崇拜和想象既不利于客观、真实、准确地再现和揭示维权行动的现实场景，也不利于以学术研究成果作为政策制定依据的社会治理。

① 私营企业主集体维权的案例不是没有，但很少，且多发生在私营企业主聚集的场域中，如吴毅（2007）所观察的采石场、大型批发零售市场等。

集体行动想象和崇拜可能还基于如下预设：集体的对抗性维权比个体的合作性维权更能有效地维护权益被侵害者的利益，探究集体维权行动的逻辑，除具有一般性的学术价值外，还可为被侵权者提供成功组织集体行动的智慧，同时也可为当权者的社会管理提出警醒。然而，集体行动想象的这一前置性预设“忽视了他们所获知的公正的潜在形式和他们实际上非常理性的特定的目标和对象”，要知道“遵从和愚钝只是一种姿态——一种必要的策略”，“成千上万的以个体形式出现的不服从与逃避行动构建了其自身的政治或经济屏障”，“对这种看似杂乱的人类活动予以记录并赋予其概念体系是非常重要的”，是故，探究和理解“反抗的日常形式”比探讨大规模的集体维权运动显得更为重要（斯科特，2007：35–45）。因此，全面、客观和细致地描述私营企业主和其他社会群体维权行动的真实场景，包括个体的合作性维权行动和集体的对抗性维权行动，并逻辑地分析和实证地检验不同维权行动的机制，不管是对一般化的学术积累还是社会政策和政府治理的创新都具有重要意义和贡献。

基于本研究的经验发现，另有两点值得进一步讨论：一是，制度是有边界的，超出了既定的边界，便会出现“制度失效”，即制度无法约束或激励行动者。制度的边界取决于制度语言的明晰程度及由其决定的可操作性。如果制度语言明晰且可操作性强，那制度执行者就有“规”可循，其自由裁量空间也小，制度也自然能有效地约束或激励行动者；反之，制度则会失效。然而，制度相对“社会事实”具有滞后性，再加上“社会事实”本身的复杂性及对其定性的艰难性，决定了制度语言难以避免的刚性和抽象性，由此也限定了其发挥作用的边界。

二是，如果从“特殊主义－普遍主义”维度考察维权方式，则可将“法律诉讼”“求助政府职能部门”“求助工商联或私企协会”等视为普遍主义的维权方式，而将“私下协商”视为特殊主义的维权方式。由此，我们可以得到不同于“对抗－合作”视角下的发现：基于市场的制度发育水平越高，嵌入其中的行动者越可能舍弃“特殊主义”，而采取普遍主义的维权方式。这一发现可能还需补充一个限定条件：参与“博弈”的双方须如本研究所涉的民营企业家与同行那样是地位平等、权力对等的市场主体。如果博弈双方的权力地位不对等，即如民营企业家与地方政府或地方黑恶势力那样，那行动者维权方式的选择模式可能会是另一幅图景。由是观之，上述发现在实证层面上支持了主张“从传统到现代”“从特殊主义到普遍主义”发展模式的现代化理论，检视和拓展了该理论在中国市场情景下的解释力。

（二）政策启示

私营企业主面对政府、社会和市场三种环境，也相应遭受地方政府（政府）、地方黑恶势力与新闻媒体（社会）和企业同行、客户与员工（市场）三种力量的侵害，但源自这些力量的侵害近年来已有所降低，且其结构在逐渐转变：最主要侵害来源开始由地方政府转变为企业客户。面对这三种力量的侵害，私营企业主做出了相应的维权方式选择，并呈现出一个共同特点，即庇护式的（地方政府、黑恶势力）或合作式的（企业同行、客户和员工）维权方式是私营企业主首选的或主流的维权方式，激烈式对抗性维权方式是其最后无奈的选择，温和式对抗性维权方式也较少为之采纳。私营企业主被侵权与维权的现实及其逻辑为政府改革与治理提出了不容忽视的课题。

1. 改革政府权力关系：私营企业主权益维护的根本

在私营企业主所遭遇的侵害来源中，地方政府和地方黑恶势力的侵权行为尽管近年来均有所收敛，但其所造成的危害仍分别被排为第二和第四位（在 2010 年调查中，它们分别排第一和第三）；面对地方政府和黑恶势力的侵害，分别均有近一半（2010 年分别为 51% 和 52.9%，2015 年均为 46.3%）的私营企业主选择庇护式维权方式进行维权。私营企业主所面临的这种被侵权 – 维权的状况表明，中国私营企业主的生存环境尽管近年来已有所改善，但仍然比较恶劣：他们不仅要面对市场同行的激烈竞争，还要遭受本应保护他们的地方政府和本应为地方政府所取缔和扫清的黑恶势力的非法侵害。究其根源，这是社会转型期地方政府权力异化的结果。一方面是地方政府行政权力的垄断性及其边界不清使其可以遵循“强盗逻辑”（张维迎，2012：4）合法或非法地侵害私营企业主的权益，并致使被侵害私营企业主或是沉默退让以免事态恶化，或是寻求庇护以减少侵害甚或借此构建庇护关系争取更多的权益。另一方面则是地方政府权力的弱化或不作为致使黑恶势力悄然甚或肆无忌惮地在政府部门寻找“保护伞”、培植“代言人”、操纵甚至取代基层政权，从而目无法纪地非法侵害私营企业主的权益，并致使被侵害私营企业主多出于“警匪一家”的顾虑而向其寻求庇护以求保全自己。这种地方政府权力一边是垄断与强悍，另一边则是弱化与不作为的异化现象使私营企业主遭受着难以公开正面抵抗的双重侵害。地方政府、黑恶势力与私营企业主之间权力关系结构的失衡必然使处于相对弱势地位的私营企业主在遭受侵害之后以与强势的地方政府和黑恶势力建立庇护关系的方式来维护甚至争取更多的权益。

然而，私营企业主的庇护式维权将导致如下三个方面的恶果：一是恶性循环性侵权。庇护式维权实际上是对侵权行为的接受和认可，同时也是对侵权行为的纵容和激励。侵权者实施侵权行为之后不但没有遭到被侵权者的反抗，反而从后者那里获得了顺从、示好，甚至礼物惠赠，这相当于给了侵权者一个信号：以权力（或势力）或与权力结盟为后盾的合法或非法的侵权，在一定条件下（权力操作得当）可以获得尊敬、服从、礼物或其他机会等收益，只要被侵权者觉得其投入（尊敬、服从和礼物）小于所减少的侵害、或投入所产生的收益大于侵害所造成的损失，这种侵权及其收益对侵权者来说则是安全的、无风险的。这个信号反过来又会激励侵权者再次侵权，由此陷入侵权—寻求庇护—再侵权的恶性循环。二是负向激励。私营企业主首先应该是熊彼特式的企业家，其首要特质是创新精神（海贝勒，2003：43），也正是富有创新精神的企业家的出现和成长改变了中国（张维迎，2012：30）。庇护式维权意味着私营企业主背离了企业家本应通过承担风险和追求创新的方式推动企业在不断革新生产技术和发现商业机会的基础上实现集约式扩张的精神，而是通过向地方政府及其代理人寻求庇护以获得“免疫性”保护和制度性特许权，以达到在不需任何技术或管理创新的条件下即可获得超额的垄断利润的目的。也就是说，庇护式维权模式的形成激励的是私营企业主以调整利益分配结构的手段而不是以创新企业技术和管理的方式去扩张企业利润。显然，这种维权模式诱致的是私营企业主与地方政府的结盟，从而使私营企业在产权制度不健全的条件下获得一种非制度性的保护，并获得暂时的粗放式发展，但终将弱化中国经济持续发展和繁荣的潜力。三是诱发行政腐败。庇护式维权的背后潜藏的是一种利益交换关系：私营企业主以尊敬、顺从、礼物甚或股份交换地方政府行政权力的自由裁量空间。在这一交换关系中，私营企业主可以获得侵害的部分“豁免权”，甚至经营“特许权”，地方政府官员可以利用自由裁量权零成本、零风险地获得私营企业主提供的物质性的惠赠和符号性的顺从。私营企业主与地方政府官员的利益双赢必将导致公共权力无原则的选择性行使、地方政府公信力的丧失和地方企业家创新活动的动力不足（吴敬琏，2012）。

要从根本上维护私营企业主的合法权益，并激发其创新活力，从而再造中国经济的繁荣，最关键的是改革政治体制，即以破解政治体制改革促进经济体制的深化改革（吴敬琏，2012；张维迎，2012），在制度改革中维护私营企业主的权益。行政权力的重新定位是设计政治体制改革的核心。第一点是削减政府行政权力。政府的基本职责是制定并执行制度规则，以规范行动者之行为、协调其关系，并为公众提供私人或私营企业不愿提供也不能提供的公共物品。与履行政府上述职责无关的行政权力都应从政府手中剥离出去。削减政府行政权力不是要弱化政府行政权力，而是要让政府更好地行使其应该行使的权力，使之成为与“全能政府”相对的“有限政府”，即其权力受到限制的政府。要建立“有限政府”还须做到第二点，即明确政府权力的边界。削减后的政府权力仍须进一步明确其边界，以免权力唯我解释和无限扩大化。政府能做什么、不能做什么须得到严格、明确界定，尤其要防止政府行政权力行使的“擦边球”现象，例如，做法律不禁止的事。尽管制度规则不可能无限具体，但须力求明确，以防范被投机性的解读和行使。第三点是规范政府权力的行使。按照法定程序行使政府行政权力，确保行政公正、提高行政效率，建立“有效政府”。

削减行政权力、明确权力边界和规范权力行使是建立“有限政府”和“有效政府”的必要条件，此外，还需加强行政权力监督。如果缺少行政以外的第三方权力监督，无论行政权力被界定得多么完美，都难以遏制行政垄断的抬头。加强行政权力监督，一是需要组建不隶属于党政系统的制度化机构或力量，赋予其监督行政权力之职权；二是建立监督、审查和起诉政府公职人员制度外财产收入来源的制度，从制度源头上消除权力寻租的机会。三是严刑峻法、加大权力寻租的成本。现有的法律和制度对权力寻租的惩罚力度是有限的，不足以威慑潜在的权力寻租者，甚至起到了激励权力寻租的效应。严刑峻法并不一定要违背人道主义原则，而只要能通过加大权力寻租成本（例如，让权力寻租者倾家荡产、永远开除公职等）的方式达到震慑潜在的权力寻租者，使之望而生畏、不敢就范的目的就可以了。当然，严刑峻法还须建立在独立、公正的司法体系之上，而且司法系统同样需要独立于党政和司法的制度性机构和力量的监督。因此，说到底，权力制衡才是防范权力寻租的根本。另外，单有孤立的制度，其力量永远是有限的。制度的不竭力量有赖于遵守制度的观念和传统的形成。

自习近平主政以来，他强力推行“反腐风暴”和“群众路线”教育活动，以整饬官场法纪、涤荡行政浊气；而李克强则加强“简政放权”的政府治理改革，倡导“大众创业、万众创新”，以促企业生成和发展。习近平的改革旨在“权力监督”，李克强的举措则意在“权力简化”，两者内外兼修、相得益彰，有利于“有限政府”和“有效政府”的创建，也确实在近期内取得了厘顺权力关系、威慑腐败行为的效果。这从私营企业主近年来所遭受的侵权有所减少、侵权来源结构逐渐转变这一点上得到了明显的体现。然而，要从根本上维护私营企业（主）的权益、促进企业的不断创新和发展，最关键的，一是继续在上述政府权力关系改革的框架下进一步完善和操作化各维度和层次的制度规则，防范制度漏洞和权力不作为，并在制度改革和实施两个层面上将其落到实处；二是切忌运动式的政府治理改革，应将政府权力改革：旧制度的改革、新制度的创建及制度的执行制度化，以防制度改革，尤其是其中的制度执行因领导人的更换而变化无常。例如，现在老百姓都很欢迎习近平主席的“铁腕反腐”，但他们更希望这种反腐行动制度化、常态化，而不只是一场缺乏持久性的“运动”。

2. 健全市场规则：私营企业主权益维护的基础

在私营企业主的侵害来源中，企业客户和同行的侵权近年来也有较大幅度的减少（遭受过其侵害的私营企业主的比例分别由 2010 年的 70.5% 和 73.6% 下降为 2015 年的 66.1% 和 47.2%），其所造成的危害在私营企业主眼中分别排第一位（较 2010 年向前移了 3 位）和第三位（向后移了 1 位）。与客户和同行同属于市场力量的员工在私营企业主眼中尽管被视为一种比较次要的侵权来源，但遭受过其侵权的私营企业主也不在少数，其比例仍有 54.0%（较 2010 年降低了 3.5 个百分点）。这些数字表明：市场力量已开始取代地方政府，成为私营企业主眼中最主要的侵害来源，源自它们的侵权开始成为私营企业主必须面对的常态化、且趋于隐蔽化的侵权。面对市场力量的侵权，有一半左右的私营企业主选择了“私下协商”这种主动型合作式维权方式进行维权（例如，遭受企业同行、客户和员工侵权之后，选择“私下协商”进行维权的私营企业主在 2010 年分别为 47.4%、63.1% 和 62.9%，在 2015 年分别为 45.4%、60.2% 和 40.8%），而选择“沉默忍受”这种退让型合作式维权方式的私营企业主近年来则在增多。市场力量的常态化和隐蔽化侵权及主动和退让型合作式维权方式的选择大大增加了私营企业主的交易成本，束缚了其企业创新的空间（交易成本挤占了企业创新的投入）。究其根源，是市场规则的不健全诱发了市场力量常态化与隐蔽化的侵权和私营企业主非制度化维权方式的选择。

市场规则至少包括市场规制性规则、市场仲裁性规则和市场规则的执行规则。市场规制性规则涉及市场准入、市场竞争和市场交易等方面的规则，市场仲裁性规则涉及市场纠纷调解、裁决及相关程序等方面的规则，市场规则的执行规则则是确保市场规制性规则和仲裁性规则被公正执行的规则。市场规则的完善和明晰程度及其严格执行的力度直接影响市场行为主体及监管主体之间的权益关系。作为最重要的市场行为主体的私营企业主面临市场力量常态化和隐蔽化的侵权及其非制度化维权方式的选择取向表明，中国转型经济中的市场规制性规则、仲裁性规则和执行性规则都不同程度地存在一定问题。

为了更好地维护私营企业主的合法权益，使之全身心地投入到企业创新和经营中去，可重点考虑从如下方面入手整饬市场规则

一是市场规则须随市场关系的变化而适时调整。中国市场化改革之路尽管还只有三十多年，但市场行为主体之间的关系自改革以来已发生了根本性变化，尤其是企业与企业、企业与政府间关系的变化最为瞩目。例如，企业间的交易关系和竞争关系、地方政府干预企业的行为方式等不断呈现出新的面貌。与之相应，市场规则要及时纳入已经变化的或新出现的市场关系。否则，市场规则将出现盲点和漏洞，从而引发市场纠纷，伤及市场行为主体间的权益关系。

二是明确市场规则，避免规则过于含糊和不确定。市场规则是市场关系得以规制和调整的依据，其过于含糊和不确定必将导致市场规制和关系调整的无所适从或任意性，从而引发市场关系的无序和混乱。例如，在市场竞争关系中，如何准确、清晰地厘定“低价倾销”（“恶意压价”）、“诋毁声誉”“假冒”和“串货”等市场行为？如不能明确界定上述不正当竞争行为，那意味着市场竞争将陷入无序状态，市场行为主体的权益也无法得到正当维护。

三是明确和简化市场纠纷仲裁规则和机制。含糊的仲裁规则和繁琐的仲裁程序将增加市场行为主体处理市场纠纷的交易成本，使被侵权私营企业主放弃“行政仲裁”或“民事仲裁”这一制度化维权方式，而谋求“私下协商”这一非制度化维权方式进行维权。因此，要通过市场纠纷仲裁规则的明确化，使每个市场主体都知道如何利用制度化方式处理市场纠纷，并对纠纷处理结果及相关权益关系有较稳定的预期；要通过简化或快捷化市场纠纷仲裁程序，来降低市场主体纠纷处理的交易成本。

四是严惩市场侵权行为。惩罚的作用在于警示和防范侵权行为，但只有当惩罚使侵权者为其侵权（违法）行为所承担的代价（成本）大于侵权收益时，惩罚才能起到警示和防范的作用。因此，对违法侵权行为的惩罚力度一定要大，决不能只是象征性的、不痛不痒的。在中国转型经济中，私营企业主较大范围地遭受"恶意压价(低价倾销)""损害名誉""假冒""拖欠货款"等侵权行为的侵害，在很大程度上是因为这些侵权行为没有受到应有的惩罚或惩罚力度很不够，使侵权者可以获得可观的侵权收益，由此变相纵容甚至是激励了市场侵权行为。

五是严格市场监管责任机制。规则需要人遵守，纠纷仲裁程序和相应的惩处需要市场监管人员负责任地执行。否则，无论多么健全完美的规则、便捷的纠纷仲裁程序和适度的侵权惩罚力度都没有任何意义。市场主体违反规则需要受到惩罚，这是其应承担的责任；市场监管部门有责任及时受理市场纠纷案件，并按法定程序对其做出公正的仲裁，而且必须为其自由裁量权之外的不作为和过度作为承担明确而具体的责任。然而，市场监管部门是否按要求承担了责任，还需要独立的专业机构来监督和评估。私营企业主倾向于选择非制度化维权方式而不是相关政府部门之类的制度化维权方式进行维权，在一定程度上与市场监管行政部门没有较好地履行其职能、承担其责任有关：可能是市场监管行政部门的失职行为或是这种失职行为的制度化使私营企业主失去了对其执法能力和执法公正性的信任。

3. 培育民间商会：私营企业主权益维护的关键

本研究已经表明，不管是遭受地方政府、社会力量，还是市场力量的侵权，私营企业主都很少求助于作为其权益维护组织的工商联或私企协会，且近年来求助工商联或私企协会的私营企业主有较大幅度的减少。例如，在 2015 年调查中，除遭受同行和客户侵权外，遭受其他侵害来源侵权的私营企业主几乎没有一位向工商联或私企协会寻求帮助。这也许与我们调查样本的偏误和样本量偏小有关，但其并未掩盖私营企业主遭受侵权后很少或不太愿意求助作为其利益代表组织的工商联或私企协会的事实。这不能不说是一件令人尴尬的事情，也不能不令工商联、私企协会和政府当局深思。

工商联或私企协会一方面是私营企业主的利益代表组织，另一方面则不为私营企业主所信任，这种令人尴尬的矛盾局面是工商联或私企协会的实际角色与私营企业主对其角色的期望不一致所造成的，更明白一点说，是工商联或私企协会没能较好地维护私营企业主的权益所造成的。目前，各级工商联或私企协会在维护私营企业主权益上的作用是非常有限的。其原因主要有如下三个方面：第一，工商联或私企协会是政府组织，或至少是准政府性质的组织。工商联是共产党领导的由以私营企业主为主体组成的人民团体和商会组织，归属于统战部，是党和政府联系私营企业主的桥梁和纽带。工商联工作成员的编制为公务员编制，其主席通常由各级政协副主席或统战部长兼任。私企协会是 1993 年在工商行政管理局的领导下建立的，隶属于各级工商行政管理局，主席通常是同级工商行政管理局的副局长。这两个组织在制度规定性上都存在明显的利益冲突：一方面，它们代表党和政府的利益，另一方面又代表私营企业主的利益。很明显，工商联和私企协会须在党和政府与私营企业主之间做出利益权衡，但最终不可避免地将偏向于党和政府，因为中国官员的考核晋升机制使由政府官员兼任主席的工商联和私企协会不可能偏离党和政府的利益，由此也使得它们很难真正代表和维护私营企业主的利益，在涉及地方政府与私营企业主的侵权 - 维权利益关系中尤其如此。私营企业主遭受地方政府或黑恶势力侵权之后很少求助工商联或私企协会这一事实，非常清楚地验证或折射了这两种组织在制度规定性上的矛盾和冲突。

第二，工商联和私企协会都是有其自身利益追求的理性组织，是在利弊权衡中做出行为决策：为私营企业主提供系列常规性服务，以获得其存在的合法性；出面调解一些所涉关系较为简单且不危及自身利益的企业间或企业与客户间的市场纠纷，而一旦纠纷所涉利益关系比较复杂或需冒得罪政府或有政府关系的社会力量（黑恶势力）的风险时，往往选择“简单应付”或“逃避”的策略。从另一方面看，工商联和私企协会的理性又是有限的，其决策通常是私营企业主之间以及私营企业主与地方政府和其他社会力量之间利益竞争和冲突的结果。也就是说，工商联或私企协会的决策并不完全是其理性选择的结果，而受制于复杂的利益竞争和利益矛盾，由此导致其被部分实力强大的私营企业主和地方政府或社会力量所操纵，而无法代表和维护作为整体的私营企业主的利益。

第三，真正自发形成的独立的民间商会在中国还很少，即使偶见于某地区某行业，但其组织发育还很不成熟，远未能挑战既有工商联和私企协会在私营企业主心目中的地位，其力量还不足以代表私营企业主的权益，并使之不受侵害。总之，工商联和私企协会的上述制度特性和民间商会的发育不成熟决定了工商联和私企协会在维护私营企业主权益上的无奈和尴尬，也使其难以赢得私营企业主的充分认同和信任。当然，这并不排除工商联和私企协会成功维护私营企业主权益的个案（陈剩勇、魏仲庆，2003，陈剩勇、马斌，2006），但绝不能过分拓展工商联和私企协会在中国社会转型期私营企业主权益维护中的作用和意义。

从学理上讲，工商联和私企协会是私营企业主的利益代言人和权益维护者，但其先天的制度性缺陷使其难以担当起维护私营企业主权益的重任。因此，在政府失灵由可能变成现实的情况下，呈原子化状态的私营企业主要维护自身的权益，必须有真正属于自己的民间商会。可以说，培育独立的民间商会是私营企业主走上成功维权之路的关键。独立的民间商会的培育可从两条路径同时入手：第一条是政府自上而下地让渡权力范围，培育公共空间。政府垄断权力必然导致权力腐败和私营企业主权益的被侵害。政府应有计划地逐步收缩和削减行政权力的支配范围：凡是私营企业主自己能做的事就宜放手，由其自己去做。这不但可以降低政府管理成本、提高管理效率，而且可以激发私营企业主的自主性和创造性。从信息不对称角度讲，政府也不可能成为全能型政府，全能型政府必然是效率低下的政府。因此，政府应从组建和控制私营企业主权益维护组织的具体领域中退出，重点关注相应规则的制定，以引导私营企业主自主组建和管理民间商会。现阶段，政府须重点抓好两件事：一是秉着“放权”的原则建立和完善有关民间商会组建和管理的法律法规；二是按照“依法组建、自我管理、自我服务”的原则改革原工商联和私企协会的组织体制和工作制度，使之成为真正意义上的民间商会。

第二条是私营企业主自下而上地组建民间商会，争取维权主动权。私营企业主自主组建民间商会，一是可以更好地代表“民意”、维护“民权”，二是可以向政府施加一定压力，使之“放权”，让渡出本应属于私营企业主的公共空间。这一方面可以大大提高私营企业主的社会管理和政治参与能力，另一方面可以使私营企业主在不受政府干预的相对自由的环境下专注于企业创新、提高企业竞争力。民间商会的组建可从商场/城行业协会或乡镇私企协会开始。商场/城或乡镇这一有限的、熟悉的场域有助于私营企业主之间的经常性互动和共享权益意识，也有利于私营企业主在权益遭受侵害之后协调彼此的维权行动（以便采取集体维权行动），尤其是有助于防止出现米歇尔斯式的“目标替代”（Michels，1968）。尔后，可在商场/城行业协会或乡镇私企协会的基础上，根据需要扩大行业协会范围，并在条件允许的前提下成立跨行业的地区总商会和全国总商会，但切不可片面地扩大行业协会的规模或地域整合范围，关键是要有助于同行或跨行私营企业主之间的互动和行动的协调，使行业协会或民间商会成为能真正代表和维护私营企业主权益的组织。另外，行业协会或民间商会的负责人须经民主选举产生，以确保那些德高望重、敢于说话、富有公益精神和社会协调管理经验的私营企业主成功当选。要谨防行业协会或民间商会异化为个别私营企业主谋取私利的工具，这需要在实践中探索出一套行之有效的协会或商会制度及其运作程序。

4. 构建诚信档案：私营企业主权益维护的保障

前文的数据分析已经表明，有1/5左右（2010年为20.8%，2015年为19.8%）的私营企业主遭受过同行的假冒侵权，有60%～80%（2010年为58.3%，2015年为86.1%）的私营企业主遭受过客户的“拖欠货款”。这表明，中国市场经济的诚信环境较差、商业信用缺失比较严重，其不仅侵害了同

行企业的合法权益，同时也扰乱了公平互信的市场秩序，更为关键的是破坏了企业家创新精神得以形成和扩散的土壤。因此，优化企业诚信环境，再造商业信用体系，是健全和规范市场秩序、维护私营企业主权益、促进私营企业发展的直接保障。

优化企业诚信环境的关键是，建构企业诚信档案体系，以便对企业行为形成行政与社会的双重约束。具体措施可从如下方面入手：首先是建立企业诚信档案。企业诚信档案的内容应包括企业基本信息、工商记录、行政处罚、知识产权侵权、制售假冒伪劣商品、欠税欠费、生效的劳动人事争议纠纷裁决、诉法判决及其他奖惩信息，由此建立企业的“信用身份证”。诚信档案的建立须以行业、县市为基本平台，然后向省区及全国拓展铺开，以形成总行业和全国性的诚信档案网络体系。其次是构建企业诚信档案信息采集网络。信息采集网络至少涉及工商税务对企业商品的定期或不定期抽检、司法仲裁机构对相关仲裁判决结果的报送、行业协会对企业抽检和纠纷协商结果的报送、社会公众和媒体的监督举报等途径，而这需要多方参与机制的有效构建。再次是建立信息公布公开制度。由多种渠道采集的企业诚信信息须及时公布、归档，不断完善档案数据库，并在此基础上建立面向相关部门和社会公众的信息查询系统。最后是健全基于企业诚信档案的诚信奖惩制度。一方面，对诚信记录不良的企业进行惩处。例如，累计不良记录达到一定次数，可吊销营业执照。另一方面，对诚信记录良好的企业予以表彰，并可考虑从融投资方面给予支持。上述诚信奖惩结果都应在相应场所和媒体予以公布，以对相关企业形成强有力的社会约束。企业诚信档案体系的四个方面须精心细化与建构，方可约束企业的失信行为，激励其诚信行为，以形成诚实、自律、守信、互信的社会信用环境。

5. 加强契约规制：私营企业主权益维护的补充

前面的数据分析已经表明，跟其他侵权来源相比，员工侵权造成的危害并不为私营企业主所“看重”：在本研究所列的 6 种主要侵权来源中，员工侵权造成的危害排第 5 位（两次调查都一样）；但遭受过员工侵权的私营企业主的比例则不容忽视：在 2015 年调查中，有 54% 的企业主遭受过员工的侵权（较 2010 年降低了 3.5 个百分点），该比例在 6 种侵权来源中排第 2 位（2010 年排第 4 位，往前移了 2 位），仅次于客户；在员工侵权中，有 59.6% 的私营企业主遭受过员工的“擅自离职”“泄露企业商业秘密”和“私拿货单”等侵权行为。这三种员工侵权行为均与员工不遵守契约或无约可循，从而导致泄露或私自利用企业商业秘密有关，都不同程度地损害了企业的正常经营秩序和市场竞争优势。在这里，擅自离职意指员工违背劳资双方的基于书面的或口头的约定，突然或提前辞职，从而造成企业经营秩序暂时的或较长时期的紧张；若离职员工是接触或掌握了企业商业秘密的企业核心人员，那擅自离职对企业的危害就远不止是经营秩序的紧张，更为致命的是生产技术、经营方略和商业客户等企业核心商业秘密的泄露，从而导致企业竞争优势的减弱甚或完全丧失。私拿货单其实就是员工利用企业的客户信息这一商业秘密谋求私利，从而损害企业利益。上述三种员工侵权对企业的危害不只是泄露其商业秘密，丧失其市场竞争优势，还会因此而抑制其企业创新的动力和精神，使企业陷入简单的价格竞争和政商关系培植的陷阱之中，由此引致的最终结果是企业得不到发展，社会没有进步。

上述三种员工侵权行为之所以较为盛行而又不为私营企业主所重视，较为根本的原因可能有三：一是契约意识淡薄。为逃避劳动合同或其他契约的约束，有不少私营企业主没有跟员工签订劳动合同，因而无法阻止员工离职跳槽；即使签订劳动合同，不少员工也无视合同的存在，依然“想走就走”；另外，不少企业主还没完全考虑到用契约来防范员工的侵权，更有不少员工还没意识到违约的风险，如泄露或私用企业主的商业秘密将面临的责任。从某种意义上说，是劳资双方契约意识的淡薄致使员工擅自离职较为盛行、商业秘密屡遭丧失。二是契约规制软化。劳资双方签订劳动合同，甚至也签订竞业禁止协议，但这些契约对员工的规制力却不强。员工在职期间，劳动合同能较有效地约束劳资双方的行为，但其常常因员工的流动性、泄密的难判定性和诉讼成本的高昂性而难以约束员工的离职行为及离职以后的行为。三是诚信文化缺失。员工毁约离职和泄露商业秘密是员工契约意识和契约精神缺失的表现和结果。究其根本，则是社会诚信文化较为缺失的产物。

要减少员工的毁约离职行为、防范其泄露企业商业秘密，建构公平有序的市场竞争秩序，培育能有效激励企业创新的市场制度环境，可从如下方面入手：一是强化契约意识。一方面，市场监管部门可采取多种形式向劳资双方宣讲契约精神和契约文化，让企业主和员工在雇用和商务活动中务必签订尽可能完备的契约（尽管所有的契约都是不完备的），以维护自己的应得权益；另一方面，劳动与社会保障部门要加强对劳资双方契约签订行为的监督，可将相关契约签订作为企业获取服务和准入的前置性条件，并须定期和不定期地检查。上述市场监管和服务部门之间要既分工明确、责任到位，又团结一致、协调有序，以各种积极（宣讲）和消极（惩罚）的方式在企业与管理服务部门之间的日常互动中潜移默化地培育出强烈的契约意识。

二是优化契约规则。一方面是优化企业与员工之间的契约，确保契约建立在合意的基础上，同时使契约操作可行；另一方面是优化契约管理规则，即规制契约的规则制度，使劳资间的契约运行“有则可循”。不管是劳资契约还是规制契约的规则，其最关键的是契约要能有效调节劳资间的雇佣关系，在维护双方权益的基础上确保社会公共利益的实现，这要求：一是契约条款的针对性强，二是契约条款具有可操作性。

三是职场行动者的信息网络化。在目前的中国劳动力市场中，员工几乎可以“肆无忌惮”地违约离职，而又几乎无须承担违约风险，企业主对此更多的也只能是“沉默忍受”。造成这种畸形市场秩序的根本原因不完全是契约的缺失，而是契约规制软化。从某种程度上说，契约规制软化又是员工信息的碎片化和员工的高流动性导致的结果。私营企业员工大多是外来劳动力，在城市也多没有稳定住所，其劳动信息因就业单位的多变性而变得难以追踪，再加上相关职能部门人力的不足和职能的缺位，使私营企业主很难追究违约员工的侵权责任，并因此而震慑潜在的违约员工。因此，要有效控制员工的违约离职行为、防范其泄密风险，建立员工信息网络是极为关键的一步。员工信息的网络化可让原企业及时查询和跟踪违约离职员工的就业和居住信息，从而追究其违约责任。员工信息网络化效果的发挥，还须以网络信息查询程序的简化和法律追责程序的便捷化所带来的维权成本的可接受性为前提。

四是合理适度地利用竞业禁止制度，应对员工泄露企业商业秘密。竞业禁止制度是防范离职后的员工泄露原企业商业秘密的制度，其目的绝不是为了阻止雇员使用其所具有的独特的个人技能，而是阻止其使用在雇佣关系存续期间所获得的属于雇主的信息或商业关系，以避免其利用这些信息与前雇主进行竞争（Blake，1960），从而保护商业秘密和维护正常竞争秩序，达致雇主、雇员、社会三者之间的利益平衡（单海玲，2007）。应对离职后员工泄露商业秘密的竞业禁止制度的合理适度的利用应注意如下方面：一是竞业禁止协议须以自愿为原则，其履行以书面协议为基础；二是该协议仅以保护企业主现有的合法的商业秘密为目的；三是该协议规定的履约期限以不超过一年为宜；四是竞业限制的范围宜限于与被保护的商业秘密相关的产品或服务领域，限制的对象应是可以接触到影响原企业根本利益的商业秘密、且离职后可能成为直接竞争对手或竞争企业的技术人员和管理人员的员工；五是在竞业禁止协议中应约定一定的补偿费，其金额按年计算不得少于该员工离开企业前最后一年从该企业获得的报酬总额的二分之一（单海玲，2007）。另外，考虑到现行法律法规的具体内容和精神及国内部分企业主和员工的法律水平不高，可视那些未约定经济补偿的竞业禁止协议为有效协议，并赋予员工约定或法定的竞业补偿申请权（朱军，2012）。当然，竞业禁止协议正效应的发挥仍需要员工信息网络化的建构及相关条件的满足。

五是培育社会诚信文化。前面第四点讲到的“建立诚信档案”是诚信文化培育的一个重要方面，但诚信文化的培育却远不止这一点，它是一个系统工程，也非一朝一夕之功所能达成。诚信文化的培育，一是要制定积极的和消极的规制；二是要政府官员和社会公众人物的率先垂范；三是媒体的社会责任感和正面引导；四是要公众参与、全员监督，形成一股基于“正气”的舆论压力或制度力量；最后要提及的是，某个卡斯玛权威基于中国历史文化掀起的社会革命，也许对重构中国社会的诚信文化具有历史性意义。多种因素的协同作用、多方力量的共同参与，在合适的时机若又有卡斯玛权威的历史性引导，诚信文化的培育和重构不是一个遥远的梦想，而是一个令人振奋的理性现实。

参考文献

中文

［1］敖带芽．私营企业主阶层的政治参与［M］．广州：中山大学出版社，2005.

［2］敖带芽．试论我国私营企业主的政治参与［J］．岭南学刊，2004（5）：24–27.

［3］敖带芽，梅伟霞．私营企业主政治参与现状分析［J］．长白学刊，2004（5）：31–35.

［4］奥尔森，奥尔森，苏长和，等．权力与繁荣［M］．北京：人民出版社，2005.

［5］鲍威斯，谢宇．分类数据分析的统计方法［M］．北京：社会科学文献出版社，2009.

［6］鲍威尔，迪马吉奥．组织分析的新制度主义［M］．北京：人民出版社，2008.

［7］白吉尔．中国资产阶级的黄金时代：1911—1937［M］．北京：人民出版社，1994.

［8］伯特．结构洞：竞争的社会结构［M］．北京：人民出版社，2008.

［9］薄一波．若干重大决策与事件的回顾（上卷）［M］．北京：中共中

央党校出版社，1991.

［10］边燕杰．社会网络与求职过程［J］．国外社会学，1999（4）：10–22.

［11］边燕杰，丘海雄．企业的社会资本及其功效［J］．中国社会科学，2000（2）：87–99.

［12］边燕杰，张展新．关于中国新兴私有经济的社会学解释［M］// 中国民营企业的管理和绩效：多学科视角．北京：北京大学出版社，2008.

［13］蔡禾，李超海，冯建华．利益受损农民工的利益抗争行为研究［J］．社会学研究，2009（1）：139–161.

［14］曹正汉．从借红帽子到建立党委——温州民营大企业的成长道路及组织结构之演变［M］// 中国制度变迁的案例研究（第五集）．北京：中国财政经济出版社，2006.

［15］陈光金．私营企业主阶层的形成［M］// 当代中国社会流动．北京：社会科学文献出版社，2004.

［16］陈锦江．清末现代企业与官商关系［M］．北京：中国社会科学出版社，1997.

［17］陈凌．信息特征，交易成本和家族式组织［J］．经济研究，1998（7）：27–33.

［18］陈凌，曹正汉．制度与能力：中国民营企业 20 年成长的解析［M］．北京：人民出版社，2007.

［19］陈任如，赖煜．高管政治背景与民营企业盈利能力的实证研究［J］．南方经济，2010（5）:60–68.

［20］陈剩勇，马斌．温州民间商会：自主治理的制度分析——温州服装商会的典型研究［M］// 中国制度变迁的案例研究（第五集）．北京：中国财政经济出版社，2006.

［21］陈剩勇，魏仲庆．民间商会与私营企业主阶层的政治参与——浙江温州民间商会的个案研究［J］．浙江社会科学，2003（5）：53–78.

［22］陈爽英，井润田，龙小宁，等．民营企业家社会关系资本对研发投资决策影响的实证研究［J］．管理世界，2010，196（1）：88-97.
［23］陈映芳．行动力与制度限制：都市运动中的中产阶层［J］．社会学研究，2006（4）：1-20.
［24］储小平．家族企业研究：一个具有现代意义的话题［J］．中国社会科学，2000（5）：51-58.
［25］戴建中．现阶段中国私营企业主研究［J］．社会学研究，2001（5）：65-76.
［26］戴园晨．迂回曲折的民营经济发展之路——“红帽子”企业［J］．南方经济，2005（7）：26-34.
［27］邓宏图．转轨期中国制度变迁的演进论解释——以民营经济的演化过程为例［J］．中国社会科学，2004（5）：130-140.
［28］邓建平，曾勇．政治关联能改善民营企业的经营绩效吗［J］．中国工业经济，2009（2）：98-108.
［29］邓小平．邓小平文选（第3卷）［M］．北京：人民出版社，1997.
［30］蒂利，查尔斯．集体暴力的政治［M］．谢岳，译．上海：上海世纪出版集团，2006.
［31］董辅．中华人民共和国经济史（上卷）［M］．北京：经济科学出版社，1999.
［32］董辅．中华人民共和国经济史（下卷）［M］．北京：经济科学出版社，1999.
［33］董明．现阶段我国私营企业主群体政治心态一般特征剖析［J］．中共浙江省委党校学报，1999（2）：69-73.
［34］董明．我国私营企业主阶层政治心态类型剖析［J］．社会科学研究，1999（5）：97-100.
［35］董明．私营企业主阶层政治参与状况评析［J］．中共天津市委党校学报，2003（1）：48-51.
［36］董明．论当前我国私营企业主阶层政治参与［J］．中共宁波市委党

校学报，2005，27（1）:1–10.

［37］董志凯，武力．中华人民共和国经济史：1953—1957（上）［M］．北京：社会科学文献出版社，2011.

［38］董寅．员工作为商业秘密侵权主体的可责性与法律责任［J］．内蒙古农业大学学报（社会科学版），2011，13（4）：24–25.

［39］杜萌．离职员工泄露企业商业秘密被捕后侵权产品仍生产销售——商业秘密泄露案受害者维权为何如此之难［J］．法制日报，2015（4）:4–18.

［40］杜赞奇．文化、权力与国家：1900—1942 年的华北农村［M］．北京：人民出版社，2010.

［41］樊纲．企业间债务与宏观经济波动（上）［J］．经济研究，1996（3）：3–12.

［42］樊纲，王小鲁，朱恒鹏．中国市场化指数——各地区市场化相对进程 2009 年报告［M］．北京：经济科学出版社，2010.

［43］樊景立，郑伯壎．华人组织的家长式领导：一项文化观点的分析［M］// 家族企业：组织、行为与中国经济．北京：人民出版社，2005.

［44］费维恺．中国早期工业化：盛宣怀（1844—1916）和官督商办企业［M］．北京：中国社会科学出版社，1990.

［45］费孝通．乡土中国［M］．上海：三联书店，1985.

［46］冯春．货款拖欠一当前经济一大毒瘤［J］．领导决策信息，2000（9）:21.

［47］弗鲁博顿，芮切特．新制度经济学：一个交易费用分析范式［M］．北京：人民出版社，2006.

［48］福山，彭志华．信任：社会美德与创造经济繁荣［M］．海口：海南出版社，2002.

［49］高善文．企业间货款延欠的经济分析和实证检验［J］．金融研究，1997（4）：23–26.

［50］企业调查总队课题组．民营经济发展和民营企业成长研究（下）［J］．中国统计，2004（22）：2–12.

[51] 海贝勒 . 作为战略群体的企业家： 中国私营企业家的社会与政治功能研究 [M] . 北京：中央编译出版社，2003.

[52] 何镜清，李善民，周小春 . 民营企业家的政治关联、贷款融资与公司价值 [J] . 财经科学，2013（1）：83-91.

[53] 赫希曼 . 退出、呼吁与忠诚： 对企业、组织和国家衰退的回应 [M] . 北京：经济科学出版社，2001.

[54] 贺远琼，田志龙，陈昀 . 环境不确定性、企业高层管理者社会资本与企业绩效关系的实证研究 [J] . 管理学报，2008，5（3）：423.

[55] 胡嫚 . 老员工屡次侵权，让"我"情何以堪? [N] . 中国知识产权报，2011-05-25（9）.

[56] 胡旭阳 . 民营企业家的政治身份与民营企业的融资便利——以浙江省民营百强企业为例 [J] . 管理世界，2006（5）：107-113.

[57] 华正学 . 试论私营企业主政治参与目标的五个层次 [J] . 重庆社会主义学院学报，2003，5（3）：35-37.

[58] 华正学 . 私营企业主政治参与中的满意度研究 [J] . 河北省社会主义学院学报，2005（1）：42-46.

[59] 黄波 . 私营企业主阶层的非制度性政治参与路径研究 [J] . 经济体制改革，2010（4）：60-64.

[60] 黄孟复 . 中国民营经济史: 记事本末 [M]. 北京: 中华工商联合出版社，2010.

[61] 黄少卿，余晖 . 民间商会的集体行动机制——对温州烟具协会应对欧盟打火机反倾销诉讼的案例分析 [J]. 经济社会体制比较，2005(4)：66-73.

[62] 黄绍伦 . 移民企业家 [M] . 上海：上海古籍出版社，2003.

[63] 姜南扬 . 私营企业主政治参与的过程、特点与效应 [J] . 中国党政干部论坛，2005（4）：31-33.

[64] 金碚 . 债务支付拖欠对当前经济及企业行为的影响 [J] . 经济研究，2006（5）：13-19.

[65] 金新德 . 铲除黑恶势力的经济基础 [J]. 公安研究，2002（8）：20-21.

[66] 金耀基 . 人际关系中人情之分析 [M] // 中国人的心理，台北：台北桂冠图书公司，1988.

[67] 靳伟华 . 民营之“路”考验政府诚信 鹤山市政府逾亿元欠款引发诉讼始末 [J]. 检察风云，2004（1）：6-9.

[68] 康芒斯 . 制度经济学（上册）[M]. 上海：商务印书馆，1997.

[69] 康树华 . 中国大陆黑社会性质组织犯罪的发展趋势 [J]. 法学杂志，2004，25（3）：11-12.

[70] 康树华 . 农村黑恶势力与基层组织的弱化、蜕变（上）[J]. 辽宁警专学报，2005（4）：1-4.

[71] 康树华 . 我国有组织犯罪的现状及其治理 [J]. 法学家，2008（3）：1-5.

[72] 克拉克 . 政治经济学：比较的视角 [M]. 北京：经济科学出版社，2001.

[73] 科斯 . 企业、市场与法律 [M]. 北京：人民出版社，2009.

[74] 奈特 . 制度与社会冲突 [M]. 北京：人民出版社，2009.

[75] 诺思 . 经济史中的结构与变迁 [M]. 上海：上海人民出版，2003.

[76] 诺思 . 制度、制度变迁与经济绩效 [M]. 北京：人民出版社，2008.

[77] 郎友兴，韩志明 . 目标、条件、功能：私营企业主阶层的政治参与 [J]. 中共浙江省委党校学报，2005（2）：93-95.

[78] 李河新 . 转型期私营企业主热衷政治现象的多维解析 [J]. 中州学刊，2010（5）：19-22.

[79] 李静君 . 中国工人阶级的转型政治 [M] // 当代中国社会分层：理论与实证 . 北京：社会科学文献出版社，2006.

[80] 李连江，欧博文 . 当代中国农民的依法抗争 [J]. 九七效应，太平洋世纪研究所，1997（1）：27-34.

[81] 李路路 . 社会资本与私营企业家——中国社会结构转型的特殊动力 [J]. 社会学研究，1995（6）：46-58.

［82］李路路．社会结构变迁中的私营企业家——论“体制资本”与私营企业的发展［J］．社会学研究，1996（2）：93–104.

［83］李路路．私营企业主的个人背景与企业“成功”［J］．中国社会科学，1997（2）：133–145.

［84］李培林．另一只看不见的手：社会结构转型［J］．中国社会科学，1992（5）：3–17.

［85］李蕤．现阶段黑恶势力犯罪的特点及打击对策研究［J］．犯罪研究，2010（6）：51–56.

［86］李新春．中国的家族制度与企业组织［J］．中国社会科学季刊（香港），1998（3）：21–30.

［87］李新春．信任、忠诚与家族主义困境［J］．管理世界，2002（6）：45–67.

［88］李新春，胡晓红，姜岳新．私营企业成长与家族化治理：珠三角的实证与案例研究［M］．北京：经济科学出版社，2008.

［89］李新春，苏琦．家族企业：公司治理与成长［M］．北京：经济科学出版社，2008.

［90］李亚彪，于力，张洪河．黑恶势力为什么有“社会基础”［J］．河北企业，2006（2）：66.

［91］林毅夫．关于制度变迁的经济学理论：诱致性变迁与强制性变迁［M］// 财产权利与制度变迁——产权学派与新制度学派译文集．上海：上海三联出版社，1994.

［92］梁漱溟．中国文化要义［M］．北京：人民出版社，2011.

［93］刘爱玉．国有企业制度变革过程中工人的行动选择——一项关于无集体行动的经验研究［J］．社会学研究，2003（6）：1–12.

［94］刘爱玉．选择：国企变革与工人生存行动［M］．北京：社会科学文献出版社，2005.

［95］刘立新，鲍晋选，张玲芝．黑恶势力染指农村基层政权透视［J］．三月风，2002（4）：11–28.

[96] 刘林平 . 外来人群体中的关系运用——以深圳“平江村”为个案 [J]. 中国社会科学，2011（6）：21-30.

[97] 刘强 . 新中国成立以来关于私营企业主入党问题的四次论争 [J]. 南京师大学报：社会科学版，2009（4）：11-18.

[98] 刘雪明 . 1957—1966 年党的个体私营经济政策述评 [J]. 党史研究与教学，2001（2）：35-47.

[99] 刘雪明 . 1966—1976 年我国个体私营经济政策述评 [J]. 当代中国史研究，2006，13（3）：42-49.

[100] 刘佑生 . 黑恶势力犯罪的特点与治理 [J]. 红旗文稿，2001（21）.

[101] 雷丁 . 华人资本主义精神 [M]. 北京：人民出版社，2009.

[102] 卢福营，祝伟华 . 村委会选举中私营企业主的竞选行为——以浙江省永康市龙村为例 [J]. 学习与探索，2009（2）：64-69.

[103] 陆铭，潘慧 . 政企纽带——民营企业家成长与企业发展 [M]. 北京：北京大学出版社，2009.

[104] 陆学艺 . 中国私营经济、私营企业主阶层产生、发展的实证和理论演变 [J]. 中国社会科学院研究生院学报，2003（1）：34-48.

[105] 吕耿松 . 当代黑恶势力主要类型 [J]. 党政干部文摘，2001（6）：38-39.

[106] 罗党论 . 市场环境、政治关系与企业资源配置——基于中国民营上市公司的经验证据 [M]. 北京：经济管理出版社，2010.

[107] 黄琼宇，罗党论 . 民营企业的政治关系与企业价值 [J]. 管理科学，2008，21（6）：21-28.

[108] 罗党论，甄丽明 . 民营控制、政治关系与企业融资约束——基于中国民营上市公司的经验证据 [J]. 金融研究，2008（12）：164-178.

[109] 罗家德，叶勇助 . 中国人的信任游戏 [M]. 北京：社会科学文献出版社，2007.

[110] 中共中央马克思恩格斯列宁斯大林著作 . 马克思恩格斯选集（第 1 卷）

［M］. 北京：人民出版社，1972.
［111］中共中央马克思恩格斯列宁斯大林著作 . 马克思恩格斯选集（第 1 卷）［M］. 北京：人民出版社，1995.
［112］马若龙 . 1956—1966 年：党的非公有制经济政策嬗变及意识形态分析［J］. 思想战线，2010，36（6）：44-62.
［113］毛磊 . 打黑还得破黑财——斩断黑恶势力伸向经济领域的黑手［J］. 中国经济周刊，2002（12）：102-122.
［114］毛泽东 . 毛泽东选集（第 5 卷）［M］. 北京：人民出版社 1977.
［115］孟伟 . 建构公民政治：业主集体行动策略及其逻辑——以深圳市宝安区滢水山庄业主维权行动为例［J］. 华中师范大学学报（人文社会科学版），2005，44（3）：67-72.
［116］裴宜理 . 上海罢工：中国工人政治研究［M］. 北京：人民出版社，2012.
［117］裴宜理，阎小骏 . 社会运动理论的发展［J］. 当代世界社会主义问题，2006（4）：3-12.
［118］钱颖一 . 市场与法治［J］. 经济社会体制比较，2000（3）：1-11.
［119］秦海霞 . 关系网络的建构：私营企业主的行动逻辑——以辽宁省 D 市为个案［J］. 社会，2006，26（5）：110-133.
［120］青木昌彦 . 比较制度分析［M］. 上海：上海远东出版社，2001.
［121］任强 ."苏南模式"的转型与乡村先富参政——兼论农村社区整合手段的变化［J］. 浙江社会科学，2005（3）：104-110.
［122］任焰，潘毅 . 跨国劳动过程的空间政治：全球化时代的宿舍劳动体制［J］. 社会学研究，2006（4）：21-33.
［123］汝信，易克信 . 当代中国社会科学手册［M］. 北京：社会科学文献出版社，1998.
［124］沙健孙 . 中国共产党和资本主义、资产阶级（上卷）［M］. 北京：人民出版社，2005.
［125］施莱弗 . 掠夺之手［M］. 北京：中信出版社，2004.

[126] 斯蒂纳．企业、政府与社会［M］．北京：华夏出版社，2002.

[127] 斯科特．制度与组织——思想观念与物质利益（第3版）［M］．北京：中国人民大学出版社，2010.

[128] 斯科特．弱者的武器［M］．江苏：译林出版社，2007.

[129] 山东省人民检察院公诉处．黑恶势力犯罪坐大成势原因调查［J］．人民检察，2003（10）：36-37.

[130] 单海玲．雇员离职后的竞业禁止［J］．法学研究，2007（3）：71-79.

[131] 商意盈，李亚彪，庞瑞．“老板村官”的灰色质疑［J］．政府法制，2009（22）：28-29.

[132] 石发勇．关系网络与当代中国基层社会运动——以一个街区环保运动个案为例［J］．学海，2005（3）：76-88.

[133] 石秀印．中国企业家成功的社会网络基础［J］．管理世界，1998（6）：187-196.

[134] 宋婧，杨善华．经济体制变革与村庄公共权威的蜕变——以苏南某村为案例［J］．中国社会科学，2005（6）：129-142.

[135] 宋时歌．权力转换的延迟效应——对社会主义国家向市场转变过程中的精英再生与循环的一种解释［J］．社会学研究，1998（3）：26-36.

[136] 孙立平．“自由流动资源”与“自由活动空间”——论改革过程中中国社会结构的变迁［J］．探索，1993（1）：66-70.

[137] 孙立平．权利失衡、两极社会与合作主义宪政体制［J］．战略与管理，2004（1）：1-6.

[138] 孙立平，王汉生，王思斌，等．改革以来中国社会结构的变迁［J］．中国社会科学，1994（2）：47-62.

[139] 乔纳森．社会学理论的结构（第6版）上册［M］．北京：华夏出版社，2001.

[140] 佟新．延续的社会主义文化传统——一起国有企业工人集体行动的

个案分析［J］. 社会学研究，2006（1）：113-124.

［141］王金忠. 浅析黑恶势力犯罪的发展特点打击难点及打击对策［J］. 公安研究，2007（1）：39-41.

［142］王骏逸，季鸣飞. 工商部门应谨慎介入对串货的监管［J］. 工商行政管理，2007（6）：63.

［143］王钦敏. 中国民营经济发展报告（2015—2016）［M］. 北京：中华全国工商业联合出版社，2017.

［144］王世勇，白贵一. 中国共产党早期对私营经济的认识及政策演变（1921—1936）［J］. 史学月刊，2004（5）：67-71.

［145］王晓燕. 私营企业主非正式政治参与的途径与意义分析［J］. 南京师大学报（社会科学版），2006（6）：18-23.

［146］王旭. 乡村中国的基层民主：国家与社会权力互强［J］. 二十一世纪，1997（4）：130-142.

［147］王永钦，张晏，章元，等. 中国的大国发展道路——论分权式改革的得失［J］. 经济研究，2007（1）：4-16.

［148］卫武. 中国环境下企业政治资源、政治策略和政治绩效及其关系研究［J］. 管理世界，2006（2）：95-109.

［149］尉建文. 中国私营企业主关系网络调查［M］. 北京：中国社会科学出版社，2009.

［150］魏永征. 新闻出版总署严防虚假新闻规定的司法价值——由两件媒体侵权案的争议谈起［J］. 新闻记者，2012（1）：30-35.

［151］万闻华. 制度性与非制度性：私营企业主政治参与分析［J］. 公共管理高层论坛，2007（1）：267-275.

［152］闻有成. 河南新乡私人企业挂靠民政局引发 14 年官民争夺［N］. 经济参考报，2011（10）.

［153］吴承明，董志凯. 中华人民共和国经济史（1949—1952）（第 1 卷）［M］. 北京：中国财政经济出版社，2001.

［154］吴敬琏. 中国经济社会矛盾几乎到了临界点［N］. 中国证券报，

2012-9-3.

[155] 吴清军．市场转型时期国企工人的群体认同与阶级意识[J]．社会学研究，2008（6）：58-79.

[156] 吴思．潜规则：中国历史中的真实游戏[M]．上海：复旦大学出版社，2011.

[157] 吴文锋，吴冲锋，刘晓薇．中国民营上市公司高管的政府背景与公司价值[J]．经济研究，2008（7）：130-141.

[158] 吴冲锋，芮萌，吴文锋．中国上市公司高管的政府背景与税收优惠[J]．管理世界，2009（3）：134-142.

[159] 吴毅．“权力—利益的结构之网”与农民群体性利益的表达困境——对一起石场纠纷案例的分析[J]．社会学研究，2007（5）：21-45.

[160] 萧功秦．关于新权威主义体制与国家治理问题的若干思考[J]．华中科技大学学报：社会科学版，2014（3）：4-6.

[161] 相鹏，铁军，郭磊．员工“跳槽”引发侵权赔偿之诉[J]．工友，2006（7）：38-38.

[162] 谢普斯勒．制度研究：理性选择理论的启示[M]//新制度主义政治学译文精选，北京：人民出版社，2007.

[163] 邢研．看黑恶势力如何强迫交易[J]．法律与生活，2001（12）:155-165.

[164] 熊辉，王孔容．农村黑恶势力现象的成因及根除对策[J]．中州学刊，2007（6）：110-112.

[165] 徐露辉，陈国权．社会转型过程中私营企业主的政治参与[J]．社会科学战线，2006（6）：171-176.

[166] 徐琴．转型社会的权力再分配——对城市业主维权困境的解读[J]．学海，2007（2）:110-123.

[167] 杨美惠．礼物、关系学与国家：中国人际关系与主体性建构[M]．北京：人民出版社，2009.

[168] 杨立新．我国的媒体侵权责任与媒体权利保护——兼与张新宝教授

“新闻（媒体）侵权否认说”商榷［J］.中国法学，2011（6）：178-188.

［169］杨其静.市场、政府与企业：对中国发展模式的思考［M］.北京：中国人民大学出版社，2010.

［170］杨晓凌.当版权遇上云技术——美国多家电视台诉新媒体公司阿瑞欧侵权案述评［J］.新闻记者，2014（11）：56-65.

［171］伊斯顿.政治生活的系统分析［M］.北京：华夏出版社，1989.

［172］应克复，孙建昌.私有经济纵横论［M］.江苏：南京大学出版社，1993.

［173］应星.草根动员与农民群体利益的表达机制——四个个案的比较研究［J］.社会学研究，2007（2）：1-23.

［174］游正林.也谈国有企业工人的行动选择——兼评刘爱玉《选择：国企变革与工人生存行动》［J］.社会学研究，2005（4）：207-220.

［175］游正林.集体行动何以成为可能——对一起集体上访、静坐事件的个案研究［J］.学海，2006（2）：33-43.

［176］于建嵘.农民有组织抗争及其政治风险——湖南省H县调查［J］.战略与管理，2003（3）：1-16.

［177］于建嵘.警惕黑恶势力对农村基层政权的侵入——对湘南40个“失控村”的调查［J］.决策，2003（8）：34-35.

［178］于建嵘.当前农民维权活动的一个解释框架［J］.社会科学文摘，2004（6）：49-55.

［179］于建嵘.利益表达、法定秩序与社会习惯——对当代中国农民维权抗争行为取向的实证研究［J］.中国农村观察，2007（6）：44-52.

［180］于建嵘.利益博弈与抗争性政治——当代中国社会冲突的政治社会学理解［J］.中国农业大学学报（社会科学版），2009，26（1）：16-21.

[181] 于天远，吴能全．组织文化变革路径与政商关系——基于珠三角民营高科技企业的多案例研究［J］．管理世界，2012（8）：76-87.

[182] 余东华．价格歧视、经销商串货与反垄断分析——以“诺基亚事件”为例［J］．财贸经济，2010（4）：114-120.

[183] 余明桂，潘红波．政治关系、制度环境与民营企业银行贷款［J］．管理世界，2008（8）：9-21.

[184] 余向前．家族企业治理、传承及持续成长：基于温州的实证研究［M］．上海：浙江大学出版社，2010.

[185] 张厚义．私营企业主阶层在我国社会结构中的地位［J］．中国社会科学，1994（6）：100-116.

[186] 张厚义．成长中的中国私营企业主阶层［M］// 2002 年中国社会形势分析与预测．北京：社会科学文献出版社，2002.

[187] 张厚义．私营企业主是中国社会阶层结构的重要组成部分［M］// 当代中国社会阶层研究报告．北京：社会科学文献出版社，2002.

[188] 张厚义．进入新时期的中国私营企业主阶层［M］//2004 年中国社会形势分析与预测．北京：社会科学文献出版社，2004.

[189] 张厚义．快速成长的私营企业主阶层［M］// 2005 年中国社会形势分析与预测．北京：社会科学文献出版社，2005.

[190] 张厚义．中国私营企业主阶层成长的新阶段、新情况、新问题［M］//2009 年中国社会形势分析与预测．北京：社会科学文献出版社，2008.

[191] 张厚义．国际金融危机下的中国私营企业主阶层［M］// 2010 年中国社会形势分析与预测．北京：社会科学文献出版社，2009.

[192] 张厚义．中国私营企业主阶层 20 年［M］// 2012 年中国社会形势分析与预测．北京：社会科学文献出版社，2012.

[193] 张厚义，明立志．中国私营企业发展报告（1978—1998）［M］．北京：社会科学文献出版社，1999.

[194] 张建君，张志学．中国民营企业家的政治战略［J］．管理世界，

2005（7）：94-105.

［195］张杰，冯俊新．中国企业间货款拖欠的影响因素及其经济后果［J］．经济理论与经济管理，2011（7）：87-98.

［196］张军，王加胜，詹宇波，等．转型、治理与中国私营企业的演进［M］．上海：复旦大学出版社，2006.

［197］张磊．业主维权运动：产生原因及动员机制——对北京市几个小区个案的考察［M］．2005.

［198］张维迎．什么改变中国——中国改革的全景和路径［M］．北京：中信出版社，2012.

［199］张新宝．“新闻（媒体）侵权”否认说［J］．中国法学，2008（6）：183-189.

［200］张旭东．改革开放以来关于私营经济发展的五次大争论［J］．党史纵横，2008（5）:110-122.

［201］张远新．建国后我党对个体私营经济政策的演变及其历史经验［J］．社会主义研究，2003（3）:120-133.

［202］赵世勇．政府机会主义与民营企业成长——中国转型期民营企业成长的政治经济学分析［J］．现代经济探讨，2007（4）：23-45.

［203］浙江省政府办公厅、省政府研究室调研组，郑炳林．中介组织与市场体制创新——温州民间商会的调查［J］．经济社会体制比较，2002（6）：52-57.

［204］郑伯壎．差序格局与华人组织行为［M］．家族企业：组织、行为与中国经济．北京：人民出版社，2005.

［205］郑红亮，吕建云．中国私营经济发展30年：理论争鸣和改革探索［J］．管理世界，2008（10）：155-164.

［206］中共中央文献研究室．建国以来重要文献选编（第1册）［M］．北京：中央文献出版社，1991.

［207］中共中央文献研究室．建国以来重要文献选编（第4册）［M］．北京：中央文献出版社，1993.

[208] 中国社会科学院，中央档案馆. 中华人民共和国经济档案资料选编·工商体制卷（1949—1952）[M]. 北京：中国社会科学出版社，1993.

[209] 中国私营经济研究会. 第八次全国私营企业抽样调查数据分析综合报告 [N]. 中华工商时报，2009-03-26.

[210] 中华全国工商业联合会. 1993—2006：中国私营企业大型调查 [M]. 北京：中华工商联合出版社，2007.

[211] 中华全国工商业联合会信息中心. 个体私营经济政策法规选编 [M]. 北京：企业管理出版社，1996.

[212] 中华全国手工业合作总社等. 中国手工业合作化和城镇集体工业的发展（第 2 卷）[M]. 北京：中共中央党校出版社，1994.

[213] 周博文，杜山泽. 关于地方黑恶势力向农村基层政权渗透问题的若干思考 [J]. 公安研究，2011（7）：36-41.

[214] 周黎安. 晋升博弈中政府官员的激励与合作——兼论我国地方保护主义和重复建设问题长期存在的原因 [J]. 经济研究，2004（6）：33-40.

[215] 周黎安. 中国地方官员的晋升锦标赛模式研究 [J]. 经济研究，2007（7）：36-50.

[216] 周师. 私营企业主非制度性政治参与原因探析 [J]. 求实，2007（11）：71-73.

[217] 周雪光. 组织社会学十讲 [M]. 北京：社会科学文献出版社，2003.

[218] 周雪光. “逆向软预算约束”：一个政府行为的组织分析 [J]. 中国社会科学，2005（2）：132-143.

[219] 周雪光. 基层政府间的“共谋现象”——一个政府行为的制度逻辑 [J]. 开放时代，2009（12）：98-104.

[220] 周业安. 中国制度变迁的演进论解释 [J]. 经济研究，2000（5）：3-11.

［221］朱爱明．浅探媒体作为侵权中介的责任问题——侵权法案例分析之童蕾与现代艺术杂志社、上海万豪医院肖像侵权纠纷案［J］．经营管理者，2008（12）：98-100.

［222］朱光磊，杨立武．中国私营企业主政治参与的形式、意义和限度［J］．南开学报（哲学社会科学版），2004（5）：91-97.

［223］朱和风．从新闻侵权案看媒体的职业规范——以“帅康”诉华夏时报案为例［J］．新闻与传播研究，2009（2）：103-105.

［224］朱军．未约定经济补偿对离职竞业禁止协议效力的影响——基于离职竞业禁止案例的整理与研究［J］．华东政法大学学报，2012，15（1）：77-83.

［225］邹树彬．城市业主维权运动：特点及其影响［J］．深圳大学学报（人文社会科学版），2005，22（5）：44-49.

［226］左昊，潮龙起．黑恶势力“保护伞”的危害及其防治［J］．甘肃社会科学，2005（5）：87-89.

［227］左昊，潮龙起．当前黑恶势力对基层政权的侵蚀解析［J］．湛江师范学院学报，2007，28（1）：62-66.

英文

［1］ABBOT K A. Harmony and Individualism［M］. Taipei： Orient Cultural Service，1970.

［2］ADHIKARI A，DERASHID C，ZHANG H. Public policy，political connections，and effective tax rates： Longitudinal evidence from Malaysia［J］. Journal of Accounting and Public Policy，2006，25（5）：574-595.

［3］ALDRICH H，REESE P R，DUBINI P. Women on the verge of a breakthrough： networking among entrepreneurs in the United States and Italy［J］. Entrepreneurship & Regional Development，1989，1（4）：339-356.

[4] ALDRICH H E, SAKANO T. Unbroken Ties: How the Personal Networks of Japanese Business Owners Compare to those in other Nations [M] // FRUIN M. Networks and Markets: Pacific Rim Investigations. Oxford: Oxford University Press, 1998: 32-52.

[5] ALPERMANN B. \"Wrapped up in Cotton Wool\": Political Integration of Private Entrepreneurs in Rural China[J]. The China Journal, 2006(56): 33-61.

[6] BARTELS L M, BRADY H E. Economic Behavior in Political Context [J]. American Economic Review, 2003, 93 (2): 156-161.

[7] BLAKE H M. Employee Agreements Not to Compete [J]. Harvard Law Review, 1960, 73 (4): 625-691.

[8] BIAN Y J. Bringing strong ties back in: Indirect ties, network bridges, and job searches in China [J]. American Sociological Review 1997, 62: 266-285.

[9] ANG B S. Guanxi Networks and Job Mobility in China and Singapore [J]. Social Forces, 1997, 75 (3): 981-1005.

[10] LOGAN B J R. Market Transition and the Persistence of Power: The Changing Stratification System in Urban China [J]. American Sociological Review, 1996, 61 (5): 739-758.

[11] BILL J A, JR HARDGRAVE R L. Comparative Politics: The Quest for Theory [M]. Washington, DC: Bell & Howell, University Press of America, 1981.

[12] BLOK A. Violent Peasant Entrepreneurs: The Mafia of a Sicilian Village [M]. Oxford: Basil Blackwell, 1974.

[13] BOURDIEU P, WACQUANT L. An Invitation to Reflexive Sociology [M]. Chicago: University of Chicago Press, 1992.

[14] BREIGER R L. The Duality of Persons and Groups [J]. Social Forces, 1974, 53 (2): 181-190.

[15] BRUUN O. Business and bureaucracy in a Chinese city : an ethnography of private business households in contemporary China [M] // Business and bureaucracy in a Chinese city : Institute of East Asian Studies. Berkeley: University of California,, 1994.

[16] BRUUN O. Political Hierarchy and Private Entrepreneurship in a Chinese Neighborhood [M] // The Wanging of the Communist State: Economic Origins of Political Decline in China and Hungary. Berkeley: University of California Press, 1995: 184–212.

[17] BURT R. Structural Holes: The Social Structure of Competition [M] . Cambridge: Harvard University Press, 1992.

[18] CAI Y. The Resistance of Chinese Laid–off Workers in the Reform Period [J] . The China Quarterly, 2002 (170) : 327–344.

[19] CAI Y. China's Moderate Middle Class: The Case of Homeowners' Resistance [J] . Asian Survey, 2005, 45 (5) : 777–799.

[20] CAMPBELL J L. Institutional Change and Globalization [M] . Princeton, NJ: Princeton University Press, 2004.

[21] CARTER N. Reducing Barriers Between Genders: Differences in New Firm Startups [C] . The academy of management meetings, Dallas, 1994.

[22] CHE J, QIAN Y. Institutional Environment, Community Government, and Corporate Governance: Understanding China\"s Township–Village Enterprises [J] . Journal of Law, Economics, and Organization, 1998, 14 (1) : 1–23.

[23] CHEN C, LI Z, SU X. Rent Seeking Incentives, Political Connections and Organizational Structure: Empirical Evidence from Listed Family Firms in China [D] . Hong Kong: City University of Hong Kong, 2005.

[24] CHEN F. Industrial Restructuring and Workers' Resistance in China [J] . Modern China, 2003, 29 (2) : 237–262.

[25] CHEN C, LI Z, SU X. Subsistence Crises, Managerial Corruption and Labor Protests in China [J]. China Journal, 2000, 44: 41–63.

[26] CHEN Y, TOUVE D. Conformity, political participation, and economic rewards: The case of Chinese private entrepreneurs [J]. Asia Pacific Journal of Management, 2011, 28 (3): 529–553.

[27] CHENG L, ROSETT A. Contract with a Chinese Face: Socially Embedded Factors in the Transformation from Hierarchy to Market, 1978—1989 [J]. Journal of Chinese Law, 1991 (5): 143–244.

[28] CLAESSENS S, DJANKOV S, LANG L H P. The separation of ownership and control in East Asian Corporations [J]. Journal of Financial Economics, 2000, 58 (1–2): 81–112.

[29] COASE R H. The Nature of the Firm [J]. Economica N.S, 1937, 4: 385–405.

[30] COMMONS J R. The Legal Foundations of Capitalism [M]. New York: Macmillan, 1924.

[31] CULL R, XU L C. Institutions, Ownership, and Finance: The Determinants of Profit Reinvestment Among Chinese Firms [J]. Journal of Financial Economics, 2005, 77 (1): 117–146.

[32] DAVIES J C. When Men Revolt and Why [M]. New York: Free Press, 1971.

[33] DICKSON B J. Integrating Wealth and Power in China: The Communist Party's Embrace of the Private Sector [J]. China Quarterly, 2007, 192: 827–854.

[34] DIMAGGIO P J, POWELL W W. The Iron Cage Revisited: Institutional Isomorphism and Collective Rationality in Organizational Fields [J]. American Sociological Review, 1983, 48 (2): 147–160.

[35] MAGNE L. How Institutions Think [M]. New York: Syracuse University Press, 1986.

[36] ECKLUND G N. Protracted Expropriation of Private Business in Communist China [J]. Pacific Affairs, 1963, 36 (3): 238–249.

[37] ERTMAN T. Birth of the Leviathan: Building States and Regimes in Medieval and Early Modern Europe [M]. Cambridge: Cambridge University Press, 1997.

[38] ETZIONI A. The Moral Dimension. New York: Free Press, 1988.

[39] EVANS P B, RUSECHEMEYER D, SKOCPOL T. Bringing the State Back in [M]. Cambridge: Cambridge University Press, 1985.

[40] FACCIO M. Politically Connected Firms [J]. American Economic Review, 2006, 96 (1): 369–386.

[41] FISMAN R. Estimating the Value of Political Connections [J]. American Economic Review, 2001, 91 (4): 1095–1102.

[42] FLIGSTEIN N. Social Skill and the Theory of Fields [J]. Sociological Theory, 2001, 19 (2): 105–125.

[43] FRYE T. Rackets, regulation, and the rule of law [J]. Journal of Law, Economics, and Organization, 2000, 16 (2): 478–502.

[44] GAMBETTA D. The Sicilian Mafia: The Business of Private Protection [M]. Cambridge, Mass: Harvard University Press, 1993.

[45] GLINSKI P. Acapulco Near Konstancin [M] // WEDEL J. The Unplanned Society: Poland during and after Communism. New York: Columbia University Press, 1992: 144–152.

[46] GOLD T B. Urban Private Business and Social Change [M] // DAVIS D, VOGEL E F. Chinese Society on the Eve of Tiananmen. Cambridge, MA: Harvard University Press, 1990: 157–178.

[47] Gordon R S. Weak Organizations and Strong Linkages: Managerial Ideology and Chinese Family Business Networks [M] // HAMILTON G. Business Networks and Economic Development in East and Southeast Asian. Hong Kong: University of Hong Kong, 1991: 30–47.

[48] GRANOVETTER M. Economic Action and Social Structure: The Problem of Embeddedness [J]. American Journal of Sociology, 1985, 91 (3): 481-510.

[49] GRANOVETTER M. Getting a Job: A Study of Contacts and Careers [M]. Cambridge, MA: Harvard University Press, 1974.

[50] GRANOVETTER M S. The Strength of Weak Ties [J]. American Journal of Sociology, 1973, 78 (6): 1360-1380.

[51] GUO S, HUSSEY D L. Nonprobability sampling in social work research: Dilemmas, consequences, and strategies [J]. Journal of Social Service Research, 2004, 30 (3): 1-18.

[52] GURR T R. Why men rebel [M]. UK: Routledge, 2015.

[53] GUTHRIE D. Between markets and politics: Organizational responses to reform in China [J]. American Journal of Sociology, 1997, 102 (5): 1258-1304.

[54] GUTHRIE D. The declining significance of guanxi in China's economic transition [J]. The China Quarterly, 1998, 154: 254-282.

[55] HASENCLEVER A, MAYER P, RITTBERGER V. Theories of international regimes [M]. Cambridge: Cambridge university press, 1997.

[56] HAY J R, SHLEIFER A. Private Enforcement of Public Laws: A Theory of Legal Reform [J]. American Economic Review, 1998, 88 (2): 398-403.

[57] HECKATHORN D D. Extensions of respondent-driven sampling: analyzing continuous variables and controlling for differential recruitment [J]. Sociological Methodology, 2007, 37 (1): 151-207.

[58] HELLMAN J S, JONES G, KAUFMANN D. Seize the state, seize the day: state capture and influence in transition economies [J]. Policy Research Working Paper, 2003, 31 (4): 751-773.

[59] HONG Z. Mapping the evolution and transformation of the new private entrepreneurs in China [J]. Journal of Chinese Political Science, 2004, 9 (1): 23-42.

[60] HSU F L K. Americans and Chinese: Reflections on Two Cultures and their People [M]. New York: Garden City, 1970.

[61] HURWICZ L. Institutions as families of game forms [J]. Japanese Economic Review, 2010, 47 (2): 113-132.

[62] HWANG KWANG-KUO. Face and Favor: The Chinese Power Game [J]. American Journal of Sociology, 1987, 92 (4): 944-974.

[63] JIN H, QIAN Y, WEINGAST B R. Regional Decentralization and Fiscal Incentives: Federalism, Chinese Style [J]. Journal of Public Economics, 2005, 89: 1719-1742.

[64] Johnson S, Kaufmann D, McMillan J, et al. Who do Firm Hide?: Bribes and Unofficial Activity after Communism [J]. Journal of Public Economics, 2000, 76: 495-520.

[65] KARL T L. The Paradox of Plenty: Oil Booms and Petro-States [M]. Berkeley: University of California Press, 1997.

[66] KENNEDY S. The Stone Group: State Client or Market Pathbreaker? [J]. The China Quarterly, 1997 (152): 746-777.

[67] KEOHANE R O. International Institutions: Two Approaches [J]. International Studies Quarterly, 1988, 32 (4): 379-396.

[68] KHWAJA A I, MIAN A. Do lenders favor politically connected firms? Rent provision in an emerging financial market [J]. The Quarterly Journal of Economics, 2005, 120 (4): 1371-1411.

[69] KNUDSEN C. Modelling Rationality: Institutions and Processes in Economic Theory [M] // Rationality, Institutions and Economic Methodology. London: Routledge, 1993: 265-299.

[70] KORNAI J. The Economics of Shortage [M]. Amsterdam: North-

Holland，1980.

[71] JÁNOS K. The Affinity Between Ownership Forms and Coordination Mechanisms: The Common Experience of Reform in Socialist Countries[J]. The Journal of Economic Perspectives，1990，4 (3) : 131–147.

[72] KORNAI J. The Socialist System: The Political Economy of Communism [M] . Princeton，NJ: Princeton University Press，1992.

[73] LAU W K. The 15th Congress of the Chinese Communist Party: milestone in China's privatization [J] . Capital & Class，1999，23 (2) : 51–87.

[74] LAZEAR E P，ROSEN S. Rank-order tournaments as optimum labor contracts [J] . Journal of political Economy，1981，89 (5) : 841–864.

[75] LEE C K. From organized dependence to disorganized despotism: Changing labour regimes in Chinese factories [J] . The China Quarterly，1999，157: 44–71.

[76] LEE C K. The Labor Politics of Market Socialism [J] . Modern China，1998，24 (1) : 3–33.

[77] LERNER M，BRUSH C，HISRICH R. Israeli women entrepreneurs: An examination of factors affecting performance [J] . Journal of Business Venturing，1997，12 (4) : 315–339.

[78] LI H，MENG L，ZHANG J. Why Do Entrepreneurs Enter Politics? Evidence from China [J] . Social Science Electronic Publishing，2010，44 (3) : 559–578.

[79] LI H，MENG L，WANG Q，et al. Political connections，financing and firm performance: Evidence from Chinese private firms [J] . Journal of Development Economics，2008，87 (2) : 283–299.

[80] LI D D. A Theory of Ambiguous Property Rights in Transition Economies: The Case of the Chinese Non-State Sector [J] . William Davidson

Institute Working Papers, 1996, 23（1）.

[81] LI H, LIU P W, ZHANG J, et al. Economic Returns to Communist Party Membership: Evidence From Urban Chinese Twins [J]. Economic Journal, 2007, 117（523）: 1504–1520.

[82] LI L, O'BRIEN K J. Villagers and Popular Resistance in Contemporary China [J]. Modern China, 1996, 22（1）: 28–61.

[83] LI L, O'BRIEN K J. Protest Leadership in Rural China [J]. Social Science Electronic Publishing, 2008, 193（193）: 1–23.

[84] LI X H, LIANG X. A Confucian social model of political appointments among Chinese private–firm entrepreneurs [J]. Academy of Management Journal, 2015, 58（2）: 592–617.

[85] LIN N. Local market socialism: Local corporatism in action in rural China [J]. Theory & Society, 1995, 24（3）: 301–354.

[86] LIN N, Cambridge University Press （CUP）. Social capital: a theory of social structure and action [M]. Cambridge & New York: Cambridge University press, 2001.

[87] LIN N, ENSEL W M, VAUGHN J C. Social Resources and the Strength of Weak Ties Structural Factors in Occupational Status Attainment [J]. American Sociological Review, 1981, 46（4）: 393–405.

[88] LIU Y L. Reform from Below: The Private Economy and Local Politics in the Rural Industrialization of Wenzhou [J]. The China Quarterly, 1992（130）: 293–316.

[89] MA D, PARISH W L. Tocquevillian Moments: Charitable Contributions by Chinese Private Entrepreneurs [J]. Social Forces, 2006, 85（2）: 943–964.

[90] MCADAM D, TARROW S, TILLY C. The Dynamics of Contention [M]. Cambridge & New York: Cambridge University Press, 2001.

[91] MCMILLAN J. China' s Nonconformist Reforms [M] // Economic

Transition in Eastern Europe and Russia: Realities of Reform. Stanford: Hoover Institution Press, 1995: 419-433.

[92] MCMILLAN J, WOODRUFF C. The Central Role of Entrepreneurs in Transition Economies [J]. Journal of Economic Perspectives, 2002, 16 (3): 153-170.

[93] MCMILLAN J, WOODRUFF C. Dispute prevention without courts in Vietnam [J]. Journal of law, Economics, and Organization, 1999, 15 (3): 637-658.

[94] MCNALLY C A. China's changing guanxi capitalism: Private entrepreneurs between Leninist control and relentless accumulation [J]. Business and Politics, 2011, 13 (2): 1-29.

[95] MERTON R K. Bureaucratic structure and personality [J]. Soc. F., 1939, 18: 560.

[96] MEYER J W, ROWAN B. Institutionalized Organizations: Formal Structure as Myth and Ceremony [J]. American Journal of Sociology, 1977, 83 (2): 340-363.

[97] MIHELS R. Political parties [M]. New York: Free Press, 1968.

[98] MOE T M. Political institutions: The neglected side of the story [J]. JL Econ & Org., 1990, 6: 213.

[99] NEE V. A Theory of Market Transition: From Redistribution to Markets in State Socialism [J]. American Sociological Review, 1989, 54 (5): 663-681.

[100] NEE V. Social Inequalities in Reforming State Socialism: Between Redistribution and Markets in China [J]. American Sociological Review, 1991, 56 (3): 267-282.

[101] NEE V. Organizational Dynamics of Market Transition: Hybrid Forms, Property Rights, and Mixed Economy in China [J]. Administrative Science Quarterly, 1992, 37 (1): 1-27.

[102] NEE V. The Emergence of a Market Society: Changing Mechanisms of Stratification in China [J]. American Journal of Sociology, 1996, 101 (4): 908–949.

[103] NEE V. Norms and Networks in Economic and Organizational Performance [J]. American Economic Review, 1998, 88 (2): 85–89.

[104] MATTHEWS N R. Market Transition and Societal Transformation in Reforming State Socialism [J]. Annual Review of Sociology, 1996, 22: 401–435.

[105] NEE V, YOUNG F W. Peasant Entrepreneurs in China\"s \"Second Economy\": An Institutional Analysis [J]. Economic Development and Cultural Change, 1991, 39 (2): 293–310.

[106] NEE V, CAO Y. Path Dependent Societal Transformation: Stratification in Hybrid Mixed Economies [J]. Theory & Society, 1999, 28 (6): 799–834.

[107] NEE V, CAO Y. Postsocialist inequalities: The causes of continuity and discontinuity [J]. Research in Social Stratification and Mobility, 2002, 19 (2): 3–39.

[108] NEE V, SU S J. Institutions, Social Ties, and Commitment in China' s Corporatist transformation [M] // Reforming Asian Socialism: The Growth of Market Institutions. Ann Arbor: University of Michigan Press, 1996.

[109] OPPER N S. Political Capital in a Market Economy [J]. Social Forces, 2010, 88 (5): 2105–2132.

[110] NEE V, SU S J. Capitalism from Below: Markets and Institutional Change in China [M]. Cambridge: Harvard University Press, 2012.

[111] NELSON, RICHARD R. The Co–evolution of Technology, Industrial Structure, and Supporting Institutions [J]. Industrial and Corporate

Change, 1994, 3 (1) : 47–63.

[112] NEVITT C E. Private Business Associations in China: Evidence of Civil Society or Local State Power? [J] . The China Journal, 1996 (36) : 25–43.

[113] NORTH D C. Institutional Change and Economic History [J] . Journal of Institutional and Theoretical Economics, 1989, 145: 238–245.

[114] OI J C. Communism and clientelism: Rural Politics in China [J] . World Politics, 1985, 37 (2) : 238–266.

[115] OI J C. Fiscal Reform and the Economic Foundations of Local State Corporatism in China [J] . World Politics, 1992, 45 (1) : 99–126.

[116] OI J C. The Evolution of Local State Corporatism [M] //Zouping in Transion: The Process of Reform in Rural North China. Cambridge, MA: Harvard University Press, 1998: 245–268.

[117] OI J C. Local State Corporatism [M] //Rural China Takes Off: Institutional Foundation of Economic Reform. Berkeley: University of California Press, 1999: 1–23.

[118] OI J C. The Role of the Local State in China's Transitional Economy [J] . The China Quarterly, 1995 (144) : 1132–1149.

[119] ONG L H. Between developmental and clientelist states: Local state–business relationships in China[J]. Comparative Politics, 2012, 44(2): 191–209.

[120] PARISH W L, MICHELSON E. Politics and Markets: Dual Transformations [J] . American Journal of Sociology, 1996, 101 (4) : 1042–1059.

[121] PARRIS K. Local Initiative and National Reform: The Wenzhou Model of Development [J] . The China Quarterly, 1993 (134) : 242–263.

[122] PEARSON M. China' s New Business Elite: The Political Consequences of Economic Reform [M] . Berkeley: University of

California Press, 1997.

[123] PENG Y. Wage Determination in Rural and Urban China: A Comparison of Public and Private Industrial Sectors [J] . American Sociological Review, 1992, 57 (2) : 198-213.

[124] PENG Y. Chinese villages and townships as industrial corporations: ownership, governance, and market discipline [J] . American Journal of Sociology, 2001, 106 (5) : 1338-1370.

[125] PENG Y. Kinship networks and entrepreneurs in China' s transitional economy [J] . American Journal of Sociology, 2004, 109 (5) : 1045-1074.

[126] PETERS B G. Institutional Theory in Political Science: The "New Institutionalism [M] . London: Pinter, 1999.

[127] POLANYI K. The Great Transformation: The Political and Economic Origins of our Time [M] . New York: Holt, Rinehart, 1944.

[128] Polanyi K. The Economy as Instituted Process [M] //Trade and Market in Early Empires: Economies in History and Theory. New York: Free Press, 1957: 271-306.

[129] QIAN Y, ROLAND G. Federalism and the soft budget constraint [J] . American economic review, 1998: 1143-1162.

[130] RENZULLI L, ALDRICH H E, MOODY J. Family matters: consequences of personal networks for business startup and survival [J] . Social Forces, 2000, 79 (2) : 523-546.

[131] REYNOLDS P D, WHITE S B. The Entrepreneurial Process: Economic Growth, Men, Women, and Minorities [M] . Westport, Conn.: Queorum Books, 1997.

[132] RITTBERGER V. Regime Theory and International Relations [M] . Oxford: Clarendon Press, 1993.

[133] ROBERTS B E. A Dead Senator Tells No Lies: Seniority and the

Distribution of Federal Benefits [J] . American Journal of Political Science，1990，34（1）：31–58.

[134] ROBINSON S L，BENNETT R. Workplace Deviance：Its Definition，its Manifestations，and its Causes [M] //Research on Negotiation in Organizations. Greenwich，Connecticut：JAI Press Inc.，1997：3–27.

[135] RONATAS A. The First Shall Be Last? Entrepreneurship and Communist Cadres in the Transition from Socialism [J] . American Journal of Sociology，1994，100（1）：40–69.

[136] ROSENBAUM J E. Tournament Mobility：Career Patterns in a Corporation [J] . Administrative Science Quarterly，1979，24（2）：220–241.

[137] SABIN L. New bosses in the workers' state：the growth of non–state sector employment in China [J] . The China Quarterly，1994，140：944–970.

[138] SCOTT J. Weapons of Weak：Everyday Forms of Peasant Resistance[M]. Yale：Yale University Press，1985.

[139] SELZNICK P. TVA and Grass Roots [M] . Berkeley：University of California Press，1949.

[140] SHEPPARD B H，LEWICKI R J，MINTON J W. Organizational Justice：The Search for Fairness in the Workplace [M] . New York：Lexington Book，1992.

[141] SHEPSLE K A. Institutional Equilibrium and Equilibrium Institution [M] //Political Science：The Science of Politics. New York：Aathon，1986.

[142] SILVERMAN D. The Theory of Organizations：A Sociological Framework [M] . New York：Basic Books，1971.

[143] SIMON H A. Administrative Behavior [M] . New York：Free Press，1957.

[144] SKOCPOL T. State and Social Revolutions [M]. Cambridge & New York: Cambridge University Press, 1979.

[145] SMART A. Gifts, Bribes, and Guanxi: A Reconsideration of Bourdieu's Social Capital [J]. Cultural Anthropology, 1993, 8 (3): 388-408.

[146] SOLINGER D J. Urban Entrepreneurs and the State: The Merger of State and Society [M] //State and Society in China: The Consequences of Reform. Boulder: Westview Press, 1992.

[147] STANISZKIS J. "Political capitalism" in Poland [J]. East European Politics and Societies, 1990, 5 (1): 127-141.

[148] STINCHCOMBE A. Social Structure and Organizations [M] //Handbook of Organizations. Chicago: Rand-McNally, 1965.

[149] STOEKER R. The Federated Frontstage Structure and Localized Movements: A Case Study of the Ceder-Riverside Neighborhood Movement [J]. Social Science Quarterly, 1993, 74: 169-184.

[150] SU J, HE J. Does giving lead to getting? Evidence from Chinese private enterprises [J]. Journal of business ethics, 2010, 93 (1): 73-90.

[151] SUMNER W G. Folkways [M]. Boston: Ginn & Co., 1906.

[152] SUN X, ZHU J, WU Y. Organizational Clientelism: An Analysis of Private Entrepreneurs in Chinese Local Legislatures [J]. Journal of East Asian Studies, 2014, 14 (1): 1-30.

[153] TARROW S. Power in Movement: Social Movement, Collective Action, and Politics [M]. Cambridge & New York: Cambridge University Press, 1994.

[154] THELEN K, STEINMO S. Historical Institutionalism in Comparative Politics [M] //Structuring Politics: Historical Institutionalism in Comparative Analysis. Cambridge & New York: Cambridge University Press, 1992.

[155] TILLY C. From Mobilization to Revolution [M]. New York: Random

House, 1978.

[156] TILLY C. The Contentious French [M]. Cambridge, MA: The Belknap Press of Harvard University Press, 1986.

[157] TOMBA L. Residential Space and Collective Interest Formation in Beijing\"s Housing Disputes [J]. The China Quarterly, 2005, 184(1): 934–951.

[158] TSAI K S. Adaptive Informal Institutions and Endogenous Institutional Change in China [J]. World Politics, 2006, 59 (1): 116–141.

[159] UNGER J. \"Bridges\": Private Business, the Chinese Government and the Rise of New Associations [J]. The China Quarterly, 1996 (147): 795–819.

[160] UNGER J, CHAN A. Inheritors of the Boom: Private Enterprise and the Role of Local Government in a Rural South China Township [J]. China Journal, 1999 (42): 45–74.

[161] VEN A H V D. The Institutional Theory of John R. Commons: A Review and Commentary [J]. The Academy of Management Review, 1993, 18 (1): 139–152.

[162] VAUGHAN D. Theory Elaboration: The Heuristics of Case Analysis [M] //What is a Case? Exploring the Foundations of Social Inquiry. Cambridge: Cambridge University Press, 1992.

[163] VEBLEN T. The limitations of marginal utility [J]. Journal of political Economy, 1909, 17 (9): 620–636.

[164] VEBLEN T B. The Place of Science in Modern Civilization and other Essays [M]. New York: Huebsch, 1919.

[165] WALDER A G. Organized Dependency and Cultures of Authority in Chinese Industry [J]. The Journal of Asian Studies, 1983, 43 (1): 51–76.

[166] Walder A G. Communist Neo–Traditionalism: Work and Authority in

Chinese industry [M] . Berkeley: University of California, 1986.

[167] WALDER A G. The decline of communist power: elements of a theory of institutional change [J] . Theory & Society, 1994, 23 (2) : 297–323.

[168] WALDER A G. China's Transitional Economy: Interpreting its Significance [J] . The China Quarterly, 1995 (144) : 963–979.

[169] WALDER A G. Local Governments as Industrial Firms: An Organizational Analysis of China\"s Transitional Economy [J] . American Journal of Sociology, 1995, 101 (2) : 263–301.

[170] WALTON J. Making the Theoretical Case [M] //What is a case? Exploring the Foundations of Social Inquiry. Cambridge: Cambridge University Press, 1992.

[171] WANG H, FENG J, LIU X, et al. What is the benefit of TMT' s governmental experience to private–owned enterprises? Evidence from China [J] . Asia Pacific Journal of Management, 2011, 28 (3) : 555–572.

[172] WANG S G. The Rise of Regions: Fiscal Reform and the Decline of Central State Capacity in China [M] //The wanging of the Communist State: Economic Origins of Political Decline in China and Hungary. Berkeley: University of California Press, 1995.

[173] WANK D L. Private Business, Bureaucracy, and Political Alliance in a Chinese City[J]. The Australian Journal of Chinese Affairs, 1995(33): 55–71.

[174] WANK D L. The Institutional Process of Market Clientelism: Guanxi and Private Business in a South China City [J] . The China Quarterly, 1996 (147) : 820–838.

[175] WANK D L. Producing Property Rights: Strategies, Networks, and Efficiency in Urban China' s Nonstate Firms [M] //Property Rights

and Economic Reform in China. California: Stanford University Press, 1999.

[176] WANK D L. Commodifying Communism: Business, Trust, and Politics in a Chinese City [M]. England: Cambridge University Press, 2001.

[177] Wank D L. Business-State Clientelism in China: Decline or Evolution? [M] //Social Connections in China: Institutions, Culture, and the Changing Nature of Guanxi. England: Cambridge University Press, 2002.

[178] WEITZMAN M L, XU C. Chinese township-village enterprises as vaguely defined cooperatives [J]. Journal of Comparative Economics, 1994, 18 (2): 121-145.

[179] WHYTE M K. The Social Roots of China's Economic Development [J]. The China Quarterly, 1995 (144): 999-1019.

[180] WHYTE K M. The Chinese Family and Economic Development: Obstacle or Engine? [J]. Economic Development and Cultural Change, 1996, 45 (1): 1-30.

[181] WHYTE M K, WILLIAM L P. Urban Life in Contemporary China [M]. Chicago: University of Chicago Press, 1984.

[182] WILLIAMSON O E. Markets and Hierarchies: Analysis and Antitrust Implications [M]. New York: Free Press, 1975.

[183] WILLIAMSON O E. The Economic Institutions of Capitalism [M]. New York: Free Press, 1985.

[184] WILLIAMSON O E. Comparative Economic Organization: The Analysis of Discrete Structural Alternatives [J]. Administrative Science Quarterly, 1991, 36: 269-296.

[185] WONG S L. The Chinese Family Firm: A Model [J]. The British Journal of Sociology, 1985, 36 (1): 58-72.

[186] WONG S L. The Applicability of Asian Family Values to other Sociocultural Setting [M] // Search of an East Asian Development Model. New Brunswick, NJ: Transaction Books, 1988.

[187] WONG S. Business networks, cultural values and the state in Hong Kong and Singapore [J]. Chinese Business Enterprise in Asia, 1995: 136-153.

[188] WOO W T. The Real Reasons for China\"s Growth [J]. The China Journal, 1999 (41): 115-137.

[189] PEARCE X J L. Guanxi: Connections as Substitutes for Formal Institutional Support [J]. The Academy of Management Journal, 1996, 39 (6): 1641-1658.

[190] YANG H X. Political Connection, Credit Rating and Bank Loans in Chinese Private Sector [C]. 2005.

[191] YOUNG S. Policy, Practice and the Private Sector in China [J]. The Australian Journal of Chinese Affairs, 1989 (21): 57-80.

[192] YOUNG S. Wealth but not Security: Attitudes Towards Private Business in China in the 1980s [J]. The Australian Journal of Chinese Affairs, 1991 (25): 115-137.

[193] ZHAO D. Ecologies of Social Movements: Student Mobilization during the 1989 Prodemocracy Movement in Beijing [J]. American Journal of Sociology, 1998, 103 (6): 1493-1529.

[194] ZHAO D. State - Society Relations and the Discourses and Activities of the 1989 Bejing Student Movement [J]. American Journal of Sociology, 2000, 105 (6): 1592-1632.

[195] ZHOU X, LI Q, CAI Z H. Embeddedness and Contractual Relationships in China\"s Transitional Economy [J]. American Sociological Review, 2003, 68 (1): 75-102.

[196] ZUCKER L G. The Role of Institutionalization in Cultural Persistence[J]. American Sociological Review, 1977, 42 (5): 726-743.

附录 1

共产党执政以来中国私营经济政策的演变及其机制

——基于分配冲突的视角

共产党自 1949 年在中国建立新政权以来，针对私营经济的政策从利用与限制，经改造与取缔，到默许与鼓励，经历了一个跌宕起伏的、艰难而复杂的演变过程。学界围绕中国私营经济的政策及其演变已展开过大量的研究：或直接呈现各时期的政策及其变迁（刘雪明，2001，2006；张远新，2003；王世勇、白贵，2004），或以论争的形式展现改革后政策的演变（郑红亮、吕建云，2008；张旭东，2008），或以某理论模型分析政策变迁的逻辑（邓宏图，2004；马若龙，2010），然而该领域的研究大多集中于前两种类型：限于描述各时期私营经济的政策及其演变，很少更进一步分析政策演变的动力机制。尽管已有个别研究尝试分析私营经济政策的演变机制，但其分析力度或解释效力仍不是很理想。例如，马若龙（2010）分析了意识形态与民营经济政策演变之间的关系，但其分析的抽象程度明显不够；邓宏图（2004）指出，不同类型（民营企业和国有企业）的资本总量及其边际产出效率从根本上决定了地方政府的意识形态偏好及由此而引发的（有关私营经济的）“政策导向”和政策本身，然后将该观点模型化，并用经验资料验证了其模型化的观点，但其研究似乎无法解释私营经济政策的原初性突破：私营经济几乎为零时，地方政府是如何产生对私营经济的意识形态偏好的？

中国的私营经济政策演变可归为政府主导的强制性制度变迁（林毅夫，1994；拉坦，1994），但并不意味着政府可以任意而为地制定、调整或废除某项私营经济政策。不管是民主政府、集权政府，还是介于两者之间的威权型政府，都嵌入在由它和其他利益集团所组成的场域中，其行为，亦包括制度行为，都是场域型构的结果，即政府与场域中的其他行动者之间利益博弈的结果。正是基于上述研究现状和理论思考，本文尝试用一种关涉政府与其他行动者持续互动的理论视角——分配冲突来分析中国私营经济政策的演变及其机制，以达致私营经济政策的演变历史与逻辑动力的统一。

一、分配冲突：制度变迁的动力机制

诺思（2008：3）指出，“制度是一个社会的博弈规则，或者更规范地说，它们是一些人为设计的、形塑人们互动关系的约束”。青木昌彦（2001：11））认为，制度是“关于博弈重复进行的主要方式的共有信念的自我维持系统”。社会学家弗里格斯坦（2001）则指出，制度是定义社会关系的规则和共享意义，它可以帮助定义在这些关系中谁占有什么位置，并通过提供给参与者认知框架和意义的集合来诠释他人行为。上述三种有代表性的制度定义都强调了，制度为行动者间的互动和博弈提供规则和框架。这些“规则”和“框架”之所以能成为互动和博弈的基础，是因为它们是“共享的”，背后蕴含着互动相关方所能接受的利益分配。正如有学者明确指出的，制度“决定了体制的产出及收入分配”（诺思，2003：231），或其本身即是“对全社会的价值做权威性的分配”（伊斯顿，1999：26）。

制度变迁的动力机制是什么呢？马克思认为，技术变化是制度变迁的原动力。技术变化导致生产工艺的进步，最终的结果是，由一个充满活力的新兴阶级去推翻现有的体制并创立一个该阶级能够把新技术的潜力转化为现实的新型产权形式（诺思，2003：67-68）。他非常经典地指出，“社会的物质生产力发展到一定的阶段，便同它们一直在其中运动的现存生产关系或财产关系（这只是生产关系的法律用语）发生矛盾。于是这些关系便由生产力的发展形式变成生产力的桎梏。那时社会革命的时代就到来了。随着经济基础的变更，全部庞大的上层建筑也或慢或快地发生变革”。（马克思、恩格斯，1995：32–33）。诺思则认为，制度变迁的源泉是变化着的相对价格与偏好。“一种相对价格的变化使交换的一方或双方（不论是政治的还是经济的）感知到：改变协定或契约将能使一方甚至双方的处境得到改善，因此，就契约进行再次协商的企图就出现了。然而，契约是嵌套于规则的料层结构之中的，如果不能重构一套更高层面的规则（或违反一些行为规范），再协商或许就无法进行。在此情况下，有希望改进自身谈判地位的一方就极有可能投入资源去重构更高层面的规则。”（诺思，2008：119）在这里，马克思和诺思的制度变迁理论都注意到了，生产力的发展或由其引起的相对价格的变化导致其内嵌于其中的制度的相关行动者的力量对比和谈判地位发生变化，从而引致决定相关行动者利益分配的制度的变迁。

奈特（Jack Knight）承续了马克思和诺思的制度变迁理论，并将其有关相关行动者的力量变化引致制度变迁的思想进一步明确化，建构了一个有关制度变迁的“分配冲突”模型。和多数制度理论家一样，奈特也认为，制度是行动者之间博弈互动、讨价还价的结果。他同时将理性选择学说引入到有关制度的形成与变迁的分析中；在理性选择学说中，每个行动者都是追求自身利益最大化的理性人，由此也决定了利益分配的冲突性（奈特，2009：16）。基于此，奈特提出了有关制度分配功能的基本命题：构成社会生活框架的各种经济、政治制度能极大地影响一个社会中经济和政治成就的基本分配（奈特，2009：27），决定具有社会产出特性的福利分配（奈特，2009：88）。在博弈互动中，作为理性行动者的制度关涉方都将偏好并且做出那些在分配上对其有利的制度安排，追求分配优势是理性行为的逻辑要求（奈特，2009：128）。各制度关涉方的力量（与自身拥有的资源或与影响一个人可行配置的能力有关）可能是不均衡的，其在博弈中讨价还价的能力也可能是不对等的，由此决定了制度的分配结果偏向具有优势地位的协议方。而正是各制度关涉方相对力量的变化，从根本上促成了制度的变迁。这种变化的发生则更多的是由具体社会制度之外控制资源力量的变化（即整个社会内系统性的变化）所引致的；其自身也可发生变化，因为那些控制较少资源的一方也能够影响较强大的一方可得的其他选择（奈特，2009：151）。综合上述命题或观点，奈特指出，社会制度是某些人限制他们互动对方的行为的产物，而不是努力约束作为总的社会行动者的产物；社会制度变迁不是集体利益的帕累托最优结果，而是分配利益冲突的副产品（奈特，2009：18–19）；追求分配优势的各制度关涉方相对力量关系的变化是制度变迁的根本动力。

本文尝试采用奈特有关制度变迁的分配冲突理论来解释中国私营经济的政策演变。中国私营经济政策是处于执政地位的共产党和政府通过会议文本和颁布法令的方式制定的，有时也以党和政府最高领导人讲话的形式呈现出来。党和政府主导或其在政策制定和调整过程中拥有绝对的权力，并不意味着不受其所处的结构或场域的制约。私营经济政策的制定和变革是在由政府、公有经济部门（包括国有经济和集体经济）和私营经济部门（包括私营经济、个体经济和其他非公有制经济）构成的关系结构或场域中进行的。在这一关系结构中，公有经济部门和私营经济部门各自为政府提供税收和政治支持（合法性），政府则为两者提供秩序和保护（可以是积极的政策支持，也可以是消极的政策打压），公有经济部门和私营经济部门之间也有着持续的资源交换；作为理性行动者，政府、公有经济部门和私营经济部门都竭力追求自身利益的最大化，寻求能给予自己最大利益份额的政策安排。在中国不同的历史时期，三者的力量对比关系是不同的，从而使得私营经济政策在不同时期也呈现出差异，甚至在特定历史时段呈现出根本性的对立。在私营经济政策的演变中，私营经济部门与公有经济部门、私营经济部门与政府这两对关系之间的力量对比处于核心地位，是这两大力量对比关系共同决定了政府对私营经济的政策取向及其演变。在这里，力量不只是由现实的资源所决定的；社会交换理论指出，若交换关系表现为 B 对 A 的依赖，则 A 对 B 就拥有权力优势（特纳，2001：297），即非均衡交换或单边依赖也赋予被依赖的行动者一种现实的或潜在的影响力和讨价还价的能力。上述有关私营经济政策形成及演变的机制可简要地表示为图 1。

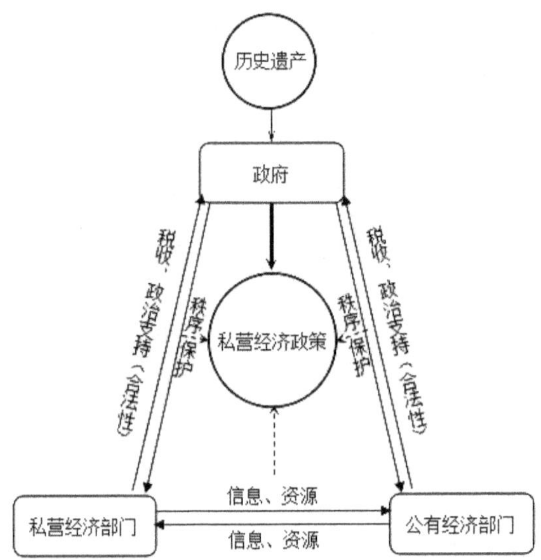

图 1　私营经济政策形成及演变的机制

下面，我们尝试运用分配冲突理论具体解析共产党执政后中国私营经济政策演变过程中几个关键的方向性转变及其动力机制。

二、扶持、利用与限制（1949-1952）：私营经济拥有一定隐性谈判权

共产党于 1949 年 10 月在中国建立新政权之后，其领导的新政府在与国内其他政治、经济和社会势力所构成的关系结构中已具有压倒一切的绝对优势。作为旧政权经济基础的私营经济及其代理人随着蒋介石政权的解体已完全丧失了与共产党政府进行讨价还价的军事政治基础，只能被动或主动地接受后者的政治管控和领导。然而，这一宏观的政治格局并不能完全代替新政府与私营经济部门，以及私营经济部门与公有经济部门之间的微妙关系及由此而形成的力量对比关系。

从私营经济部门与公有经济部门之间的力量对比关系看，私营经济相对于后者仍具有绝对优势。1949 年的统计数据表明，在工业总产值中，国家所有制经济为 36.8 亿元，集体所有制经济为 0.7 亿元，公私合营经济为 2.2 亿元，私营经济为 68.3 亿元，个体手工业经济为 32.2 亿元，其所占比例分

别为 26.2%、0.5%、1.6%、48.7% 和 23%（吴承明、董志凯，2001：282-283）；其中，国家所有制、集体所有制和公私合营等三类经济可归为公有经济，私营和个体手工业则可归为私营经济，后者所占比例为 71.7%，是前者的 2.5 倍多。这些数字不只是一组简单的经济数据，还有着深刻的社会政治意涵：工业总产值的 71.7% 代表的是近 3/4 的就业岗位和与之相关的社会稳定。

从新政府与私营经济部门的关系看，新政府在战后经济重建中对后者存在一定的依赖性。在建立新政权之前，共产党为了动员处于社会下层的工人和农民积极参与革命，曾向他们承诺：革命胜利后将在中国建立一个"消灭剥削、消灭压迫""人民当家做主""人人平等"的新社会。革命胜利之后，共产党为了继续争取革命群众的政治支持，巩固新政权的政治基础，必须向他们兑现革命前的承诺，但政治承诺的兑现需要有步骤的进行。此时需要最优先考虑的一步是，迅速恢复和重建长期遭受战争破坏、几陷瘫痪的经济秩序，让饱受战乱之苦的民众解决民生问题，为政治承诺的最终兑现奠定稳固的经济基础。而共产党领导人也清楚地认识到自己在经济建设与管理方面的短板：那些在革命和战争中成长起来的共产党干部不熟悉经济工作。让他们直接接管那些旧政权遗留下来的私营企业显然是一种极不负责的鲁莽行为，很有可能因其不擅长经济管理而导致企业经营不善、甚或破产，紧接着的是大量员工失业，从而恶化社会矛盾，危及新政权的经济政治基础。因此，为了增加工业品的供给、扩大商品流通、提供就业机会，以及培训技术工人和管理人员，从而重建战后经济新秩序，新政府需要争取绝大多数私营企业家（民族资本家）的支持，充分发挥和利用他们在经济管理方面（资本、技术、管理和国内外关系）的才能和优势。

私营经济部门的经济优势及新政府在战后经济恢复和重建中对它及作为其人格化主体的私营企业家的一定程度的依赖，赋予了私营经济部门在与新政府的隐性谈判中一定的讨价还价的能力，从而影响新政府有关私营经济的政策偏好，对私营经济采取一种比较宽容和克制的态度与政策：扶持、利用与限制。在新政权建立前夕（1949 年 9 月 29 日）通过的具有临时宪法作用的《共同纲领》明确指出：“凡有利于国计民生的私营经济事业，人民政府应鼓励其经营的积极性，并扶持其发展。”（中共中央文献研究室，1991：8）毛泽东在1950年6月召开的中共七届三中全会的讲话中指出，“要在工人阶级的领导下，以工农联盟为基础，把小资产阶级、民族资产阶级团结起来。民族资产阶级将来是要消灭的，但是现在要把他们团结在我们身边，不要推开他们。我们一方面要同他们做斗争，另一方面要团结他们”；“我们一定要做好工作，使工人、农民、小手工业者都拥护我们，使民族资产阶级和知识分子中的绝大多数不反对我们”（毛泽东，1977：23）。

这一时期，新政府颁布和实施了一些行政法规和法令，以鼓励和扶持有利于国计民生的私营企业。例如，1950年12月29日通过了《私营企业暂行条例》，其中第8条规定，“企业的财产和营业受充分的保护，经营管理权属于投资人；但与劳资双方利益有关者，应由劳资协商会议或劳资双方协商解决之”。第9条规定，“企业经营的业务，如应国家迫切需要，或在技术上有重大改进或发明，而在短期内不能获利者，得经政务院财政经济委员会核准，在一定时期内予以减税或免税优待”（中国社会科学院、中央档案馆，1993：571）。新政府还适时地利用税收杠杆调控私营经济，例如，采用较高的税率和征收滞纳金（1950年3月）、降低税率和简化税种（1950年6月）、简化税制和“公私一律”（1952年下半年）（吴承明、董志凯，2001：280），为私营经济走出困境和健康发展提供了政策助力。另外，新政府也颁布和实施了一些法令，如《关于取缔投机商业的几项指示》（1950年11月14日），采取了一些针对不法资产阶级分子的政策性行动，如“五反”运动，以限制私营经济中不利于国计民生的消极因素（吴承明、董志凯，2001：279）；同时，新政府还规定了私营经济的经营范围，并逐渐将其纳入国家计划的轨道。毛泽东指出，“在国家划定的范围内，发展私人工业（只要资本家愿意和合乎共同纲领），逐步缩小私人商业；国家逐年增加对私营产品的包销计划，逐年增加对私营工商业的计划性”（毛泽东，1977：58）。这些政策的成功实施对恢复旧政权留下的千疮百孔、几乎崩溃的经济，重建新中国成立初期的经济秩序，具有重大的意义。

上述有关私营经济政策的简要梳理显示，共产党领导的新政府在1949—1952年间对私营经济采取了比较温和、宽容和克制的政策：一方面是扶持和鼓励私营经济的发展，以利用其于国计民生有利的因素，如私营经济及私营企业家在人才、技术和管理经验方面的优势及其对国民经济恢复和社会稳定的重大意义；另一方面是限制其不利于国计民生的消极因素，如行贿、偷税漏税、盗骗国家财产、偷工减料、窃取国家经济情报等“五反”对象及其他不利因素。这一时期，新政府对私营经济的宽容性政策不是其关爱、仁慈的结果，而是私营经济、公有经济和新政府之间力量对比和博弈的产物。“扶持和鼓励”是因为新政府此时对私营经济仍有较大的依赖性，从而赋予了后者较大的隐性谈判权；“限制”是因为新政府拥有私营经济部门无法对抗的强大的政权力量，有能力对后者加以限制，使其按预设的方向存在和发展。

三、从改造到取缔（1953—1977年）：私营经济开始丧失隐性谈判权

“扶持、利用与限制”的民营经济政策被推行三年后，国民经济得到迅速恢复和发展，经济产权结构也开始发生根本性变化，具体数据见表1。

表1 1950—1952年国家财政分产权类型收入 单位：亿元

年份	合计	公有经济				私有经济			
		国营经济	公私合营	集体经济	小计	私营经济	个体经济	其他	小计
一、绝对值									
1950	65.19	21.75	0.27	0.19	22.21	19.67	22.51	0.80	42.98
1951	124.97	59.74	1.03	0.61	61.38	34.97	27.15	1.47	63.59
1952	173.94	101.01	1.91	2.09	105.01	34.18	33.03	1.72	68.93
二、比重(%)									
1950	100	33.36	0.42	0.29	34.07	30.17	34.53	1.23	65.93
1951	100	47.81	0.82	0.49	49.12	27.98	21.72	1.18	50.88
1952	100	58.07	1.09	1.21	60.37	19.65	18.98	1.00	39.63

资料来源：国家统计局：《中国统计年鉴（1993）》，中国统计出版社1993年版，第218页。

表1显示，在1950—1952年的三年间，不管是包括国营经济、公私合营经济和集体经济的公有经济，还是包括私营经济、个体经济及其他经济的私有经济，其财政收入总量都有较大增长。国家财政总收入从1950年的65.19亿元增加到1952年的173.94亿元，公有经济和私有经济的财政收入总量分别从1950年的22.21亿元和42.98亿元增加到1952年的105.01亿元和68.93亿元。然而，在国家财政收入总量中，不同产权类型的财政经济收入之间的比例则在三年间发生了近乎颠覆性的变化。公有经济在国家财政收入总量中所占的比重由1950年的22.21%迅速增加到1952年的60.37%，而私有经济所占的比重则由1950年的65.93%急剧下降到1952年39.63%。公有经济与私有经济的力量对比关系已发生了根本性的逆转：在经济场域中，由私有经济占支配地位开始转变为公有经济占主导地位。

从政府与私有经济部门的关系看，政府在国民经济恢复后对后者的依赖已大大减少。前文已分析到，在革命期间，共产党与工农大众之间建立一个隐性契约：只要工农大众跟着共产党积极革命，共产党承诺革命成功后在中国建立一个“没有剥削和压迫”“人们当家做主”“人人平等”的社会主义国家。按照当时的理解，私有制是剥削和压迫的根源；要消灭剥削和压迫，实现人民当家做主和人人平等的社会主义，就需要首先废除私有制，建立公有制。也就是说，公有制是社会主义的根本性特征，社会主义公有制的表现形式是全民所有制和集体所有制（汝信、易克信，1988：110）。革命胜利后，共产党一直没有忘记其之前的政治承诺，它非常清楚：工农阶级的支持与忠诚是其所领导的政府取得合法性的重要基础。共产党政府对上述传统社会主义意识形态的信仰和追求使其对公有制及作为其在经济领域的表现形式的公有经济有一种根深蒂固的偏爱。三年经济恢复时期，政府有关私有经济的宽容政策并不意味着其对公有经济的疏远和冷落，而只是一种基于力量相对关系的权宜性选择，即用快速公有化的马克思主义目标与在一定时期内对私人利润的容忍进行交换，以争取私营企业家的最初支持（Ecklund，1963）。共产党政权建立（或宽容的私营经济政策推行）三年之后，国民经济已得到迅速恢复，并开始稳步发展，共产党干部已逐渐熟悉和适应经济管理工作，公有经济在国民经济中已占多数。这一系列变化使共产党政府大大减少了对私有经济的依赖，从而也大大削减了私有经济在与政府关系中的隐性谈判权。

公有经济在经济领域中的主导地位的获得，为共产党政府的社会主义意识形态诉求提供了坚实的物质助力，同时也从根基上消解了政府对私有经济的依赖，逆转了私有经济曾经拥有的隐性谈判权，从而使政府有关私营经济的政策开始发生微妙的，进而是根本性的变化：由“扶持、利用与限制”转变为“利用、限制与改造”，最后是“彻底根除”私有经济的残余。1953 年 6 月，中共中央政治局会议讨论通过了《关于利用、限制、改造资本主义工商业的若干问题》的文件；同年 9 月公布的《过渡时期总路线》指出，“从中华人民共和国成立，到社会主义改造基本完成，这是一个过渡时期。党在这个过渡时期的总路线和总任务，是要在一个相当长的时期内，逐步实现国家的社会主义工业化，并逐步实现国家对农业、手工业和资本主义的社会主义改造”（中共中央文献研究室，1993：700–701）；1954 年 9 月 20 日由第一届全国人大通过的《中华人民共和国宪法》更是明确地规定，“国家对资本主义工商业采取利用、限制和改造的政策。国家通过国家行政机关的管理、国营经济的领导和工人群众的监督，利用资本主义工商业的有利于国计民生的积极作用，限制它们不利于国计民生的消极作用，鼓励和指导它们转变为各种不同形式的国家资本主义经济，逐步以全民所有制代替资本家所有制”（董志凯、武力，2011：251）。

过渡时期总路线的顺利执行，特别是从 1955 年 5 月到 10 月由毛泽东发动的农业合作化运动的成功，为加速对资本主义工商业的改造创造了条件。毛泽东指出：“我在三中全会说过，不要四面出击。因为那时全国大片地方没有实行土改，农民还没有完全站到我们这边来。土地改革，使我们在民主主义的基础上同农民结成了联盟，使资产阶级第一次感到了孤立。现在的农业合作化使我们在无产阶级社会主义的基础上，而不是资产阶级民主主义的基础上，巩固了同农民的联盟。这就会使资产阶级最后地孤立起来，便于最后消灭资本主义。”（薄一波，1991：407）同年 10 月由毛泽东起草的《中共中央关于资本主义工商业改造问题的决议》指出："我们现在已经有了充分的条件和完全的必要把对资本主义工商业的改造工作推进到一个新的阶段，即从原来在私营企业中所实行的由国家加工订货、为国家经销代理和个别地实行公私合营的阶段，从原来主要的是国家资本主义的初级阶段推进到主要的是国家资本主义的高级阶段。"（薄一波，1991：407–408）上述有关私有经济的政策性讲话和文件非常直接和明白地表明，对私有经济（资本主义工商业）的改造性政策是共产党领导的政府与私有经济之间的力量对比关系及其变化决定的。

经过四年对资本主义的社会主义改造后，个体经济和私营（资本主义）经济在国民收入中比重已分别仅为3%和0.1%（1957年）（沙建孙，2005：538），其在与公有经济和以之为基础的共产党政府之间的力量对比中，已经是微不足道了。在之后的十年，共产党政府有关私营经济的政策是在社会主义意识形态的诉求中继续改造和根除私有经济的残余。例如，1958年4月，中共中央发出的《关于继续加强对残存的私营工业、个体手工业和对小商小贩进行社会主义改造的指示》明确指出，要继续加强"对资本主义自发势力的斗争"，并严格规定：对资本主义性质的工业，原则上不允许继续存在；对个体手工业户，除不适合组织集体生产的某些特种手工业品允许继续进行个体生产外，都要组织他们加入手工业合作社；对小商小贩，要把他们组成合作小组、合作商店或者使他们成为国营商业的代购和代销人员（应克复、孙建昌，1993：179）。1966年9月，中共中央再次强调，小商小贩"必须接受国家的管理和群众的监督，不许搞投机倒把。大量的小商小贩应当为国营商店代购代销"（中华全国手工业合作总社等，1994：455）。1970年初，中共中央连续发出了两项指示：《关于打击反革命破坏活动的指示》和《关于反对贪污盗窃、投机倒把的指示》。这两个指示声明：一切地下工厂、地下商店、地下包工队、地下运输队、地下俱乐部，必须坚决取缔（刘雪明，2006）。这些政策尽管在1957—1976年的十年间有所反复和调整，但总体趋势基本未变，使私营经济至1976年底在中国已经绝迹，个体经济也几乎到了灭绝的边缘，全国城镇个体工商户只剩下19万人（张厚义等，1999：92）。

四、从默许到鼓励（1978以后）：私营经济重获隐性谈判权及现实影响力渐强

自资本主义工商业的社会主义改造完成后，公有经济“大一统”的产权格局在中国大陆已基本形成。在之后的二十年，“大跃进”“人民公社运动”和“文化大革命”等狂热追求“一大二公”的政策性运动给中国经济的发展和城乡居民的生活造成了灾难性的后果：在“文革”十年间，工农业经济效益全面下降（国有工业企业亏损面迅速增加，例如，1976年亏损面达31.5%，亏损额达76.9亿元）、城市居民消费水平呈下降趋势（1966—1976年间，全民所有制职工的平均货币工资从636元下降到605元，下降了4.9%）、与发达国家经济水平差距进一步扩大（董辅礽，1999：576-583），使曾经对未来抱有美好愿景的工农大众开始对“社会主义”产生怀疑：社会主义等于贫穷落后吗？这种意识形态质疑后面还隐含着另一种可怕的不信任：共产党能带领广大人民群众走向富强吗？

另外，1970年代后期，全国有1000多万名在“文革”期间上山下乡的知识青年开始返回城镇，他们当中相当一部分人找不到工作，成为城市待业青年；与此同时，城市每年不断出现的几百万中学毕业生，也不能充分就业。1979年我国要求就业的人数达1538万，占城镇人口的8%，待业率达5.9%（董辅礽，1999：413）。这1000多万劳动力能否正常就业不仅关系到社会的稳定与和谐，而且考验着共产党的执政能力和执政基础。

在该种形势下，共产党政府需要考虑的首要问题是：如何再次赢得广大人民群众的信任，重建政权的合法性基础？要获得公众的信任、重塑政权的合法性，首先要解决上千万城镇待业人员的就业问题、解决广大工农群众的脱贫致富问题。显然，亏损面日渐扩大的国有企业和生产效率极为低下的过密型农业经济，不可能吸纳数量庞大的城镇待业人口和农村剩余劳动力，也无法让广大工农群众摆脱贫穷、走向富裕。改革“一大二公”的单一产权体制、拓宽就业渠道已经成为致力于重塑政权合法性的共产党

政府的必然选择。公有产权体制的变革意味着打破公有制“大一统”的产权格局，纳入非公有产权成分。也就是说，共产党政府需要借助个体私营经济的发展，来拓宽就业渠道、激发劳动者的生产积极性，从而让国民在经济发展的条件下逐渐摆脱贫穷、走向富裕，并最终提高公信力、重塑政权的合法性基础。共产党政府对个体私营经济的这种依赖使后者获得了一定的隐性谈判权，从而导致自 1957 年开始推行的针对私营经济的由限制到取缔的抑制型政策的废除和由默许到鼓励的积极型政策的产生。

政府一开始只是承认和支持个体经济的存在和发展，并对其生产规模有明确的限制。例如，1979 年 2 月，国家工商行政管理局提出并经党中央、国务院批转的报告指出：“各地可以根据当地市场需要，在取得有关业务主管部门同意后，批准一些有正式户口的闲散劳动力从事修理、服务和手工业等个体劳动，但不准雇工。”（黄孟复，2010：211）随着个体经济的发展，政府逐渐放宽了对个体经济从业人员和雇工数目的限制。国务院在 1981 年 7 月发出的《关于城镇非农业个体经济若干政策性规定》中指出：“个体经营户，一般是一人经营或家庭经营；必要时，经过工商行政管理部门批准，可以请一至两个帮手；技术性较强或者有特殊技艺的，可以带两三个最多不超过五个学徒。”（黄孟复，2010：211）不久，个体经济的性质和地位在 1982 年宪法修正案中得到正式确认。“在法律范围内的城乡劳动者个体经济，是社会主义公有制经济的补充。国家保护个体经济的合法权利和利益”。（中华全国工商业联合会信息中心，1999：103）个体经济一经政府承认，就在一种自发的逐利动机的驱使下极尽可能地扩张和发展，雇工现象大量涌现，不少个体户的雇工人数大大突破了政策限定。政府针对这一现象采取的是“看一看、等一等”（“wait and see”policy）（Susan，1989）的默许性政策。例如，邓小平在 1984 年 10 月谈到当时轰动一时的“傻子瓜子”雇工问题时说：“还有的事情用不着急于解决。前些时候那个雇工问题，相当震动呀，大家担心得不得了。我的意见是放两年再看。”（邓小平，1997：91）

在这种政策性默许下，雇工问题开始被淡化，个体经济获得了迅猛发展，它与公有经济之间的力量对比关系也逐渐发生有利于自己的变化，如图 2 所示，个体经济、集体经济和国有经济在全国固定资产投资总值中所占的比例分别从 1980 年的 13.6%、5.05% 和 81.89% 变为 1987 年的 20.81%、14.43% 和 64.58%。如果考虑到个体经济中的“戴红帽子”现象，实际的个体经济固定资产投资比例估计已超过 25%。也正是基于上述相对力量关系的变化，政府在 1988 年进一步放松了对个体经济雇工规模的政策限制，以宪法的形式确认了私营经济的性质和地位：私营经济是社会主义公有制经济的补充，对其采取“引导、监督和管理”的政策方针。至此，在政府重塑政权合法性的诉求下，私营经济被取缔三十年后再次获得了合法地位。

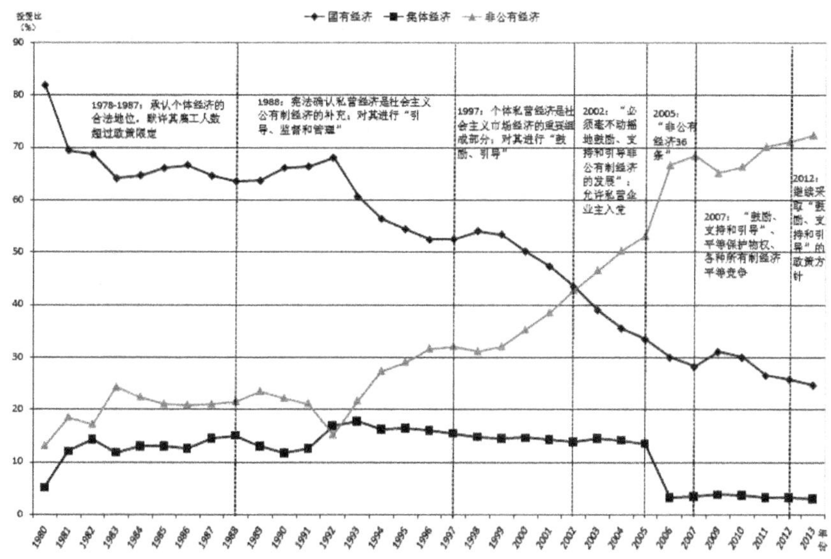

图 2　不同产权经济成分固定资产投资结构的变化与私营经济政策的演变

资料来源：国家统计局：《中国统计年鉴（1997）》，中国统计出版社 1998 年版；国家统计局：《中国统计年鉴（2004）》，中国统计出版社 2005 年版；国家统计局：《中国统计年鉴（2014）》，中国统计出版社 2015 年版。

注：1980—1992 年的非公有经济固定资产投资值只有个体经济的数据，1993—2013 年的非公有经济固定资产投资值包含个体经济和国有、集体以外的其他经济成分的数据。

自 1988 年以来的二十多年中，包括私营经济、个体经济和其他非公有经济在内的民/私营经济得到迅猛发展，其与公有经济（尤其是国有经济）之间的力量对比关系也一直沿着有利于自己的方向发展。也是在这一时期，共产党对社会主义的认识开始摆脱传统的教条主义，日渐走向科学和深刻。邓小平指出："社会主义的本质，是解放生产力，发展生产力，消灭剥削，消除两极分化，最终达到共同富裕。"（邓小平，1997：372）共产党及其政府有关社会主义认识的这一根本性转变为该时期发展主义改革路线的最终形成奠定了坚实的政治基础，也赋予了私营经济部门更多的隐性的甚或现实的谈判权。另外，私营经济迅猛发展的同时，作为其人格化主体的私营企业家开始积极、主动地参与政治，例如，担任各级人大代表和政协委员，甚至直接到党政部门任职。这样，他们能够利用其在政府部门的行政权力和影响力制定和执行有利于私营经济发展的制度和政策（Hong，2004）。也正因为如此，自 20 世纪 90 年代以来，政府有关私营经济的政策开始越来越宽松和积极：由"看一看、等一等"和"引导、监督和管理"向"鼓励、引导"和"鼓励、支持和引导"演变。如图 2 所示，1996 年，私营经济、集体经济和国有经济的固定资产投资所占比例分别为 31.67%、15.94% 和 52.39%。与 1987 年相比，私营经济与公有经济之间的相对力量关系又朝前者有利的方向迈进了一大步，因此共产党于第二年的"十五大"提出了"个体私营经济是社会主义市场经济的重要组成部分"这一具有历史性转变的论断，并将"引导、监督和管理"的政策方针调整为"鼓励和引导"。到 2001 年底，私营经济的固定资产投资比上升到 38.51%，而国有经济和集体经济的固定资产投资比则分别降到 47.31% 和 14.18%，共产党紧接着在第二年的"十六大"明确了"必须毫不动摇地鼓励、支持和引导非公有制经济的发展"的政策方针。到 2004 年底，私营经济的固定资产投资比进一步上升到 50.35%，而国有经济和集体经济的固定资产投资比则分别降到 33.42% 和 13.48%，政府则于第二年发布了《关于鼓励支持和引导个体私营等非公有制经济发展的若干意见》，即"非公有经济 36 条"，全面放开了私营经济的准入门槛。党的"十七大"和"十八大"对私营经济继续采取积极的鼓励型政策。

五、小结与讨论

基于奈特的分配冲突理论，本文鸟瞰式地考察了共产党执政后中国私营经济政策的演变过程及其动力机制。结果表明，私营经济政策经历了由“扶持、利用与限制”，经“改造与取缔”，到“默许与鼓励”这样一个“肯定—否定—再肯定”的复杂而充满矛盾的变革过程；这一极富革命性的政策演变并非共产党政府“唯意志”的结果，而是作为理性行动者的政府及公有经济部门与私营经济部门之间相对力量关系变化的产物。

针对上述研究结论，另有如下方面值得进一步讨论：

萧功秦指出，转型期的中国是一个新威权主义国家，政府的集权化程度依然很高（萧功秦，2014）。在这一政治体制下，私营经济政策是政府主导下的力量不对等的各方相互博弈的结果，但在其演变的不同阶段，政策关涉方的博弈关系是有所差异的：在第一、二阶段及第三阶段的早期，私营经济部门与政府之间只能说是一种隐性的博弈关系，或者说是一种完全由政府控制、私营经济部门仅能被动“应声”的非充分的博弈关系，私营经济部门的力量也只是政府意识形态走向的一个因变量；步入1990年以后，私营经济部门与政府之间开始了真正的博弈，前者随着自身实力的增强在与政府的博弈关系中日益变得积极主动，通过各种方式影响私营经济政策的走向，使其在经历一个适应性非正式制度（adaptive informal institutions）（Tsai，2006）的过程中不断朝着更有利于自身生存和发展的方向演进。

制度演进不是抽象行动者之间理性博弈的结果，作为理性行动者的政府、私营经济部门和公有经济部门都是具体的、历史的。历史遗产（革命时期的隐性契约）、现实情境（经济恢复、就业压力）和意识形态诉求（对社会主义的追求、基于社会主义本质新认识的发展主义取向）作为具体的、历史的因素时刻影响着上述制度关涉方（行动者）之间的力量对比关系，从而影响政府对私营经济的政策取向及政策本身。历史视角的引入使我们可以运用分配冲突理论逻辑一贯地解释共产党执政以来的私营经济政策演进，而不只仅限于某一历史片段的政策演进：既可以解释私营经济政策的原初性创新，也可以解释既定路径依赖下的政策演变。

另外，制度关涉方相对力量关系的变化与制度演变之间是一个不断互动的过程。从制度演变的连续体来看，制度关涉方相对力量关系的变化是制度演变的动力机制；但在这一连续体的特定时段，制度的变化反过来又会影响制度关涉方相对力量关系的变化，两者在不断互动中循环式地螺旋演进。例如，私营经济部门与政府及公有经济部门之间相对力量关系的变化从根本上决定了私营经济政策的演变，而私营经济政策的变化反过来又影响着前者之间的力量对比及其变化。然而，政策关涉方相对力量关系的方向性转变及随之而来的相关政策的革命性变化，则根源于更为宏观的结构中某些因素的根本性变化（如前文分析中意识形态诉求的转变）或政策生成场域中某些因素在偶然情境下的微妙变化。

附录 2

问卷编号

民营企业家调查问卷

企业家朋友，您好！

我们正在做一项有关民营企业家被侵权－维权的问卷调查，旨在了解民营企业家的合法权益是否遭受过侵害，如果遭受过侵害，那遭受过一些什么样的侵害，又采取过何种方式维护自己合法的权益，其被侵权－维权行为背后的逻辑又是什么，以便为党和政府进一步改善民营经济发展的制度环境和市场环境，更好地维护民营企业家的合法权益，提供有益的政策建议。因此，为了保证调查结果的真实性和有效性，恳请您能根据真实情况给予回答。非常感谢！

本次调查采取无记名的方式进行，您对所有问题的回答都没有正确与错误之分，您可无需顾忌地按照自己的实际情况和真实想法进行回答。对多数问题，您只需在符合自己情况或想法的答案前的序号上打√；对于表格题，大题目下的所有小题项共用一套答案，请您在相应小题项后与符合您实际情况或想法的答案相对的序号上打√；对个别问题，则请你在下划线“____”上填写符合您真实情况的信息。

我们将对您在调查中提供的各项数据严格保密，保证不向外泄露您个人或企业的任何信息。所有调查得到的信息只用于综合的统计分析和撰写研究报告。只有研究人员才能看到调查问卷的具体内容，其他任何人，包括部门领导和您的同行都不会看到您的调查记录。是否参与该项调查研究完全是基于自愿的原则，但我们真诚地希望您参与该项调查。您的积极支持与合作将大大丰富我们的研究结果。如果您对问卷有任何疑问，请您和我们及时联系！

非常感谢您的贡献和合作！

湖南师范大学

湖南省工商业联合会

2010 年 8 月

访问员姓名：__________ 联系电话：__________

调查地点：

__________省 / 直辖市

__________地区 / 地级市

__________县 / 县级市 /（市的）区

__________街道 / 镇

__________居委会 / 村

访问时间：_____年_____月_____日

A. 背景信息

A1. 您的性别是　1）男　　2）女

A2. 您出生于______年______月。

A3. 您的婚姻状况是

1）已婚　　2）单身　　3）离异或分居

A4a. 您的文化程度是______

1）小学及以下　2）初中　3）高中　4）中专

5）职业高中　6）技校　7）大专　8）本科

9）硕士研究生　10）博士研究生

A4b. 如果您的文化程度是大专及以上，请说明专业方向

1）理科　2）工科　3）文史哲　4）医学

5）政治　6）社会学　7）心理学　8）经济学

9）管理学　10）法学　11）其他（请说明）

A5. 您是否接受过，或正在接受正规的工商管理教育（MBA）？

1）是　　2）否

A6. 您是否参加过经济管理、领导才能之类的商业培训？

1）是　　2）否

A7a. 您是否在国外学习或工作过？

1）是，多长时间　2）否

A7b. 您去过国外吗（比如，出国考察、交流）？

1）出去过　　2）没出去过

A8. 您的外语水平

1）不会外语

2）看得懂但不会说一门外语（能阅读但难以口头交流）

3）看得懂且也会说一门外语（能阅读也能口头交流）

4）看得懂且也会说两门以上外语

A9a. 您的政治面貌是（如是中共党员或民主党派，请注明入党时间）

1）中共党员（入党时间______年______月）

2）民主党派（加入时间______年______月）

3）共青团员

4）群众

A9b. 如果您还没有加入共产党和民主党派

A9b1. 是否希望加入共产党　　1）是　　2）不是　　3）说不清

A9b2. 是否希望加入民主党派　　1）是　　2）不是　　3）说不清

A10a. 您是否是人大代表？

1）不是　　2）乡镇一级　　3）县区一级

4）地市一级　　5）省级　　6）全国

A10b. 如果您在人大担任职务，最高职务是（回答哪一级的职务时，请在 A10a 题所提供的类别中选一个序号）

1）主任（哪一级的？______）

2）副主任（哪一级的？______）

3）常委（哪一级的？______）

4）不担任人大职务

A11a. 您是否是政协委员？

1）不是　　2）乡镇一级　　3）县区一级

4）地市一级　　5）省级　　6）全国

A11b. 如果您在政协担任职务，最高职务是（回答哪一级的职务时，请在 A11a 题所提供的类别中选一个序号）

1）主任（哪一级的？______）

2）副主任（哪一级的？______）

3）常委（哪一级的？______）

4）不担任政协职务

A12a. 您是否参加了政府部门主管的行业协会?

1）参加了　　2）没参加

A12b. 您是不是工商联的会员?

1）是　　2）不是

A12c. 如果您是工商联会员，那您在工商联担任什么职务?

1）会长 / 主席　　2）副会长 / 副主席　　3）常委

4）执委　　5）不担任　　6）其他（请注明）

A12d. 如果您在工商联担任职务，请问是哪一级的?

1）省级　　2）地市级　　3）县市（区）级

A13. 您去年全年的总收入（包括企业的年薪和其他收入）是______万元。

A14. 您去年全年花在扶贫、救灾、环保、慈善等公共事业上的捐款是元（如未捐助过请填0）

A15. 您在开办私营企业前的主要经历（可多选）

a. 党政机关、事业单位干部

1）一般干部　　2）科级干部　　3）县、处级

4）县、处级以上　　5）技术干部　　6）教师

b. 国有企业的

1）主要负责人　　2）中层管理人员　　3）技术人员

4）销售人员　　5）其他职员、工人

c. 集体企业的

1）主要负责人　　2）中层管理人员　　3）技术人员

4）销售人员　　5）其他职员、工人

d. 外资企业的

1）主要负责人　　2）中层管理人员　　3）技术人员

4）销售人员　　5）其他职员、工人

e. 港澳台企业的

1）主要负责人　　2）中层管理人员　　3）技术人员

4）销售人员　　5）其他职员、工人

f. 其他私营企业的

1）主要负责人　　2）中层管理人员　　3）技术人员

4）销售人员　　5）其他职员、工人

g. 农村的

1）村干部　　2）农民　　3）外出打工

h. 个体户

i. 军人

j. 失业、无业人员

k. 在国外留学、工作

m. 其他（请注明）__________

B. 企业信息

B1. 您企业所在地是____省____地（市）____县（区）____街道（镇）____路（村）

B2. 您的企业是在哪一年注册的？____年

B3. 您企业目前注册的类型是

1）独资企业　　2）合伙企业

3）私营有限责任公司　　4）股份有限公司

B4. 您企业注册资本为_____万元。

B5. 您企业主要生产什么产品或提供什么服务？______（请注明具体产品或服务类型）。

B6. 您企业去年全年的销售收入（或营业额）是_____万元。

B7. 您企业去年全年的纯利润是______万元。

B8. 您的企业是不是改制过来的？

1）是（哪一年改制的？_____年）　　2）不是

B9a. 您企业过去三年向银行贷过款吗？

1）贷过　　　　　2）没贷过

B9b. 您企业过去三年向银行贷款的总金额是________万元（没有填0），利率是多少______。

B9c. 您共与多少家银行有业务往来？____家。

B9d. 您与这家（些）银行进行业务往来有多长时间了？____年。

B9e. 您与这家（些）银行，除了有借贷业务外，还有其他业务往来（如，私人银行账户、现金保管、员工工资发放，等等）吗？

1）有（有多少项业务？____）

2）没有

B10a. 您企业过去三年向民间金融机构贷过款吗？

1）贷过　　　　　2）没贷过

B10b. 您企业过去三年向民间金融机构贷款的总金额是______万元（没有填0），利率是多少　　　　。

B11. 您企业目前总共雇佣员工人数是______人，其中，

B11a. 正式签订了劳动合同的______人；

B11b. 小学及以下文化程度的______人；

B11c. 初中文化程度的______人；

B11d. 高中（职高、技校、中专）文化程度的______人；

B11e. 大专文化程度的______人；

B11f. 本科文化程度的______人；

B11g. 研究生及以上文化程度的______人。

B12. 去年您企业为员工缴纳了下列社会保险费吗？（如缴纳了下列某项保险金，请具体填写为多少员工缴纳了，以及缴纳的总金额）

B12a. 养老保险金

1）缴纳了（____人，总共____万元）

2）没缴纳

B12b. 医疗保险金

1）缴纳了（____人，总共____万元）

2）没缴纳

B12c. 工伤保险金

1）缴纳了（____人，总共____万元）

2）没缴纳

B12d. 失业保险金

1）缴纳了（____人，总共____万元）

2）没缴纳

B12e. 生育保险金

1）缴纳了（____人，总共____万元）

2）没缴纳

B13a. 您公司是否给员工提供培训？

1）提供　　2）不提供

B13b. 如果提供，您企业去年为员工提供培训的费用为_____万元，培训人数____人。

B13c. 您企业通常给新员工提供多长时间的培训？

1）没有入职培训　　2）短于一个星期

3）长于一个星期但短于一个月　　4）长于一个月

B13d. 您公司的员工培训方式是（可多选）

1）内部培训　　2）外部培训

3）学历教育　　4）其他（请注明）

B14a. 您企业的重要人事任免决策主要由谁做出？

1）企业主本人　　2）股东会　　3）董事会

4）企业主和主要管理人员　　5）其他（请注明）

B14b. 您企业的重要生产管理决策主要由谁做出？

1）企业主本人　　2）股东会　　3）董事会

4）企业主和主要管理人员　　5）其他（请注明）

B14c. 您企业的重要收入和福利分配决策主要由谁做出？

1）企业主本人　　2）股东会　　3）董事会

4）企业主和主要管理人员　　5）其他（请注明）

B15a. 您去年在企业获得的全年总收入共约______万元。

B15b. 您企业员工去年在企业获得的最低年收入大约______万元。

B16a. 您企业有下列中共党组织吗？（只选择您企业有的最高一级的党组织）

1）党委　　2）党总支

3）党支部　　4）没有党组织

B16b. 您企业员工中共有多少位中共党员？

B16c. 在招聘员工时，如果应聘人员其他条件相同，您通常倾向于选择

1）中共党员　　2）非中共党员　　3）说不准

B17. 您企业建立有工会组织吗？

1）有　　2）没有

C. 企业权益

C1. 在您办企业的过程中，您企业的合法权益（包括合法经营权、私人财产权、知识产权，等等）遭受过侵害吗？

1）遭受过　　2）没遭受过

C2a. 如果您企业的合法权益遭受过侵害，那请问，侵权方有哪些？（可多选）

1）地方政府及其职能部门

2）地方黑恶势力

3）新闻媒体

4）企业同行

5）客户

6）企业员工

7）其他（请注明）

C2b. 在上述侵权方中，哪一方对您侵害最大？ ____（请将上述相应的序号填在下划线处）

C3a. 如果您企业的合法权益遭受过地方政府及其职能部门的侵害，那请问，是否有下列侵害行为？（下列有关乱收费、乱摊派、乱罚款、吃喝拿的费用，都是指去年全年的费用）

1）乱收费　　a. 有（______万元）　b. 没有

2）乱摊派　　a. 有（______万元）　b. 没有

3）乱罚款　　a. 有（______万元）　b. 没有

4）吃喝拿　　a. 有（______万元）　b. 没有

5）故意刁难　a. 有　　　　　　　　b. 没有

6）无端干预　a. 有　　　　　　　　b. 没有

7）其他（请注明）

C3b. 在上述侵权方式中，对您企业影响最大的是哪一种？ ______（请将相应的序号填在下划线处）

C3c. 面对地方政府及其职能部门的侵权，您又是怎样维护您的合法权益的？（可多选）

1）沉默忍受

2）私下协商、自行解决

3）请求当地政府或上级主管部门解决

4）提请仲裁机构仲裁或向法院提出诉讼

5）通过工商联和私企协会协助解决

6）自发联合起来解决

7）向报纸等新闻媒体反映

8）其他（请注明）

C3d. 在维权过程中，如果您采取了多种方式进行维权，那请问，您最先选择的维权方式是上述哪一种？____其次是____，最后选择的是_____。（请将上述维权方式的相应序号填在下划线处）

C3e. 经过维权后，您达到了预期的效果吗？

1）侵权方停止了侵害　　2）侵权方减少了侵害

3）侵权行为没有改变　　4）侵权行为更为严重

5）其他（请注明）

C4a. 如果您企业的合法权益遭受过地方黑恶势力的侵害，那请问，是否有下列侵害行为？

1）恶意干扰　　a. 有　　b. 没有

2）索要财物　　a. 有　　b. 没有

3）收取保护费　　a. 有　　b. 没有

4）强要股份　　a. 有　　b. 没有

5）其他（请注明）

C4b. 在上述侵权行为中，哪一种是最主要的？_____（请将相应的序号填在下划线处）

C4c. 面对地方黑恶势力的侵权，您采取了什么样方式进行维权？（可多选）

1）沉默忍受

2）私下协商

3）求助当地政府

4）找公安机关

5）求助工商联和私企协会

6）其他（请注明）

C4d. 在维权过程中，如果您采取了多种方式进行维权，那请问，您最先选择的维权方式是上述哪一种？____其次是____，最后选择的是_____。（请将上述维权方式的相应序号填在下划线处）

C4e. 经过维权后，地方黑恶势力的侵权行为有改变吗？

1）停止了侵害　　2）减少了侵害

3）没有改变　　4）更为严重了

5）其他（请注明）

C5a. 如果您企业的合法权益遭受过新闻媒体的侵害，那您所遭遇的最主要的侵害是什么？

1）不实报道　　2）恶意中伤

3）索取费用　　4）其他（请注明）

C5b. 面对新闻媒体的侵权，您所采取的最主要的维权方式是

1）沉默忍受　　2）私下协商

3）求助政府　　4）法律诉讼

5）求助工商联和私企协会　　6）其他（请注明）

C5c. 经过维权后，新闻媒体的侵权行为有改变吗？

1）停止了侵害　　2）减少了侵害

3）没有改变　　4）更为严重了

C6a. 如果您企业的合法权益遭受过企业同行的侵害，那您所遭遇的最主要的侵害是什么？

1）窜货　　2）假冒　　3）压价

4）损害名誉　　5）侵犯知识产权　　6）其他（请注明）

C6b. 面对企业同行的侵权，您所采取的最主要的维权方式是

1）沉默忍受　　2）私下协商

3）求助政府职能部门　　4）法律诉讼

5）求助工商联和私企协会 6）其他（请注明）

C6c. 经过维权后，企业同行的侵权行为有改变吗？

1）停止了侵害　　2）减少了侵害

3）没有改变　　4）更为严重了

C7a. 如果您企业的合法权益遭受过客户的侵害，那您所遭遇的最主要的侵害是什么？

1）拖欠货款　　2）挑产品或服务质量的刺

3）损坏产品后故意找麻烦 4）其他（请注明）

C7b. 面对客户的侵权，您所采取的最主要的维权方式是

1）沉默忍受　　2）私下协商

3）求助政府职能部门　　4）法律诉讼

5）求助工商联和私企协会　　6）其他（请注明）

C7c. 经过维权后，客户的侵权行为有改变吗？

1）停止了侵害　　2）减少了侵害

3）没有改变　　4）更为严重了

C8a. 如果您企业的合法权益遭受过企业员工的侵害，那您所遭遇的最主要的侵害是什么？

1）恶意损坏生产设备或产品

2）串通社会闲杂人员破坏生产现场或秩序

3）提出过高的工资福利要求

4）人身侵犯或威胁　　5）擅自离职

6）泄露企业商业秘密

7）私拿企业货单　　8）其他（请注明）

C8b. 面对企业员工的侵权，您所采取的最主要的维权方式是

1）沉默忍受　　2）私下协商

3）求助政府职能部门　　4）法律诉讼

5）求助工商联和私企协会　　6）其他（请注明）

C8c. 经过维权后，企业员工的侵权行为有改变吗？

1）停止了侵害　　2）减少了侵害

3）没有改变　　4）更为严重了

D. 企业网络与信任

D1a. 您在政府部门有熟人、朋友或亲戚吗？

1）有　　　　　　　　　　　　　　2）没有

D1b. 如有，共有多少个？

D1c. 在这些人中，行政级别最高的是

1）办事员　　　　2）副科级　　　　　　3）正科级

4）副处级　　　　5）正处级　　　　　　6）副厅级及以上

D1d. 您跟这些人交往（比如，拜访、聚会等）的频率是，每年_____次，去年，您花费在这种交往上的费用总共是_____元。

D2a. 您银行有熟人或朋友吗？

1）有　　　　　　2）没有

D2b. 如有，您在多少个银行有熟人或朋友？_____个

D2c. 您跟这些银行熟人或朋友交往（比如，拜访、聚会等）的频率是，每月_____次，去年，您花费在这种交往上的费用总共是_____元。

D3a. 您比较重要的客户（除银行以外的客户）有多少个？

D3b. 您这些比较重要的客户中，资产最多的是_____万元，员工最多的是_____人。

D3c. 您跟这些客户交往（比如，拜访、聚会等）的频率是，每月_____次，去年，您花费在这种交往上的费用总共是_____元。

D4a. 您生活中其他关系密切的朋友有多少个？_____（在这里，其他关系密切的朋友指的是除上述政府部门朋友和客户以外的，关系密切或来往较多的朋友）

D4b. 您跟这些朋友交往（比如，拜访、聚会等）的频率是，每月_____次，去年，您花费在这种交往上的费用总共是_____元。

D5. 您企业与下列政府部门打交道的次数

a. 工商　　　　　平均每月_____次

b. 税务　　　　　平均每月_____次

c. 环保　　　　　平均每月_____次

d. 劳动保障　　　平均每月_____次

e. 质量检查　　　平均每月_____次

f. 其他（请具体说明_____），平均每月_____次

D6. 您企业接待来访政府工作人员平均每月_____次。

D7. 您平时跟您企业普通员工打交道的次数多吗？

1）很多　　2）比较多　　3）不太多　　4）很少

D8.. 您认为您企业所在地区的制度规则健全吗？

1）非常健全　　2）比较健全　　3）说不清

4）不太健全　　5）一点都不健全

D9. 您觉得您企业所在地的人们做到了按制度规则办事吗？

1）完全做到了　　2）基本做到了　　3）说不清

4）没太做到　　5）完全没做到

D10. 您同意下列说法吗？

	1 完全同意	2 比较同意	3 说不清	4 不太同意	5 完全不同意
a. 我相信共产党代表我的利益					
b. 我相信全国人大代表大多数人民的利益					
c. 我相信军队能保护我们的国家					
d. 我相信警察能公正执法					
e. 我相信法院是公正的					
f. 我支持国家的政策制度					
g. 我觉得我个人的价值观与政府提倡的价值观是一样的					
h. 我觉得我的员工是诚实正直的					
i. 我觉得我的员工具备胜任其工作所应有的知识及技能					
j. 整体而言，我觉得我信任我的员工					
k. 我觉得我的客户不会占我的便宜，也会为我的利益着想					
m. 我觉得我的客户是诚实守信的					
n. 整体而言，我觉得我信任我的客户					
l. 新闻媒体能代表正义的呼声					
o. 工商联 / 行业协会是代表私营企业主的利益的					

E. 其他

E1. 请您对政府在下列方面的表现作出评价。

	1 很差	2 较差	3 一般	4 较好	5 很好
a. 控制物价					
b. 提供职业安全性					
c. 缩小贫富差距					
d. 改善住房条件					
e. 维持社会秩序					
f. 提供充分的医疗保健					
g. 落实税收政策					
h. 提供满足需要的福利					
i. 治理环境污染					
j. 保护私营企业的合法权益					
k. 促进企业发展					
l. 执行《物权法》					

E2. 您同意下列说法吗？

	1 非常同意	2 比较同意	3 说不清	4 比较反对	5 非常反对
a. 一党政体促进了我国的经济、社会和政治发展，是最适合我国目前条件的					
b. 游行示威可能容易导致骚乱，影响社会稳定，应该禁止					
c. 如果一个国家有多个政党，这可能导致政治混乱					
d. 成立各种非政府组织容易危害社会稳定					
e. 政府代表社会权威，应该服从其决定					
f. 村级选举能拓宽到乡镇和县市					
g. 政府各层次的核心领导应通过差额选举产生					

E3. 跟过去相比，您所在地区或城市的腐败

1）有所好转　　2）差不多　　3）有所恶化

E4. 您认为您所在地区或城市政府的腐败或受贿有多普遍？

1）几乎所有官员都卷入其中

2）只有一些官员腐败　　3）大部分官员腐败

E5. 您对您目前的物质生活满意吗？

1）非常满意　　2）比较满意　　3）说不清

4）不太满意　　　　　　5）非常不满意

E6. 您对您目前的社会地位满意吗？

1）非常满意　　　　　　2）比较满意　　　　　3）说不清

4）不太满意　　　　　　5）非常不满意

E7. 请您对下列各方从新《劳动合同法》中的获益情况做出评价。

	1 获益最多	2 获益较多	3 获益较少	4 获益最少
a. 政府				
b. 企业主				
c. 企业员工				

E8. 请回忆，在过去一个月中，您平均每天要在下列各项活动中花多少时间？

a. 在企业里做日常经营、管理工作　　　　______小时

b. 外出联系生意、开会、公关、招待　　　______小时

c. 各种学习　　　　　　　　　　　　　　______小时

d. 休息　　　　　　　　　　　　　　　　______小时

访问结束，再次感谢您的支持与合作！

结　语

私营企业主是在由市场化改革引发的中国社会结构变迁中诞生的新社会群体。自诞生开始，私营企业主就因雄厚的经济实力和非凡的政治影响力而备受社会各界的关注和青睐，而今已更是成为令人瞩目的耀眼明星。然而，私营企业主光鲜的外表仍难以掩盖其合法权益屡遭侵害的事实和难以回避的被侵权的潜在风险，尽管近年来已有所好转。地方政府（及其代理人）、地方黑恶势力、新闻媒体、企业同行、客户和员工是私营企业主遭遇的六种较为重要的侵权来源，但这一侵权来源的结构不是固化的，近年来，尤其是习近平主政以来，私营企业主遭遇的最主要的侵权来源开始由地方政府转变为企业客户。客户主要以拖欠货款、故意挑产品或服务的刺、破坏产品后故意找麻烦等方式侵害私营企业主的合法权益，而拖欠货款则是最为突出的客户侵权方式，且近年来有进一步恶化之势；地方政府则主要以乱收费、乱摊派、乱罚款、吃拿要、故意刁难和无端干预等方式侵害私营企业主的应得权益，而乱收费和故意刁难则是影响最大的（地方）政府侵权方式。私营企业主遭受政府、社会和市场三种力量较为严重的干扰和侵害是中国转型经济下的制度特性和市场发展的不充分必然导致的结果。

在合法权益遭受侵害之后，私营企业主依具体的侵权情境及其关系结构做出了相应的维权行为选择。不管是遭受地方政府、地方黑恶势力、新闻媒体，还是企业同行、客户和员工的侵权，作为庇护式或合作式或非制度化维权方式的“私下协商”都是私营企业主最主要的或首选的维权方式，而“法律诉讼”（及“自发联合起来”和“向媒体反映”）这种激烈型对抗性维权方式（亦即程度相对较高的制度化维权方式）则是其“走投无路”下的最后选择。然而，私营企业主遭受侵权后具体选择合作性维权方式还是对抗性维权方式，或是选择制度化维权方式还是非制度化维权方式，也因侵权方与私营企业主之间的关系差异而存在微妙的不同，且随时间或制度环境的变化而变化。在等级式或准等级式关系中，私营企业主近年来对合作性/非制度化维权方式的选择已略有减少，对制度化维权方式的选择则有所增多；在市场关系中，私营企业主近年来对合作性/非制度化维权方式的选择则略有增多。在基于等级式或准等级式的侵权－维权关系中，私营企业主对程度相对较低的制度化维权方式的选择近年来有所提高，而在基于市场的侵权－维权关系中，私营企业主对该类维权方式的选择则有明显下降；另外，不管是遭受地方政府还是市场力量的侵权，私营企业主对“诉诸法律”这种程度相对较高的制度化维权方式的选择近年来都有微弱的增多。私营企业主的维权方式选择是受制于其所处的制度环境、既有的侵权－维权关系和自身条件[包括自身拥有的资源及其决定的话语权(谈判或维权力量)]的。也就是说，私营企业主是在既有的制度和关系结构中，动用其关系资源，并遵循效用最大化原则，选择维权方式的。

私营企业主既有的维权方式选择易使其陷入与地方政府和/或地方黑恶势力构建的庇护关系中，或陷入与企业同行和/或客户的“讨价还价”中，由此大大增加了企业经营和维权的交易成本，抑制了企业创新的动力和再投资的机会。显然，这种结果既不利于私营企业自身的进一步发展，也极为不利于国家经济的再度振兴与繁荣，同时也将限制政府和社会治理模式的创新。通过削减政府行政权力、明确政府权力边界和规范政府权力行使等方式，改革政府的权力垄断结构，将“全能型政府”转变成“有限”而“有效”的政府，是维护私营企业主合法权益、激发企业发展活力的根本；健全规制性的、仲裁性的和执行性的市场规则是维护私营企业主合法权益的微观基础；改革现有的工商联和私企协会，建立真正意义上的民间商会，是维护私营企业主合法权益的关键；建构企业诚信档案体系，以对企业行为形成行政与社会的双重约束，是维护私营企业主合法权益的保障；优化契约规制、建立员工信息网络、合理适度利用竞业禁止制度、培育社会诚信文化，以应对员工违约离职和泄露商业秘密，是维护私营企业主合法权益的有益补充。在私营企业主的权益维护中，政府权力结构的转变是根本中的根本，市场规则的建立与完善、原有工商联和私企协会的改革及独立的民间商会的建立、企业诚信档案体系的构建和契约规制的优化，都有赖于政府权力结构的根本性变革。

尽管克服远超乎预期和想象的困难对私营企业主的被侵权与维权行为及其关系进行了较为系统、严谨的调查和研究，但研究发现和结论仍仅仅是探索性的、阶段性的，诸多结论也是不成熟的，有待于进一步继续检验和深化。在现实的政治与经济中，私营企业主与侵权主体之间的被侵权－维权关系可能远比本研究所描述和分析的要复杂和微妙得多。例如，在私营企业主与地方政府的关系中，“侵权”与“维权”往往交织在一起，难以截然区分。当合法权益遭受地方政府侵害之后，私营企业主首选的维权方式是庇护式维权方式，即通过请客送礼、与相关政府官员构建私人关系的方式进行维权。在这种侵权－维权关系链条中，“请客送礼”被私营企业主作为一种“维权方式”，因为通过“请客送礼”，一是可以达到减少甚或消除侵害的目的，二是可以借此跟相关政府官员构建起庇护与被庇护的关系，从而在未来的企业经营中获得更多的利益和机会；但从另一个角度看，“请客送礼”本身也是私营企业主合法权益被侵害的过程，是地方政府官员的垄断性权力及其自由裁量空间向私营企业主释放出了一个兼有威胁性和利诱性的信号，使之迫于潜在风险和机会并存的压力，而向地方政府相关官员惠赠礼物，从而造成暂时性的、也许是根本就无法收回成本的永久性的利益损失。究其本质，庇护式维权方式（“请客送礼”）上述双重角色的获得，是政府权力的垄断性及其行使的难规制性所导致的，是地方政府及其代理人利用公共权力谋取私利所导致的［以“公共权力”（威胁的或保护性暗示）交换私营企业主的“礼物惠赠”］，只要存在承载稀缺资源的垄断性权力，且权力具有不受规制的任意性，庇护主义必然存在，庇护式维权所具有的双重角色也必然存在。另外，我们对企业同行和企业客户与私营企业主之间的侵权－维权关系的调查和分析是比较粗糙的，有些结论甚至还可能是错误的；我们对地方黑恶势力侵权方式的调查和描述也还很不精细；相关指标的信度和效度也还需要进一步检验和提高。上述诸多问题有待于我们以及学术同行在新的理论框架和更科学、更精细的研究设计所指导下的研究中去解决和进一步深化。

另外需提及的是，现在呈现给读者的这部拙著是我主持的国家社会科学基金项目“市场、制度和网络——社会转型期私营企业主的维权行为选择研究”的结项报告的修改稿，也是我博士论文的拓展版。写作时间分为两个阶段：第一阶段是 2013 年上半年基于 2010 年调查数据完成了我的博士论文，即拙著的主体部分；第二阶段是 2015 年底基于 2015 年暑假对私营企业主的再调查数据和原有数据拓展了我的博士论文，即课题结项报告。现在的这部著作只是在结项报告的导论部分增加了一些新的数据和文献。然而，自 2016 年以来，中国私营企业主所处的制度环境和市场环境均已发生了一些变化，而该部著作没有将这些新近的“变化”纳入在其中，尤其是没有引入习近平同志有关亲清新型政商关系的最新论述，这不能不说是一大遗憾。因此，该部著作只能算是对 2016 年以前中国私营企业主与各利益相关者间权益关系的记录。

最后，我要感谢这部著作形成过程中给我提供过帮助的老师和朋友。感谢我的博士论文指导老师原中山大学、现南京大学的刘林平教授，刘老师为我论文的选题、资料收集和论文写作及修改提供了诸多具体而精准的意见；感谢参加我博士论文答辩的诸位老师，他们是中山大学蔡禾教授、王宁教授和李伟民教授、复旦大学周怡教授和厦门大学胡荣教授，他们为我博士论文的后期修改提出了许多宝贵的中肯意见；感谢为本研究的资料收集提供过繁多帮助的各位领导、朋友和学生，他们有湖南省工商联专职副主席漆平波先生、天津市蓟州区周启瑞先生、湖南省有色金属管理局人事处处长杨卫华先生、衡东县人民政府副县长罗慧斌先生及其夫人罗玲女士、长沙市望城区监察委谢哲明先生、株洲市芦淞区人民检察院周杰来先生、新化县工商局邹文先生、冷水江司法局叶冠西先生、邵阳市北塔区发改局邓显孜先生、中山大学附中吴汉平老师、温州大学陈同同老师及我院曾经的学生刘植靖、陈旭娟、钟路、闫萌萌、毛晓晓、向孟然、邓亚等；特别感谢湖南骄阳律师事务所胡甲初律师、湖南省农产品商贸物流商会和安化县梅山高铁扶贫促进会在拙著出版过程中所提供的大力支持！